www.tredition.de

AF177512

Michael Vogt

Das Leben an sich

Von der Selbstverantwortung des Menschen

www.tredition.de

© 2021 Michael Vogt

Verlag und Druck:
tredition GmbH, Halenreie 40-44, 22359 Hamburg

ISBN
Paperback: 978-3-347-21706-5
Hardcover: 978-3-347-21707-2
e-Book: 978-3-347-21708-9

„*Unser Leben ist das, wozu unser Denken es macht*"

Marc Aurel

„*Was wir erwarten, das werden wir finden*"

„*Wenn auf der Erde die Liebe herrschte, wären alle Gesetze entbehrlich*"

Aristoteles

INHALT

Einleitung

Anlass meine Gedanken in eine sichtbare, damit lesbare, Form zu bringen, ist die Welt, wie ich sie im Moment wahrnehme.

Die Welt, die wie angehalten, sich in einer gewissen Schockstarre befindet und nur mühsam daraus löst.

Die Welt, in der sich gerade jetzt, so meine ich, viele Gesetze unseres Lebens ablesen und erkennen ließen, die seit Anbeginn unser Dasein hier bestimmen.

Gesetze, die wir in der Masse der Menschen nicht kennen, weil sie uns niemand gelehrt hat, weil es keinen Lehrer, kein Unterrichtsfach z.b. in der Schule dazu gab.

Wir hatten vielleicht Religions-und Ethikunterricht neben dem naturkundlichen Lehrplan mit Biologie, Physik und Chemie, sicher vielen sinnvolle Unterrichtsfächer, aber ich erinnere mich an keine einzige Unterrichtsstunde, in der man uns auf das _Leben an sich_ explizit vorbereitet hat.

Vielleicht wurde mal etwas Philosophie eingestreut und interessante Rückblicke aus der Geschichte dargestellt, die uns Zusammenhänge aufzeigen sollten.

Wir haben das Problem, dass wir diese Gesetze nicht gleich erkennen und besser wahrnehmen können, ja sehr viele können sich auch keine vorstellen, glauben nicht an solche und doch wirken sie ständig in unserer Welt.

Warum sollte es überhaupt noch andere Gesetze für unser Leben geben, es läuft doch so scheinbar ganz sinnvoll alleine vor sich hin und das schon seit langer Zeit.

Wir haben doch Gesetze, z.B. Naturgesetze, ein Menge physikalischer Gesetze.

Alles folgt gewissen Abläufen und Rhythmen in uns und auch in der Natur, scheint also wohlgeordnet.

Was brauchen wir mehr?

Für diese Gesetze des Lebens gab und gibt es bis heute kein Unterrichtsfach, da nur wenige sie erkannt und verstanden haben und diese leben. Schon seit langer Zeit erzählten und erzählen viele Weise und Aufgeklärte von diesen Gesetzen, leben sie vielleicht auch, nur verstehen wir ihre Worte, Aussagen und Handeln nicht wirklich.

Sie nennen sie sogar beim Namen und beschreiben Ihre Auswirkungen und Folgen, doch sie können sie uns damit alleine nicht lehren.

Warum reicht das nicht? Sie erzählen uns doch genau davon, wie damals in der Schule, wo der Lehrer noch sagte:

Nicht für die Schule, sondern für das Leben lernt ihr.

Richtig, jeder erinnert sich daran, wie das die Lehrer und auch unsere Eltern gebetsmühlenartig wiederholten.

Was hat es genützt?

Vielleicht könnte man den Satz etwas modifizieren, dass er eine andere Denkrichtung und innere Ausrichtung für uns ergibt:

Nicht in der Schule lernen wir, sondern nur durch das Leben!

Das Leben an sich ist also die Schule!

Die Schule

An einer Schule muss es Regeln, klare Strukturen, eindeutige, unverrückbare Gesetze geben, um ein großes Durcheinander, ein Chaos zu vermeiden und miteinander effektiv und zielorientiert arbeiten zu können.

Es braucht quasi eine Schulordnung, ein eindeutiges, sinnvolles Gesetz, der sich alle Schüler unterzuordnen haben und nach denen der ganze Unterricht abläuft, wenn sie dann eingeschult sind!

Es gibt im Prinzip nur eine *einzige Schulordnung*, die jedoch in verschiedene Gesetzmäßigkeiten, Prinzipien und Regeln aufgeteilt ist.

Nur mit diesen Regeln kann der Lernstoff sinnvoll, ohne Störungen und Unsicherheiten mit klarer Struktur vermittelt werden.

Diese Regeln bestimmen das Miteinander in der Schule, wenn wir Schüler gegen sie verstoßen, bekommen wir die Folgen umgehend, manchmal auch erst später zu spüren, wenn wir den Regelverstoß schon vergessen haben.

Denen im Sekretariat des „Rektors", die die Regeln zusammengestellt haben, ist es letztlich egal, ob wir an sie dachten oder nicht. Da ist man konsequent und lässt nicht mit sich handeln.

Wir haben das ohne Wenn und Aber einfach zu akzeptieren. Punktum. Es hilft nicht, uns über sie aufzuregen, uns zu beschweren.

Es gibt nur allzu viele Mitschüler, die die ganze Schulzeit mit den Gesetzen in Konflikt geraten, weil sie sich einfach nach einem Regelverstoß nicht mit ihnen beschäftigen, sie nicht hinterfragen, ob sie nicht doch sinnvoll sind, sondern durch Unverständnis nicht anerkennen wollen.

Sie kämpfen immer wieder gegen sie an, zumeist unbewusst, da sie sie nicht kennen und begreifen. Sie wollen sie nicht akzeptieren und spüren auch nicht, wie sie durch diesen Kampf Konzentration und Energie für das Wesentliche verlieren.

Dabei würden sie sich ihre Arbeit, das Lernen unglaublich erleichtern, wenn sie diese Regeln einfach akzeptieren.

Diese Regeln bestehen solange wir hier in der Schule sind und können von uns auch nicht in Eigenregie geändert werden! Sie sind ineinander verwoben, wirken in und miteinander. Es ist einfach besser, wenn wir sie besser beachten und verinnerlichen lernen, um sie nicht zu häufig zu verletzten.

Interessanterweise wissen wir aber nicht gleich nach dem Eintritt in die Schule von diesen Gesetzen; bzw. mit der Einschulung haben die meisten von uns Schülern sie bereits wieder vergessen. Möglicherweise waren sie uns nämlich vorher schon bekannt gemacht worden.

Während des Schulbesuchs können sie uns jedoch bewusst werden, was dann sehr hilfreich ist.

Um was für Regeln geht es da nun eigentlich?

Nur Geduld, ich werde sie ihnen im Laufe meiner Ausführungen nahebringen.

Ganz unbewusst haben wir uns also auf diese Gesetze der Schule im Grunde eingelassen; eingelassen, indem wir ganz in *das Leben hier eingetaucht sind*.

Eingetaucht sind wir in dem Moment unserer Geburt!

Wo und in welchem Raum wir uns vor der Geburt aufgehalten und entwickelt haben, soll uns momentan nicht interessieren. In dem Augenblick, wo wir hier erscheinen, haben wir uns dem *Leben* hingegeben, uns auf das Leben in dieser *Form* eingelassen.

Wir haben unsere „*Einschulung*" schon mal hinter uns gebracht! Wir vertrauen diesem Geschenk, dass man uns mit unserer eigenen Geburt für uns gemacht hat.

Dazu auch eine nette Parabel, die unsere „Einschulung" humorvoll beleuchtet:

„Gibt es ein Leben nach der Geburt?"

Ein ungeborenes Zwillingspärchen unterhält sich im Bauch seiner Mutter.
"Sag mal, glaubst du eigentlich an ein Leben nach der Geburt?" fragt der eine Zwilling.
"Ja auf jeden Fall! Hier drinnen wachsen wir und werden stark für das, was da draußen kommen wird." antwortet der andere Zwilling.
"Ich glaube, das ist Blödsinn!" sagt der erste. „Es kann kein Leben nach der Geburt geben, wie sollte das denn bitteschön aussehen?"

"So ganz genau weiß ich das auch nicht. Aber es wird sicher viel heller als hier sein. Und vielleicht werden wir herumlaufen und mit dem Mund essen?"

„So einen Unsinn habe ich ja noch nie gehört! Mit dem Mund essen, was für eine verrückte Idee. Es gibt doch die Nabelschnur, die uns ernährt. Und wie willst du herumlaufen? Dafür ist die Nabelschnur viel zu kurz."

"Doch, es geht ganz bestimmt. Es wird eben alles nur ein bisschen anders."

„Du spinnst! Es ist noch nie einer zurückgekommen von ‚nach der Geburt'. Mit der Geburt ist das Leben zu Ende. Punktum."

"Ich gebe ja zu, dass keiner weiß, wie das Leben nach der Geburt aussehen wird. Aber ich weiß, dass wir dann unsere Mutter sehen werden und sie wird für uns sorgen."

"Mutter??? Du glaubst doch wohl nicht an eine Mutter? Wo ist sie denn bitte?"

"Na hier – überall um uns herum. Wir sind und leben in ihr und durch sie. Ohne sie könnten wir gar nicht sein!"

"Quatsch! Von einer Mutter habe ich noch nie etwas bemerkt, also gibt es sie auch nicht."

"Doch, manchmal, wenn wir ganz still sind, kannst du sie singen hören. Oder spüren, wenn sie unsere Welt streichelt...."

nach Henry Nouwen

Mit der Geburt haben wir haben uns auf das *Leben als Schule*, als optimale Ausbildungsstätte eingelassen.

Mit der Geburt haben wir uns auf das *Hier und jetzt* eingelassen.

Wir nehmen dazu ein *adäquates Fahrzeug, Vehikel, eine materielle Form, eine Gestalt, einen Körper* an, mit dem wir uns nach der Geburt hier perfekt bewegen können.

Übrigens, wer sind wir, die sich auf diesen Weg, auf diesen Körper eingelassen haben?

Nur Geduld, die Antwort ist etwas komplizierter, als Sie denken. Der Unterricht beginnt also mit unserer Geburt, ob wir wollen oder nicht!

Ja, wir wollen doch! Wir wollen im Grunde unbedingt in diese Schule, irgendwas treibt uns, spornt uns an, sie zu besuchen. Wenn wir bloß wüssten was? Was wollen wir lernen?

Die Schule ist eine Ganztages- Lernstätte, wir können durchaus mal ausruhen und die „Seele" baumeln lassen, sagt man hier. Nur so viel weiß man hier witzigerweise gar nicht von der!

Die Länge des Aufenthaltes an der Schule ist begrenzt; klar, irgendwann reicht es ja auch mit dem Lernen. Aber so einige Jahrzehnte kommen da schon zusammen.

Am Anfang scheint es ewig zu dauern, da man viele spannende Lernjahre hat; je näher man dem wahrscheinlichen Abschluss kommt, umso rasanter erscheint es einem.

Mitschüler

Mit der Geburt sind wir also eingeschult, freuen uns wie ein Erstklässler auf die erste Stunde und finden den Unterricht spannend, gehen gerne hinein, weil auch die Anforderungen noch gering und eher spielerisch sind.

Vom ersten Moment unseres Daseins in der Schule haben wir *liebevolle Mitmenschen* - *Mitschüler*, enge, persönliche Vertraute an unserer Seite, wir nennen sie auch <u>Eltern</u>, um sie von den anderen Mitschülern besser unterscheiden zu können.

Sie haben uns den Besuch in der Schule überhaupt erst ermöglicht und sind selber schon länger dabei.

Ohne sie wären wir gar nicht aufgenommen worden, durch sie haben wir den Zugang zu dieser außergewöhnlichen Lehranstalt bekommen. Dafür können und sollten wir ihnen dankbar sein, wir haben sie scheinbar, bevor wir eingeschult wurden, selbst als Helfer ausgewählt, weil sie uns für unsere Lernbedürfnisse als Begleiter am perfektesten, am idealsten erschienen.

Sie sind selber noch in der Schule, jedoch schon längst in viel höheren Schulklassen und haben schon eine Menge lernen dürfen. Sie helfen uns, bis sie ihren, entsprechend ihrem Lerneinsatz bestmöglichen Abschluss gemacht haben.

Danach stehen sie uns leider nicht mehr zu Verfügung.

Diese vertrauensvollen, persönlichen Mitschüler sind von Anbeginn immer ganz eng an unserer Seite, sind unsere wichtigsten Vertrauten, stetig um unser Wohl bemüht, unterstützen uns nach besten Wissen und Gewissen, so gut sie es halt selber bisher gelernt haben.

Zunächst reichen uns ein paar weitere, wenige Mitmenschen in dem engeren Umfeld dieser, unserer persönlichen Vertrauten; doch dann kommen immer mehr Mitschüler dazu, je mehr Klassen wir absolvieren.

Die Mitschüler in den anderen Klassen, von denen wir im Laufe der Zeit noch mehr kennenlernen, helfen uns auch den Lernstoff zusammen anzuschauen und zu bewältigen.

Mit unserem Zusammensein haben wir uns uneigennützig dazu bereit erklärt, uns beim Lernen gegenseitig zur Verfügung zu stehen.

Sie wissen schon mehr, dienen sie uns durch ihre Anwesenheit und den gemeinsamen Austausch an Erfahrungen hier als ausgezeichnete Lehrkräfte.

Es erschienen und erscheinen im Schulunterricht neben den normalen Fach-und Klassenlehrern immer wieder überraschend speziell ausgebildete, überaus kompetente Lehrkräfte, die im Grunde stimmig und überzeugend ihre Lehrmeinung und Thesen darstellen.

Es gab früher welche, die nannte man damals Buddha, Jesus oder Mohammed. In neuerer Zeit lebte z. B. in den 1950er Jahren Bruno Gröning, der mit seinen Thesen und Heilung auf geistigem Weg, die Menschen damals polarisierte.

Von der einen Schülergruppe mit großer Begeisterung angenommen und von anderen Arbeitsgruppen mit viel Bedenken und Widerständen abgelehnt, sorgten sie leider für keine *einheitliche* Nachhaltigkeit unter *allen* Mit-Schülern.

Das Erscheinen des einen oder anderen Lehrers sorgte schon öfter für Aufruhr und auch deutliche Veränderungen. Nur es scheint, als hätten die Schüler die Botschaft in der Lehre oft missverstanden, nicht einheitlich akzeptiert. Ja, man ist sich in der Auswertung der Lehrmeinungen gar nicht einig, verdreht und missversteht vieles, bekämpft sich sogar noch und drängt anderen die eigene Meinung oft mit Gewalt auf.

Man nennt das dann missionieren, andere „liebevoll" zur eigenen Glaubenslehre zu bekehren.

Schade! Es wäre wert, andere Sichtweisen einmal genauer zu anzuschauen.

Vielleicht könnten sie einem doch etwas bringen.

Diese uns eng vertrauten Mitmenschen, genannt *Eltern,* die immer an unserer Seite sind, die uns in die Schule brachten, springen auch als Lehrer ein, wenn Lehrermangel für bestimmte Fächer besteht, sie unterstützen uns sehr bei unseren Hausaufgaben.

Sie stellen sich uns ganz zur Verfügung, stehen uns mit Rat und Tat zur Seite. Nicht immer nehmen wir den Lernstoff speziell von ihnen gerne an, manchmal nerven sie einen sogar damit, weil wir meinen, wir wüssten schon alles.

Im Rahmen ihrer Möglichkeiten geben diese engen Vertrauten, unsere liebsten Mitschüler, genannt Eltern jedoch immer ihr *Bestes*!

Das *Beste* ist das, wozu dieser Mitmensch in seiner Gesamtheit auf Grund seiner <u>derzeit möglichen Ressourcen</u> fähig und im Stande ist.

Mehr wie sein Bestes kann der Mensch übrigens <u>in dem Moment</u> nicht geben!

Das gilt natürlich auch für alle anderen Mitschüler, die uns begegnen und natürlich auch für uns selber. Das gilt es, bei unserer Bewertung und Beurteilung zu berücksichtigen, zu akzeptieren und zu respektieren!

Wenn uns dies *stets* bewusst ist, würden wir allerdings einander besser verstehen und hätten jederzeit ein besseres, harmonisches Miteinander.

<u>*Wir haben dann eine verständnisvollere Einstellung zu uns, zu anderen, kommunizieren besser, handeln besser.*</u> <u>*Leben besser.*</u>

Wir können andere annehmen, einfach so wie sie sind.

Schön, wenn uns das noch besser gelingen würde.

Das Beste ist das, was diese vertrauten Mitmenschen, genannt *Eltern,* selber in ihrem Schulunterricht gelernt, verstanden und auch verinnerlicht haben. Daran glauben sie, davon sind sie überzeugt, danach handeln sie und nur *das* können sie auch vermitteln!

Es kann natürlich durchaus sein, dass das Beste, was sie gelernt haben und vermitteln wollen, wir nun gar nicht als das Beste für uns ansehen und uns dagegen wehren, bekämpfen und ganz anders haben wollen.

Wir spüren bald, dass sie den Lehrstoff auch nicht immer richtig verstanden haben und dass sich bei ihnen auch Lücken im Lernstoff auftun.

Die Regeln, die speziellen Gesetze, unter denen wir in der Schule lernen und deren Verständnis, haben wir anscheinend vergessen; wir haben vor der Einschulung vermutlich von ihnen gehört, dann aber irgendwie hier außer Acht gelassen.

Jetzt schenken wir uns mögliche Lehrstunden über diese Regeln, die hier und da mal erwähnt und angeboten werden. Wir empfinden Gesetzeskunde sowieso eher als ein trockenes, langweiliges Thema; nicht lebensnah.

Zu dumm, welch ein Irrtum, mit ihrem Verständnis würde uns der Lehrstoff viel leichter eingehen! Mit der Einschulung haben wir uns auf diese Schul-Gesetze eingelassen; innerhalb dieser Regeln läuft unser Aufenthalt von Anfang an hier ab.

Es reicht bloß nicht von den Gesetzen der Schule durch andere Mitschüler zu *hören* oder über sie zu *lesen*, sondern durch den Unterricht selber, in den verschiedenen Fächern, werden wir uns ihrer am besten wieder *bewusst, erfahren* sie durch *Spüren* und *Fühlen*.

Spüren und *Fühlen* funktioniert aber nicht im Kopf, in unseren Gedanken, mit denen schaffen wir eine eigene Welt, die in diesem Zusammenhang zunächst eher hinderlich ist.

Die Schulgesetze bestimmen die Rahmenbedingungen, innerhalb derer wir lernen dürfen.

Sie wirken, ob wir sie kennen oder nicht!

Die Begrenzungen sind definitiv für die Schüler gleich, alle unterliegen ihnen gleichermaßen und bieten ein tolles geschütztes Erfahrungsfeld.

Diese Gesetze begegnen uns jeden Moment tag täglich, sind der Rahmen im Zusammensein mit unseren Mitschülern, Lehrern.

Wir bewegen uns immer in ihrer Mitte, dazu später mehr.

Wir sind mit allem ausgestattet an, was wir handwerklich benötigen, um den Schulbesuch erfolgreich zum Abschluss zu bringen.

Für die Schule hat *man* uns freundlicherweise auch ein paar *Arbeits-Werkzeuge* mit auf den Weg gegeben, damit wir uns hier in dieser *materiellen Schul-Welt* optimal zu Recht finden.

Mit deren Hilfe können wir in verschiedener Weise den Lehrstoff wahrnehmen und dadurch Erfahrungen machen.

Womit geschieht das? Was sind diese *Werkzeuge*?

Das sind unsere *fünf Sinne,* die uns mit der Geburt zusammen zur Verfügung gestellt wurden und die wir ab diesem Zeitpunkt nutzen.

Wir können *Sehen, Fühlen, Riechen, Schmecken und Hören.*

Tolle Werkzeuge, die uns helfen; die aber nur hier in der Schule in einem gewissen Rahmen gelten.

Diese fünf Sinne sind wie Wahrnehmungsfilter, mit der wir diese Schulwelt allerdings ausschließlich in ihrer *Körperlichkeit,* in ihrer *Form* als *Materie* wahrnehmen können.

Dazu eine sehr stimmige *Theorie von Paul Watzlawick,* einem österreichischen Philosophen:

„Wir Menschen können die Welt nicht wahrnehmen, wie sie ist, sondern nur, wie unsere Sinne es vermögen. Es werden Wahrnehmungsfilter wirksam, die in jedem ein anderes Modell der Welt entstehen lassen.

Diese Wahrnehmungsfilter entstehen individuell durch Prägungen, v.a. in der Kindheit durch das familiäre, kulturelle und soziale Umfeld und durch persönliche Erfahrungen.

Das Handeln und Fühlen des Einzelnen richtet sich konsequenterweise nach seinem Modell der Welt und nicht nach der wirklichen Welt.

Weil niemand wirklich wissen kann, wie die Welt ist, gibt es keine richtigen oder falschen Modelle von der Welt."

Zunächst gibt es die Grundfächer nach der Einschulung, wie *Sprechen* und *Laufen* lernen, das noch relativ spielerisch funktioniert, aber wobei Letzteres durchaus schon erstmals Mut, besser Vertrauen von uns fordert. Wir schaffen dies aber letztlich, weil wir von Natur aus genügend Vertrauen in die Schule mitbringen.

Wir kennen, bevor wir eingeschult sind, die Lehrfächer zwar nicht genau, werden sie im Laufe der Schulzeit bald wahrnehmen und ihre Herausforderungen deutlich spüren.

Das *Unterrichtsfach Angst,* von dem wir hier in der Schule das erste Mal hören, ist eins der Hauptfächer, das eine Menge Lernzeit einnimmt und uns bis zum Abschluss der Schulzeit immer begleiten wird. Je mehr wir lernen, umso besser werden wir auch in diesem Lehrfach.

Es braucht Geduld, der Lernstoff geht uns dabei auf keinen Fall aus. Mit unserer baldigen Entwicklung kommen dann weitere Haupt-und Neben- Fächer hinzu, die unsere ganze Aufmerksamkeit fordern.

Das wichtigste Fach ist sicher die *Liebe,* in dem wir am meisten zu lernen haben, was uns auch am schwersten fällt, da der Lernstoff umfangreich und vielschichtig ist.

Diese Unterrichtsstunden haben wir daher am häufigsten, ist wohl auch nötig.

Andere Fächer sind damit verbunden, wie *Achtsamkeit, Dankbarkeit, Achtung, Demut* und *Respekt.*

Wir haben die Wahl, wir können uns weigern, den Lernstoff anzunehmen, die Unterrichtsstunden zu schwänzen, einfach nicht mitmachen zu wollen, weil uns anderes wichtiger ist.

Für den „*Rektor*", den höchsten Lehrer an der Schule, den wir leider nie persönlich kennenlernen, ist das in Ordnung, er ist uns überhaupt nicht böse! Vielleicht bedauert er es, da er unser Potential erkennt und uns schätzt.

Er wünscht sich vielleicht, dass wir uns mehr bemühen, aber er drängt uns nicht.

Man gibt uns hier und da ein paar deutliche Anmerkungen, weil man unsere richtigen Ansätze sieht.

Wenn wir offensichtlich etwas nicht verstanden haben, wiederholen sich immer wieder unermüdlich, mit Engelsgeduld diese Themen für uns, indem wir immer wieder dieselben Haus- Aufgaben gestellt bekommen!

Wenn wir sie dann endlich einmal mühsam gelöst haben, freut man sich für und mit uns und lässt ab diesem Moment das Thema ruhen, weil wir es ja jetzt gelernt und verinnerlicht haben! Das Thema kommt dann nicht mehr.

Ein sehr lieber, rücksichtsvoller Lehrer sozusagen, der uns auch nur dann mal etwas schärfer und energischer zur Brust nimmt, wenn wir so gar nicht folgen wollen, andere belästigen und ständig den Unterricht stören. Das hat dann für uns Konsequenzen.

Die Schule selber hat mit einem mangelnden Lernfortschritt von uns kein Problem, denn es liegt ja an uns, was aus uns wird.

Wir werden dann halt nicht in die nächste Schulklasse versetzt und müssen den Stoff wiederholen, so wie an der Schule eben die Regeln sind. Dies Prinzip akzeptiert ja auch jeder, wenn er den Weg von der Grundschule bis möglicherweise zur Uni durchläuft.

„Wenn es so scheint, dass ich also ständig etwas durch das Leben lernen kann, vielleicht gibt es dann eben auch einen Lehrer, der das Leben nutzt, um mir Lernstoff an zu bieten!"

Einen interessanten Spruch, den ich einmal gefunden habe; die Frage, ob es möglicherweise so einen Schulleiter, eben „Rektor", hinter allem gibt, der das Lehrmaterial nach einem sinnvollen Plan zusammenstellt.

Klingt gar nicht so abwegig, so könnte es sein.

Übrigens apropos Schule; ich habe mich noch gar nicht über die Schulräume ausgelassen, in denen wir lernen dürfen. Unglaublich riesig kann ich nur sagen, einen Menge Platz haben wir zur Verfügung gestellt bekommen.

Wir nennen ihn auch Planet Erde.

Da haben alle Mitschüler genügend Raum, bisher war es jedenfalls so. Doch inzwischen wollen erstaunlicherweise immer mehr diese Schule besuchen und da wird's teilweise schon richtig eng. Auch das Schulessen, für dessen Bereitung sich einige Mitschüler bereit erklärt haben, wird manchmal schon knapp. Wenn alle zusammen helfen, daran hapert es noch etwas, lässt sich diese Herausforderung gewiss lösen.

Wieviel und was man lernen will, ist in der Schule grundsätzlich freigestellt. Es wird dort nicht wirklich Druck ausgeübt.

Am Anfang läuft, wiegesagt alles spielerisch ab. Mit der Zeit wachsen die Anforderungen im Unterricht, wir müssen uns mehr konzentrieren; der Lernstoff wird umfangreicher und komplexer. Man hat jedoch immer die Wahl.

Wenn man sich als Schüler gegen das Lernen stellt, kann man dies durchaus tun. Klar, dann allerdings trägt man auch ganz allein die *Verantwortung* für die Folgen.
Wir können dann unmöglich weder den Lehrer noch die Mitschüler dafür verantwortlich machen, wenn wir zu keinen Fortschritten kommen.
Ist doch völlig klar; wäre ja auch geradezu lächerlich, unsere eigenen Versäumnisse beim Lernen den anderen in die Schuhe zu schieben! Es gibt keine Pflicht zum Lernen, außer man will es, nimmt sich dann selber in die Pflicht.

Das ist eine gute Entscheidung, auch wenn das Wort *Pflicht* sich zunächst unangenehm anfühlt, da es an Gehorsam und Strafe bei Nichterfüllung erinnert.

Selbstverantwortung

Damit wären wir schon mitten drin in einem weiteren, ganz wichtigen komplexen *Unterrichtsfach,* das in der Schule angesagt ist.

Da geht es zunächst um <u>*Selbst-Verpflichtung*</u>.

Es geht um *die Entschiedenheit,* mit der wir *uns selber* z.b. zum Lernen, zu einem Tun verpflichten.

Mit dieser Entscheidung übernehmen wir gleichzeitig die volle Verantwortung für die Wahl und seine Folgen und gehen gleichsam in die <u>*Selbst-Verantwortung*</u>!

Das ist allerdings ein riesiges, ganz umfangreiches Lehrfach, bei dem uns der Lehrstoff bis zu unserem Abschluss immer mal wieder um die Ohren gehauen wird!

Wir Schüler tun uns mit dem Verständnis dieses Lehrfachs einfach sehr hart! Weil wir in den Unterrichtsstunden dieses Faches, nicht aufmerksam genug sind, bekommen die meisten von uns Schülern den Lehrstoff immer wieder vorgesetzt.

Ich kann davon auch ein Lied singen.

Denn fälschlicherweise unterstellen wir dem Weg der *Selbst-Verantwortung* eine bedrückende Schwere, Belastung und Bürde, denn wenn wir in unserem Tun scheitern, drohen uns Vor-Würfe, von unseren Mitschülern eventuelle Schuldzuweisungen, vor denen wir Angst haben.

<u>Angst vor Selbstverantwortung</u> ist also ein Thema.

Wie wir sehen werden, sind die verschiedenen Lehrfächer miteinander verbunden und die Unterrichtsstunden finden zugleich statt.

Wir wollen vor anderen und auch besonders vor uns selbst nicht als Versager dastehen. Manchmal glauben wir, die Verantwortung für unsere Wahl nicht mehr tragen zu können. Wenn es mit unserem Plan und den Ergebnissen mal nicht so gut klappt, manches aus dem Ruder läuft, laden wir, um uns fälschlicherweise vom Gewicht und Druck der Situation zu erleichtern, einen Teil oder auch die ganze Schwere und Last der Verantwortung ab.

Wir laden sie auf andere ab, denen wir ungefragt einen Teil oder sogar das Ganze aufbürden.

Wir machen sie mitverantwortlich, schieben ihnen die Schuld am Misslingen zu. Oder wir beschuldigen sogar die Umstände, die Verhältnisse, die unser Scheitern begleiten.

„Es sind nicht die Umstände, die den Menschen schaffen,

Der Mensch ist es, der die Umstände schafft."

vom britischen Staatsmann und Autor Benjamin Disraeli

Oder vom englischen Dramatiker und Satiriker George Bernard Shaw der gleiche Denkansatz:

„Man gibt immer den Verhältnissen die Schuld, für das was man ist. Ich glaube nicht an die Verhältnisse. Diejenigen, die in der Welt vorankommen, gehen hin und suchen sich die Verhältnisse, die sie wollen, und wenn sie sie nicht finden können, schaffen sie sie selbst."

Echte Erleichterung bringt diese Abschiebung von *Verantwortung*, anderen Schuld zuzuweisen nur im ersten Moment. Der Druck scheint aufgehoben und man fühlt sich entlastet. Ist das wirklich so, hilft das?

Irgendwie bleibt eine spürbare Belastung, wir fühlen uns unfrei.

Wir können uns tief in unserem Inneren nicht von unserem Eigenanteil freisprechen. Den fühlen wir, der macht uns unfrei.

Da fühlen wir uns schuldig. Dies Gefühl befreit nun wirklich nicht gerade.

Die Schuldzuweisungen zu Lehrern, Mitschülern und den Umständen hat zusätzlich noch fatalere Folgen, wir machen uns damit gleichzeitig zu Opfern. Warum? Wir machen sie durch die Schuldzuweisung zu

Tätern und wir sind damit die Opfer!

Das bedeutet obendrein, dass wir damit automatisch anderen Mitschülern _Macht_ über uns geben, was uns immer mehr in den Schlamassel hineinbringt.

Wir fühlen uns immer schlechter; Gott, hätten wir doch bloß diese Verantwortung nicht übernommen, geht uns durch den Kopf.

Der Mensch lässt sich daher scheinbar allzu gerne _ent-mündigen_, gibt seine natürliche _Macht_ ab, die ihm von Natur aus mitgegeben wurde.

Er kann nicht mehr für sich selbst sprechen, ist quasi _„ohne Mund"_.

Am Ende seiner Zeit, wenn er gar keine _Macht_ mehr hat, sein Leben selbst zu gestalten, bekommt er dann sogar einen _Vor-Mund_.

Macht ist eine Kraft, eine Energie, die uns befähigt, die eigene, natürliche Autorität in dieses Leben einzubringen.

Macht ist Herrschaft, Stärke und Einfluss. Zunächst also eine _ureigene, ganz neutrale Kraft_.

Diese _Macht_ kann natürlich positiv oder negativ genutzt werden! Die _Macht über sich selbst_ zu haben, ist sicher der edelste Ausdruck, sicher die am schwierigsten zu erreichende Form.

Macht hat wer macht!

Das sagt allerdings nichts über die Qualität seines Tuns aus.

Es ist gut, wenn es Menschen gibt, die etwas machen, denn nicht jeder hat Entscheidungs-und Führungsqualitäten, ist ein Macher.

Das sollte allerdings liebevoll ausgeübt werden und verdient dann höchsten Anerkennung.

Das fehlt leider manchen Mitschülern, weil sie dazu noch die menschliche Qualität der Liebe, Achtung, Hingabe und Respekt vor dem Mitmenschen in sich vereinigt haben müssten. So entwickelt sich dann eher:

Macht ohne Liebe macht grausam!

Wer nichts macht, die eigene Kraft und Stärke nicht nutzt, sich nicht einbringt, seine *Macht* abgibt, ist ohne *Macht > ohn –mächtig!* und ist damit denen ausgeliefert, die nun in ihrem Sinne problemlos das eine oder andere nach ihrem eigenen Wunsch entscheiden können.

Dem *ohne-macht* kann man alles befehlen, er wird gehorchen.

Die *Macht* zu haben und sie auch für sich verantwortungs-und liebevoll einzusetzen, ist also gleichbedeutend mit, die _Selbstverantwortung_ zu tragen.

Verantwortung für seine eigenen Geschicke zu übernehmen und sie nicht in die Hände irgendeines anderen Menschen zu legen!

Leider ist das Wort *Macht* inzwischen absolut negativ besetzt, in der Vergangenheit völlig verdreht, einseitig missbraucht, falsch angewandt und seinem ursprünglichen Sinn beraubt worden. Es wird selbst in den Worterklärungen im Internet meist negativ beschrieben.

Manche Menschen geben die Macht nur allzu gerne an andere ab, weil sie dann für ein eventuelles Versagen nicht *schuldig* gesprochen werden können!

Man selber hat ja nicht entschieden, sondern der, der die Macht hat.

Der hat also die *Schuld* jetzt zu tragen. Wo haben Sie in der Vergangenheit durch Schuldzuweisung Ihre *Macht* abgegeben?

An Ihre Eltern?

An ihre Erziehung?

An Ihre Ausbildung?

An die Lebensumstände?

An andere Menschen?

An den Partner?

An die Gesellschaft?

An den Staat?

Wir meinen fälschlicherweise, dass wir damit dann aus dem Schneider sind. Leider nur sehr oberflächlich betrachtet, die Folgen spüren wir erst etwas später.

Wir verlieren dadurch an Freiheit, Unabhängigkeit, engen uns selber ein, in dem wir *uns ab-hängig machen*, sind quasi *ab-gehängt!*

Mit diesem Handeln geben wir unsere *Selbstbestimmung*, unsere *Würde* auf, verlieren an *Entschiedenheit*, weil wir nicht mehr für uns *entscheiden* können.

Ohne Selbstbestimmung sitzen wir nicht mehr am Lenkrad unseres Wagens, mit dem wir durchs Leben kutschieren, wir haben die Kontrolle über unser Leben verloren; am Steuer sitzen nun ganz andere, die ihren Einfluss in unserem Leben geltend machen.

Wir fühlen uns irgendwie eingeengt, unfrei, weil wir anderen zu viel Raum in unserem Leben gegeben haben.

Ohne Würde verlieren wir an *Selbst - Achtung!*

Vielleicht ist das sogar das Schlimmste, was wir im Leben verlieren können, nicht Partner, noch Geld, noch Gut!

Die Freiheit haben wir nur in der Welt der Selbstbestimmung und nur diese Freiheit macht dann selbstverantwortlich.

Selbstverantwortung schenkt Freiheit!

Ich möchte ein paar Beispiele aus meinen eigenen ersten Schulstunden dazu zum Besten geben, die ich niemals vergessen habe.

Zum ersten Mal wurde ich mit diesem Lernstoff am Ende der ersten fortgeschrittenen Klassen meines Schulaufenthaltes konfrontiert. Man nennt das auch Abitur.

Damit ich meine Note noch verbessern könne, legt der Klassen-Lehrer mir zwei Ausschnitte von Dramen vor, deren gemeinsame Aussage ich vergleichen möge. Ich habe es nicht vergessen:

Zum einen von Heinrich von Kleist aus seinem Drama:

"Der Prinz von Homburg" und zum anderen von Wolfgang Borcherts Nachkriegsdrama: "Draußen vor der Tür".

Ich ahne worum es geht, was das gemeinsame Thema ist, beschreibe es mit allen möglichen Worten. Mein Lehrer, der mich durchaus schätzt, bittet mich, ganz einfach mit einem entscheidenden Wort mein Herumreden abzukürzen, es auf den Punkt zu bringen, dann hätte ich doch die bessere Zensur sicher. Dazu reicht es nicht; Sie können es sich denken. Ich komme partout nicht auf das einfache Wort: *Verantwortung*, das gleichermaßen beiden Stücken im tieferen Sinne innewohnt.

Das hätte mir durchaus einfallen können; denn mit dem Abschluss dieser Schulklasse ging es ja schließlich mit der *Verantwortung* für das Kommende los.

Den Text hat der Lehrer im Grunde sehr sinnvoll gewählt!

Da wurde ich also zum allerersten Mal in meinem Lehrplan mit diesem besonderen Fach konfrontiert, das reichte jedoch noch nicht, den Lehrstoff ganz verarbeitet und verinnerlicht zu haben.

Wie ich schon erwähnte, gibt man in der Schule den Schülern öfter die Chance durch Wiederholen der Aufgaben des Lehrstoffes ihn besser zu verstehen und dann umzusetzen.

Im weiteren Schulunterricht speziell zunächst mit weiblichen Mitschülern, durchaus reizvollen Lehrmeistern in verschiedenen Fächern, übersehe ich die *Verantwortung* und deren Sinn wieder, sie ist mir einfach nicht bewusst und ich gehe es auch meist zu oberflächlich und spielerisch an.

Meinen Anteil an Verantwortung bei einer gemeinsamen Verbindung, will ich lange nicht erkennen, wahrhaben und übernehmen.

So kommt es wie es kommen muss, die Bindungen haben keinen Bestand, ich habe meinen Part noch nicht gelernt. Ich hatte etwas verwechselt.

Die Verantwortung für die Erweiterung der Partnerschaft zu einer kleinen Familie will ich dann doch nicht übernehmen. Ich will mich den Herausforderungen, die damit einhergehen, nicht stellen. Sich gemeinsam vor dem Beamten trauen zu lassen, also *sich zu trauen* und bei der Zeremonie sich und der Partnerin einen Ring über zu ziehen, ist noch keine Übernahme von Verantwortung. Vielleicht gerade ein erster Schritt dazu, mehr jedoch nicht.

Eine paar weitere Schulstunden zum Thema *Selbstverantwortung* hatte ich mit einem schon etwas älteren Mitschüler. Er war ein *Lehrmeister*, der gar nicht mehr so freundlich mit mir umging, da ich meine Hausaufgaben immer noch nicht richtig gemacht hatte.

Durch ein Geschäft, bei dem er mich über den Tisch zog und wodurch ich, aus einer gewissen Gier, es abzuschließen, jegliche Sorgfalt aus den Augen ließ, durfte ich noch einmal spüren, was es heißt *selbstverantwortlich* zu handeln.

Wollte ich doch im Nachhinein, als sein Schwindel und mögliche finanzielle Verluste sich auftaten, meiner Partnerin eine Mitverantwortung aufbürden, weil sie sich nicht energisch genug für mich in die Bresche geworfen hatte und ihn nicht einbremste.

Ich wollte die Schuld nicht allein tragen, sie auf meine Partnerin mit abschieben, um mich leichter zu fühlen.

Das war aber nicht in Ordnung und brachte keine Erleichterung. Ich sprach auch Finanz-und Steuerberater mitschuldig, da sie mich hätten besser warnen sollen.

Nach einer ganzen Weile erst wurde mir klar, dass ich für den ganzen Verlauf, den ganzen Deal allein verantwortlich war! Ich allein wollte es so, da gab es keinen Zweifel.

Ich konnte und wollte mich nicht mehr der vollen Verantwortung für diese harten Übungs-und Lehrstunden entziehen und mit ganzem Einsatz gelang es mir, dieser Verantwortung schließlich angemessen gerecht zu werden.

So wurde die übernommene Geschäftsidee doch noch ein persönlicher Erfolg, nachdem ich jedoch vorher eine Menge Lehrgeld zu zahlen hatte. Das werde ich nicht vergessen, er war ein unangenehmer auftretender Mitschüler, der mich in seiner Lehrfunktion besonders hart ran nahm, weil ich das mit der *Selbstverantwortung* immer noch anzuschauen hatte.

Meine Partnerin damals, heute übrigens meine Frau, meinte, irgendetwas habe sie innerlich zurückgehalten, sich einzumischen.

Vielleicht hätte sie meinen Lernerfolg verhindert.

So hatte ich letztlich nur Geld verloren, aber eine Menge in dem Fach Verantwortung gelernt und zusätzlich eine liebe Partnerin an meiner Seite gewonnen.

In asiatischen Weisheiten fand ich den sinnigen Spruch:

„Unsere schwierigsten Mitmenschen sind unsere größten Lehrmeister!"

Ja, das war auf jeden Fall einer. Wie viele schwierige Mitmenschen gibt es da doch!! Ne, das sollen alles Lehrmeister sein?

Sehr unangenehme Lehrmeister, warum können Lehrer nicht freundlicher sein und einen so piesacken und oft obendrein noch grausam sein?

Wo liegt da denn der Sinn, wir glauben doch an Liebe und Verständnis als Basis unseres Zusammenlebens? Das kann doch niemals stimmen! Aber vielleicht hat es nur den Anschein von Lieblosigkeit und Grausamkeit?

Vielleicht sollten wir unsere Zurückhaltung, Abwehr und Angst überwinden und uns dem harten Lernstoff des Lehrers stellen.

Der Spruch bedeutet, dass man gerade durch die größten Herausforderungen, mit denen uns solche Mitmenschen quasi als Lehrer in unserem Leben konfrontieren, am meisten für seine Entwicklung auf allen Ebenen profitieren kann! Wie oft schon, wenn man ehrlich ist, hat sich das bewahrheitet. Dies kann ich nach meiner persönlichen Erfahrung voll unterschreiben, denn die Lehrstunden waren heftig! Warum sind dann Lehrmeister manchmal so extrem schwierig?

Das *Unterrichtsfach Selbst-Verantwortung* ist echt hart, da braucht es tatsächlich je nach Erkenntnisstand des Schülers schon Lehrer, die das Thema deutlicher und unmissverständlicher beleuchten. Da reichen freundliche und liebevolle Worte im Unterricht nicht mehr aus. Da geht's dann schon mal zur Sache!

Ja, die Lehrer können einem schon mal den Spiegel vorhalten.

Was für einen Spiegel denn?, na dazu später mehr.

Mein engen, vertrauten Mitschüler, genannt Eltern, hatten mir zu Beginn nach der Einschulung viel von liebevollem Umgang, freundlichen Worten und rücksichtsvollem Verhalten, das untereinander angebracht sei, erzählt und als Empfehlung mitgegeben, solches auch mit in die Unterrichtsstunden zu nehmen. Davon konnte bei meinem älteren Mitschüler keine Rede sein. Gut so, er hatte bei mir keine andere Wahl.

Nach einem Lernerfolg und dem Erkennen der Hilfe, die sich im Grunde hinter den heftigen Lehrstunden mit einem unangenehmen Lehrer verbirgt, können wir gerade dem härtesten Lehrer von allen am dankbarsten sein.

Wie kann ein Fortschritt, ein Lernerfolg für das Thema Selbstverantwortung denn ausschauen?

In die Selbst-verantwortung gehen heißt zunächst, andere nicht mehr für den Verlauf des eigenen Lebens verantwortlich zu machen!

Es ist sinnvoll, Schuldzuweisungen gegen andere und vor allem sich selbst einzustellen. Vor allem gegen uns selber, wie der sinnige Spruch ausdrückt:

„Wir selber sind unsere strengsten Richter!"

Hat man etwas verkehrt gemacht, heißt es das uneingeschränkt zu akzeptieren und die Folgen anzunehmen.

In kein Wenn und Aber zu flüchten!

Wie geben unseren selbst erschaffenen Sack an Schuldgefühlen mit dem *Anerkennen* der Situation ab und können sie damit entsorgen. Einen Sack, der mit der Zeit immer größer und schwerer geworden wäre. Weg damit!

Das gibt uns im Gegenzug unsere Macht zurück, die wir als Opfer verloren hätten, wir fühlen uns stark und frei von Ballast. Wir sind wieder selbstbestimmt handlungsfähig.

Selbstverantwortung macht frei!

Das ist dann auch zu spüren. Erst durch diese Haltung werden wir im Prinzip erwachsen, denn *Erwachsensein* hat nichts mit dem Lebensalter zu tun, wie wir sehen. Von einem Kind erwarten wir diese *Selbstverantwortung* natürlich noch nicht. Wie erwachsen sind wir denn aus dieser Sicht heute im Grunde wirklich?

Erwachsen werden heißt, da kommt niemand, niemand ist da, um mir meine Probleme zu lösen!

Wir haben die totale *Selbst-Verantwortung* für alles, was wir tun; auch für das, was wir nicht tun, weil wir es aus verschiedenen Gründen unterlassen. Sei es aus Angst oder falsch verstandenem Gehorsam Befehlen oder Anordnungen anderer Mitschüler gegenüber.

Das ist auch eine Entscheidung, deren Folgen wir zu tragen haben.

Eine besonders interessante Variante zur *Ver-antwort-ung* finden Sie bei *Viktor Frankl*, dem Begründer der *Logotherapie*, der Lehre vom Wort und Sinn des Lebens. Er widmete sich der Existenz -Analyse und den geistigen Dimensionen des Menschen.

„Das Leben selbst ist es, das dem Menschen Fragen stellt. Er hat nicht zu fragen, er ist vielmehr der vom Leben her befragte, der dem Leben zu antworten, das Leben zu ver-antwort-en hat!"

Wir Mitschüler sind alle herausgefordert, uns dem Schul-Leben hier und was einem dabei begegnet, zu stellen. Indem ich mich dieser

Lebensphilosophie öffne, erschließt sich mir der Sinn des Lebens und damit auch der Sinn von Krise.

Sich selbst in diesem Leben als Handelnder, als Ur-sache zu begreifen und dafür die Verantwortung zu übernehmen.

Die Frage ist also, wofür wir in unserem Leben jetzt bewusst die Verantwortung übernehmen wollen.

„Wir sind nicht nur verantwortlich für das was wir tun, sondern auch für das, was wir nicht tun."

vom französischen Dramatiker Moliere.

Ja und auch für das, was wir denken. Für alles also mit seinen Folgen.

Wieso für das, was wir denken? Das weiß und merkt doch keiner; nein, das kann nicht sein! Das ist Unsinn, oder doch nicht?

Den radikalsten Spruch zum Thema Verantwortung hat sicherlich der indische Philosoph und Theosoph Jiddu Krishnamurti geliefert:

„Wenn sie nicht bereit sind, sich für alles, für wirklich alles, was in ihrem Leben geschieht, verantwortlich zu fühlen, dann werden sie keine Fortschritte machen!"

Wow, das sitzt! Das ist brutal! Das geht doch zu weit!

Wirklich für alles, das in meinem Leben geschieht? Da passiert ja eine Menge. Schönes ok, dazu lässt sich leicht Verantwortung übernehmen; aber auch viel Unangenehmes. Das würde ja bedeuten....

Ich wäre dann auch z. B. für alle möglichen Krankheiten verantwortlich, die mir widerfahren, die meine Schulzeit immer wieder heftig stören können und durch die ich oftmals ganz gewaltig leiden muss.

Das kann doch nicht wahr sein, daran kann ich doch wirklich nicht schuld sein! Daran nicht, oder?

Schon wieder dieses unangenehme Wort: *Schuld.* Ich empfehle einfach mal, es grundsätzlich gegen das Wort *Verantwortung* auszutauschen.

Fühlt sich doch gleich viel besser an, nicht? Wir werden das mit den

Krankheiten später noch genauer betrachten.

So haben wir durch Lehrstunden im *Unterrichtsfach: Selbstverantwortung* schon einen ganz wichtigen Bereich der Schulordnung kennengelernt.

Das Gesetz von Aktion und Reaktion!

Diese Schulregel können wir auch das Prinzip von:
Ur-Sache und Wirkung nennen. Die beiden stehen im Wechselspiel, einer *Ur*-sprünglichen-*Sache* folgt immer eine *Wirkung*. Ein Tun meinerseits hat also immer eine *Aus*-wirkung!

Welche Ur-Sache ich immer auch setze, welcher Art mein Eingreifen ist, es bleibt niemals ohne Folgen!

Sie ist eine der wichtigsten, genialsten und intelligentesten Regeln, die unseren Schulaufenthalt hier bestimmen. Dies Gesetz ist total gerecht, wie am Beispiel Lerneifer erklärt.

Wenn ich keinen Eifer, keine Energie in den Lehrstoff stecke, bekomme ich gerechterweise keine Ergebnisse, die mich weiter bringen.

Wenn ich Achtung und Respekt meinen Mitschülern zukommen lasse, kann ich mich sicher auch über ebensolche Haltung von Ihnen erfreuen.

Biete ich Ihnen meine Hilfe bei verschiedenen Herausforderungen an, wird mir wiederum geholfen; vielleicht nicht immer umgehend, sondern wenn ich in gleicher Qualität und Quantität Unterstützung benötige.

Empfinde ich Ärger, Hass und greife ich einen Mitschüler oder Lehrer verbal oder sogar tätlich an, wird eine entsprechende Reaktion in einer angemessenen Form nicht lange auf sich warten lassen.

Also bei diesen Beispielen leicht nachvollziehbare Folgen bzw. Wirkungen.

Übernehmen wir da immer *Verantwortung* für unser Tun oder sprechen wir auch dort zumeist den anderen schuldig, weil wir uns provoziert und angegriffen fühlen?

Manchmal ist es doch viel vertrackter, weil die ursprüngliche *Ur-Sache* mit ihrer *Wirkung* weiter auseinanderliegen kann.

Wie ist es bei den vielen anderen Themen in unserer Schul-Welt, übernehmen wir da Verantwortung? Da gibt es eine Menge, wo wir uns verantwortlich fühlen könnten.

Wie sieht es z.B. gerade bei den schlimmen Auswüchsen in unserer Schul-Welt von Missbrauch an Angehörigen und vor allem unseren Kindern aus?

Verschieben wir da nicht die *Verantwortung* und versuchen uns genauso an einer *Symptombehandlung*, wie wir das später bei der Behandlung von Krankheiten noch kennenlernen werden. Neuere und schärfere Gesetze werden das nie regeln können, was in der Verantwortung des Einzelnen liegt.

Müssen wir nicht eher nach innen schauen, in *unser Inneres* und dann ins *Innere unserer Familien*, wie es da im Kern ausschaut, was sich da vielleicht verändert hat? Liegt nicht bei jedem Mitglied der Familie doch vielmehr *Verantwortung*, beim jedem einzelnen von uns, angefangen bei den Mitschülern, den „Erwachsenen" genannt *Eltern*.

Was ist mit den *Ur –Sachen, die wir setzen*, die wir uns in diesem kleinen Lebensbereich *selber* geschaffen haben; haben die nicht das Milieu in der Familie verändert und sind nun verankert?

Ernten wir jetzt nicht die *Aus-wirkungen* von früheren *Aktionen* und schleichenden Prozessen.

Wer ist verantwortlich, kann sich jemand frei sprechen?

Können wir die *Verantwortung* auf die unzureichenden Strafgesetze, die staatlichen Kontrollorgane oder die Medienwelt samt Internet verschieben? Oder kennen Sie z.B. einen Kriminalfall, in dem ein Verbrecher oder Mörder sich von Anfang an mal ohne Ausreden *selbst-*

verantwortlich sieht und klar zu seiner *Schuld* steht.

Selten, wenn ja, dann meist nur um im krankhaften Wahn zu beeindrucken, beachtet und wahrgenommen zu werden.

Diese Schulregel von <u>*Aktion und Reaktion*</u> begleitet uns ständig, ist bei all unseren Aktionen ohne Ausnahme immer wirksam und zeigt uns unsere *Verantwortung* auf.

Materie

Im Laufe der Zeit erfahren wir von anderen Teilen der Schulordnung, den *Schulgesetzen*.

Wir hatten ältere, interessante Mitschüler, die inzwischen schon ihren *Abschluss* gemacht und die sich mit Nebenfächern beschäftigt hatten, die man Atomphysik und Quantenphysik nennt, eben *physikalische Naturgesetze*.

Sie haben uns wichtige Erkenntnisse hinterlassen, an denen immer weiter geforscht wird, für das tägliche Leben zwar nicht so wichtig, aber ein echt spannendes Arbeitsgebiet.

Diese außergewöhnlich schlauen Mitschüler kamen durch Versuchsanordnungen im Labor zum überraschenden Ergebnis, dass diese so grobstofflich erscheinende Schulwelt, nur auf den „ersten Blick" so erscheint.

Wenn wir ganz genau „*hinschauen*", ist es gar kein *fester „Stoff"* im eigentlichen Sinne.

Er hat z.B. nicht wirklich die Härte eines Granitfelsens, an dem wir uns z.B. durch einen Sturz beim Wandern die Knie anschlagen oder in welcher Form wir auch sonst diese scheinbar so massive, dichte Stofflichkeit wahrnehmen können.

Auf den anderen Seite, selbst das so flüssige Wasser, das als Eis und Dampf auch eine andere „Form" annehmen kann, bis hin zu Gasen haben im Grunde eine noch viel feinere „Struktur" und bestehen aus winzigsten „Bausteinen", die in letzter Konsequenz doch nicht fest sind.

All diese „Stoffe" die wir in der Gesamtheit auch **Materie** nennen, sind eher eine kompakte, verdichtete Form von *Energie und Schwingung*, haben uns patente Mitschüler aus den Physikarbeitskreisen vermittelt.

Wir nennen dies auch unsere *Realität*, vom lateinischen: „*res*" das Ding. Die Dinge unseres Lebens wie Autos, Fußbälle, Fahrräder und Handys. Alle kommen uns real vor, wir können sie sehen und berühren, ihr Gewicht spüren, sie pflegen oder kaputt machen. Alle verschiedenen Erscheinungsformen sind Ausdruck derselben Energie und Schwingung. Energie, die nicht verschwindet, verloren gehen kann!

Komisch, wenn alles, was wir als *Materie* wahrnehmen, also insofern eher *Energie in Schwingung* ist, warum erscheint sie uns dann so fest?

Dazu später noch ein paar ausführlichere Bemerkungen.

Nun, zur Erinnerung, die fünf Sinne haben wir Schüler als *Werkzeuge*, quasi als Grundausstattung bei der Geburt, sorry Einschulung, mit bekommen, damit wir uns hier in dieser Schulwelt zurechtfinden, mit ihnen sinnvoll arbeiten und auch miteinander gut kommunizieren können.

Diese fünf Sinne: *Sehen, Fühlen, Riechen, Schmecken* und *Hören* sind, wie erwähnt, <u>nur</u> für unseren Aufenthalt an der Schule bestimmt, exakt einjustiert und auf uns geeicht.

Leider sind nicht bei allen Mitschülern die Sinne in genügendem Maße vorhanden und gleichgut ausgeprägt, wir haben blinde und auch taube Mitschüler unter uns, mit ihren eigenen Herausforderungen.

Dank dieser Werkzeuge können wir den Schulaufenthalt, die Schul-Welt so wahrnehmen, dass sie uns überhaupt als fest erscheint!!

Was wir dabei keinesfalls vergessen dürfen:

Wir selber sind im Ursprung aus derselben Energie, bevor wir durch die Einschulung diese jetzige Form annehmen durften.

Wo etwas für unsere fünf Sinne vielleicht nicht sichtbar ist, kann trotzdem etwas Großes in anderer Weise wahrnehmbar sein!

Die *Schul-Gesetze* der *Schwingung* und des *Geistes* sind hier wirksam.

Bisher versuchen sich im Verhältnis nur wenige Mitschüler auf eine andere Wahrnehmung, als durch die fünf Sinne einzulassen.

Wenn wir die Schule schon ein wenig länger besuchen, stoßen wir noch auf eine weitere Möglichkeit und Weg dieses Leben zu erfahren, der uns nur nicht gleich bewusst und offensichtlich zugänglich ist.

Wie heißt ein sinniger Spruch:

„Wer über sich selbst hinausgehen will, muss in sich selbst hinabsteigen."

Diese *Tibetische Weisheit* will das ausdrücken, da kann man doch mal überlegen, was gemeint ist. Was könnten wir da denn wohl entdecken? Auch dazu später etwas mehr.

Der Spruch beschreibt einen Weg, auf dem ich mich nicht dieser *Sinne*, der sonst *sinn-vollen* Werkzeuge bedienen kann. Ich lege dazu bewusst diese Werkzeuge beiseite, verzichte auf ihren Einsatz, weil sie auf diesem Weg eher hinderlich sind. Sie behindern mich beim Hinabsteigen in mir, blockieren mich sogar.

Ich verlasse beim Hinabsteigen in mir die Welt im Außen um mich herum, um mich ganz auf mich allein in aller Stille auf mein tiefstes Inneres einzulassen.

Es existieren andere Wahrnehmungs- und Erkenntnismöglichkeiten, die nur von wenigen genutzt werden.
Die können wir in der Schule in den Stunden nutzen, wo wir keinen Unterricht haben, wo wir ein paar Freistunden haben.
Diese Beschäftigung nennen wir dann *Meditation*, sie gibt es in verschiedenen Varianten.

Standpunkt

Vielleicht könnten wir überhaupt alles um uns herum besser erkennen und wahrnehmen, wenn wir mal einen anderen Standpunkt einnehmen? Das ist ja oft sehr hilfreich, wenn sich uns in der Schule Probleme, besser gesagt Herausforderungen stellen, - es ist daher sinnvoll in Lösungen zu denken.

Betrachte ich das Problem immer wieder nur auf dieselbe Weise unter demselben Blickwinkel, finde ich die Lösung womöglich nicht. Wenn ich meinen Standpunkt ändere, gewinne ich nochmal eine andere Betrachtungsweise und habe eine echte Chance für eine Lösung.

Ich muss dazu meinen augenblicklichen Standpunkt wirklich verlassen, um eine besseren Weg zu finden!

Der gerne in den Bergen der Alpen wandert, stand vielleicht schon einmal am Fuß des Eiger mit seiner Nordwand in den Schweizer Alpen. Eine steil aufragende, unheimlich abweisende, kalte und dunkle, überhaupt nicht einladende Wand, vor allem, wenn ich auch noch direkt unterhalb am Wandfuß stehe. Der Gipfel ist senkrecht weit über mir und bei der Betrachtungsweise von hier, gibt es nur ein Unmöglich, um den Gipfel des Eiger auf diesem Weg zu besteigen.

Als Ungeübter wäre das der sichere Tod. Also ein echtes Problem!

Wenn man diesen Standpunkt jetzt verschiebt, in dem man am Sockel unter der Wand nur um ein paar hundert Meter nach rechts geht, etwas nach hinten zurücktritt, erkennt man einen leichten Aufstieg über den Westgrat. Dieser ist gar nicht weit entfernt, der geübtere Bergwanderer hat einen relativ leichten Aufstieg auf den Gipfel. Den könnte mancher von ihnen sogar mit den Händen in den Hosentaschen begehen, würde mein Freund Joe, der Kletterer sagen.

Was meinte der Physiker Albert Einstein zu dem Thema:

„Der Horizont vieler Menschen ist wie ein Kreis mit Radius Null. Und das nennen sie dann ihren Standpunkt."

Gut, das ist vielleicht etwas hart und sarkastisch formuliert, beschreibt jedoch die Situation genau. Um unseren Horizont zu erweitern, müssen wir uns eigenen Standpunkt deutlich verändern.

Also kann es hilfreich sein, bei allen Herausforderungen, die das Leben an einen stellt, um das Problem herumzugehen, den eigenen Standpunkt aktiv zu verschieben, eine andere Sichtweise einzunehmen, um eine Lösung zu finden.

Das bedeutet vielleicht auch mal, die eigene Komfortzone zu verlassen.

So beschreibt Einstein in diesem schönen Spruch, wie sich der Mensch auf der Stelle dreht, was auch seine Entwicklung von *Bewusstsein* und Erkenntnis anbelangt.

Sobald die Wissenschaft erst einmal alles in der äußeren, materiellen Welt vermessen hätte, so glauben *Newton* und andere Naturwissenschaftler seinerzeit, würde man alles wissen, was es zu wissen gibt. Das *Bewusstsein* zum Beispiel klammerten sie einfach aus. Warum sollten sie es auch in ihrer Betrachtung einbeziehen, man konnte es ja nicht ausfindig machen und vermessen und wiegen.

Das muss bedeuten, dass es nicht real ist.

Alle Möglichkeiten der Weiterentwicklung werden den gleichen Prämissen unterstellt, man hält bisher an einem mechanistischen, materialistischen, vom Verstand geprägten Weltbild fest, weil einem kein anderes plausibel erscheint und weil ja Mut dazu gehört, kritisch die bisherigen Erkenntnisse der Schul-Welt zu hinterfragen.

Im Sinne einen Standpunkt verrücken, sagte George Bernhard Shaw:

„Was wir brauchen sind ein paar verrückte Leute, seht euch an, wohin Euch die normalen, vernünftigen gebracht haben." und:
„Der einzige Mensch, der sich vernünftig benimmt, ist mein Schneider. Er nimmt jedes Mal neu Maß, wenn er mich trifft. Während alle anderen immer die alten Maßstäbe anlegen, in der Meinung, sie passten auch heute noch."

Wenn also, mal salopp formuliert, im Grunde alles, wir inklusive, aus Energie bestehen, dann sind auch unsere **Gedanken = Energie.** Energie, die nicht verloren geht, wie man festgestellt hat.

Es ändert sich nur die Erscheinungsform.

Energie, die eine Wirkung hat; Gedanken haben also eine Wirkung, im Sinne von *Aktion=Reaktion.*

Gedanken verbleiben nicht allein in unserem Kopf, sie kreiseln nicht nur da, sondern sie fließen als Energie, müssen ja auch fließen. Wir sind mit unserem Körper dabei eine Form von Widerstandskörper; je weniger wir der *Energie = Lebensstrom* in uns an Widerstand entgegensetzen, umso besser fließt sie und lässt uns unsere Ziele erreichen.

Friedrich Dürrenmatt, Schweizer Schriftsteller *und* Dramatiker meinte dazu:

„Was einmal gedacht wurde, kann nicht mehr zurückgenommen werden."

Der Gedanke hat also eine Wirkung erzeugt, die nachträglich nicht mehr verändert werden kann.

Dazu ein kleiner Ausschnitt aus einem der für mich spannendsten und sinnvoll aufklärenden Werke, die in den vergangenen Jahrzehnten geschrieben wurde, in dem es u.a. auch um dieses Schulgesetz: *Aktion – Reaktion* geht.

Er ist aus dem Buch:

„Das LOLA Prinzip" von Rene Egli, ebenfalls einem Autor aus der Schweiz:

„Da alles Schwingung respektive Energie ist, ist auch ein Gedanke Schwingung respektive Energie.

Ein Gedanke ist also nicht nichts. Er ist auch nicht etwas, das sich ausschließlich in unserem Körper drin abspielt.

Der Mensch ist ein vollkommener Sender; er sendet permanent Gedanken aus.

Jeder Gedanke entspricht einer bestimmten Schwingung und somit einem bestimmten Energiepotential, das den Menschen - den Sender verlässt.

Wir können deshalb auch von einem Gedanken als Energiekörper sprechen. Es ist ganz wichtig, dass wir uns das vorstellen können. Jeder Gedanke, den wir denken, stellt einen Energiekörper dar. Je nach der Größe dieses Energiepotentials sind logischerweise auch die Wirkungen der Gedanken verschieden. Es gibt starke und es gibt schwache Gedanken. Da alles andere auch Schwingung ist, können wir mit unseren Gedanken auf alles andere einwirken.

Da jeder Gedanke ein Energiepotential besitzt, hat jeder Gedanke die Tendenz, sich zu verwirklichen; diese Tendenz ist natürlich umso grösser, je grösser das Energiepotential des betreffenden Gedankens ist.

Je kraftvoller Ihr Denken, desto grösser ist somit die Chance, dass sich Ihre Gedanken verwirklichen. Freude und Begeisterung sind beispielsweise energievolle Gedanken, welche zu entsprechenden positiven Ergebnissen führen.

Ein konsequent positives, freudvolles Denken ist also keine Schönfärberei, sondern hat einen ganz handfesten physikalischen Hintergrund. Es sind Energien, die im Leben des betreffenden Menschen mit mathematischer Gewissheit zu positiven Resultaten führen.

Aber vergessen wir eines nicht: Gedanken der Angst sind oft auch sehr energiegeladen; und auch diese haben die Tendenz, sich mit mathematischer Gewissheit zu verwirklichen. Deshalb sind Gedanken der Angst niemals vorteilhaft."

Cleve Backster

Zu dem Thema Gedanken und Kommunikation darf ich ein interessantes Beispiel von einem amerikanischen Mitschüler aus vergangenen Zeiten weitergeben.

Cleve Backster hatte in den frühen 1950er Jahren eine Lügendetektor - Schule gegründet, die in den amerikanischen Geheimdienst CIA integriert war und deren Agenten und Angestellte er an diesen Geräten schulte.

Dagny und Imre Kerner, ein ungarisches Journalisten – Ehepaar haben seine interessante Geschichte in ihrem Buch *„Der Ruf der Rose"* festgehalten:

„Er hatte gerade für die amerikanische Armee ein neues Lügendetektor-Verfahren entwickelt, als er mitten in der Nacht, oder besser gesagt, in den frühen Morgenstunden des 2. Februars 1966 seinen Drachenbaum im Büro ansah und auf die Idee kam, auch die Pflanze an dieses Gerät anzuschließen, um nachzuschauen, wie lange es dauert, bis das Wasser die Blätter erreicht, wenn er sie gießt. Die Blätter von Drachenbäumen sind groß und fest genug, um durch Elektroden nicht sofort verletzt zu werden. Er erwartete auf dem Schreiber seines Lügendetektors eine Kurve, die einen kleineren elektrischen Widerstand aufzeichnet wegen der besseren Leitfähigkeit, wenn die Pflanze frisch mit Wasser versorgt ist.

Zu seiner Überraschung zeigte der Drachenbaum eine völlig andere Reaktion: Auf dem Schreiber erschien exakt die typische Kurve, die er von unzähligen Verhören kannte, wenn Menschen kurzfristig positiv erregt sind.

Hatte die Pflanze etwa Gefühle? Zeigte sie ihm, dass sie sich über das frische Wasser freute? Wie könnte man nachprüfen, ob sein Drachenbaum wirklich Gefühle hat?

Backster überlegte - die heftigsten Reaktionen zeigen Menschen, wenn sie bedroht werden.

Also musste er seine Pflanze bedrohen. Es kam ihm die Idee, das Blatt anzu-
brennen. In dem Moment, in dem er d a c h t e, ich will das Blatt, an dem die
Elektroden angeschlossen sind, anbrennen, reagierte die Pflanze heftig, der
Schreiber bewegte sich, zeichnete eine dramatische Kurve auf.

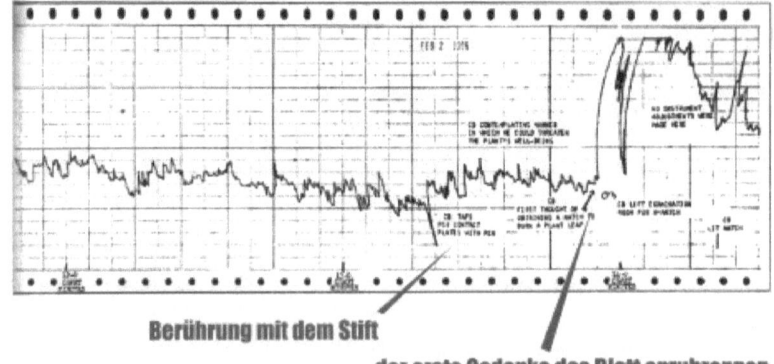

Berührung mit dem Stift

der erste Gedanke das Blatt anzubrennen

Es war alles still im Haus, drei Uhr morgens, er hatte sich nicht bewegt, die Pflanze nicht angefasst, sondern nur daran gedacht, sie zu verbrennen.

Fühlte sich die Pflanze bereits durch seine Gedanken bedroht? Konnte sie diese wahrnehmen? Er ging in ein anderes Zimmer, um Streichhölzer zu holen.

Als er zurückkam, hatte der Schreiber wieder eine Angstkurve aufgezeichnet, offensichtlich in dem Moment, in dem er sich entschlossen hatte, seine Idee umzusetzen. Er nahm ein Streichholz und begann zögernd das Blatt anzusengen. Der Schreiber zeichnete wieder einen Ausschlag auf, diesmal schwächer. Backster mochte Pflanzen, er wollte seinem Drachenbaum nicht ernstlich wehtun. Als er dann später nur noch so tat, als ob er das Blatt verbrennen wollte, reagierte die Pflanze überhaupt nicht mehr. Konnte die Pflanze etwa wirklich unterscheiden, ob er sie ernsthaft bedrohen wollte, wie am Anfang des Versuchs, als ihm die Idee gekommen war, das Blatt zu verbrennen, oder ob er, wie jetzt, nur so tat, als ob er sie ansengen würde?

Backster arbeitete die ganze Nacht, immer neue Versuche führte er mit seinem Drachenbaum durch. Als sein Partner am nächsten Morgen zur Arbeit ins Büro kam, hingen die Papiere mit den Aufzeichnungen des Lügendetektors an der Wand.

»Wen hast Du denn die ganze Nacht getestet? « fragte er.

»Den da«, antwortete Backster und zeigte auf den Drachenbaum.

»Du bist verrückt, eine Pflanze? «.

Cleve Backster hat in der Zeit, die diesem 2. Februar 1966 folgte, nach und nach seine Existenzgrundlage eingebüßt. Seine Pflanzenexperimente und die ersten Veröffentlichungen zu diesem Thema hatten ihn als Leiter einer Lügendetektor-Schule, die ja hauptsächlich Agenten, Polizei- und Sicherheitsbeamte aus aller Welt ausbildete, in den Augen der entsprechenden staatlichen Stellen so unmöglich gemacht, dass er immer weniger Schüler bekam."

Obwohl er von vielen Wissenschaftlern der Lächerlichkeit preisgegeben wurde, führte er seine Untersuchungen fort, später sogar die Kommunikation zwischen Pflanzen und Tieren.

Ein anderer Nuklear-Physiker, der Franzose *J.E.Charon*, der sich später der Metaphysik zuwandte, hat zu dem Thema Kommunikation auch eine bemerkenswerte Aussage:

„Wer ist in unserer angeblich so fortgeschrittenen Zivilisation beispielsweise noch imstande, die Sprache von Stein und Baum zu verstehen?"

Ein wunderbares Beispiel liefert uns dazu eine Geschichte von einem außergewöhnlichen und sympathischen Mitschüler unserer Tage.

Clemens Kuby.

Doch bevor er mit dieser Erzählung zu Wort kommt, wenden wir uns zunächst seiner eigenen, nicht weniger bemerkenswerten Geschichte zu. Er ist Autor, Filmregisseur und Dokumentarfilmer.

1979 ist Mitbegründer und Namensgeber der Partei „Die Grünen" in Baden-Württemberg. Er verlässt sie jedoch, als sie sich 1980 als Bundespartei etabliert hat, da sie sich für ihn in den üblichen politischen Machtkämpfen zu sehr verliert.

Interessanterweise ist sein Onkel, der bekannte *Physiker Werner Heisenberg*, der mit 31 Jahren den Nobelpreis erhielt, für ein Phänomen, das er in einer Formel darstellen konnte. Seine mathematische Formulierung der Quantenmechanik wurde nach ihm benannt:

die Heisenbergsche Unschärferelation.

Die Messgrößen eines atomaren Teilchens, sein Ort und dessen Impuls lassen sich nicht beliebig genau zeitgleich bestimmen.

Die Formel sagt aus, dass der Betrachter durch das Betrachten das Betrachtete beeinflusst.

Man kann also nicht mit letzter Konsequenz sagen, ob sich eine Sache so verhält, wie man sie sieht oder misst! Mit der Heisenbergschen Unschärferelation ist es gelungen nachzuweisen, dass das Licht manchmal in Wellen, dann wieder in Partikeln, Teilchen erscheint, ganz wie es will. Erst durch unsere Beobachtung entscheidet sich das Elektron für einen möglichen Weg. Die Aussage der neuen Wissenschaft heißt, wir leben mit Wahrscheinlichkeiten, die alle möglich sind.

Man könnte auch sagen, dass der beobachtende Geist für das, was als unsere wahrgenommene Realität in Erscheinung tritt, absolut entscheidend ist. Na, das ist doch eine bahnbrechende Feststellung, zu der Aussage später noch mehr.

Nun gut, es scheint, als hätte Kuby von seinem Onkel eine Menge außergewöhnlicher Sichtweisen und Gedankengut übernommen.

Bei einem versehentlichen, nächtlichen Sturz aus dem Fenster und vom Dach seines Hauses aus 15m Höhe verändert sich sein Leben tatsächlich auf einen Schlag.

Ja, mit einem ganz gewaltigen Schlag, der normalerweise den Rollstuhl als einzig verbleibendes Fortbewegungsmittel bedeutet.

Diagnose: Querschnittslähmung ab dem 2. Lendenwirbel, der zertrümmert ist.
Es beendet den Weg seines bisherigen Lebens auf einen Schlag auf allen Ebenen brutal!
Was macht Kuby nun?

Er übernimmt die volle _Verantwortung_ für das, was ihm passiert ist; er ahnt gleich, dass ihn sein bisheriger Weg in manchen Bereichen in eine Sackgasse geführt hat!

Es ist aber für ihn nicht das Ende, es ist _nur!_ ein Bruch mit seinem bisherigen Leben entstanden!

Er akzeptiert nach einer kurzen Phase der Selbstreflektion die Situation und kämpft nicht gegen das was geschehen ist. Kampf hieße Festhalten und Energie verlieren.

Er akzeptiert den Moment, das JETZT!

Ganz wichtig: Er lässt los!

Er empfindet keinen Ärger, keine Wut über die Situation, was Energie binden und blockieren würde.

Er ahnt und spürt in seinem tiefsten Inneren, dass genau dieser Moment gleichzeitig *der Wendepunkt, die Chance* ist, einen neuen begehbaren Weg zu finden und zu ihm aufzubrechen.

Dazu teilt er umgehend am nächsten Tag seiner Frau mit, dass ihr gemeinsamer Weg nun beendet sei.

Was für eine *Ent-scheidung* ist diesem Moment.

Er trifft hier für sich die Ent-scheidung, mit seinem bisherigen Leben auf allen Ebenen zu brechen. Er kann und will nach dem Unfall nicht sagen, ich werde schon irgendwie wieder gesund und mache dann mit allem so weiter, wie bisher; das gibt für ihn keinen Sinn!

So kann er auch leichter alle Versprechen lösen, die er vor dem Unfall gerade innerhalb der Familie gegeben hat.

Kuby glaubt nicht an Pech oder Zufall, für ihn muss es in seiner Biographie einen Grund für seinen Unfall geben!

Eine *Ur-sache,* die diese *Wirkung* brachte.

Er empfindet es sogar als Geschenk, dass seine Frau und seine eigenen Geschwister, auf seinen Wunsch hin, ihn nicht im Krankenhaus besuchen. Schon erstaunlich, da ja gerade die Hilfe des Partners und der Familie für die meisten in vergleichbarer Situation ganz wichtig wäre.

Er schottet sich konsequent von der Außenwelt ab, bis auf das Personal im Krankenhaus. Er will seine Ruhe, um zum Nachdenken, zum Reflektieren zu kommen. Er hat Glück, heutzutage wäre er schon an den Lendenwirbeln operiert, der Aufenthalt damit im Krankenhaus deutlich verkürzt worden. Er hat nun jedoch genug Zeit, auf einem Spezialbett ruhiggestellt- eine Operation war damals noch nicht so möglich- in seinen Worten: „mit seiner Seele Kontakt auf zunehmen". Er weiß in diesen vielen Ruhestunden der „Meditation", das war kein Zufall oder Pech.

Er ahnt, er kann sein Leben, gerade eine so schwierige Situation nur ändern, wenn er etwas ändert, wenn _er sich_ ändert. Sein Ego geht in seinen Worten in dieser Phase auf Tauchstation, seine Seele hat nun die Führungsrolle. Kuby hat es nicht leicht in der Klinik, er wird als Ignorant beschimpft, er müsse sein neues Schicksal nun gefälligst endlich annehmen und sich wie alle anderen Leidensgenossen auch, die mit im Zimmer liegen, auf ein Leben im Rollstuhl vorbereiten.

Er will aber sich nicht durch äußere Einflüsse, durch Mitgefühl, Mitleid und Gedanken anderer Mitmenschen irritieren und ablenken lassen. Er denkt nicht an eine mögliche Operation oder den Rollstuhl. Er sucht innerlich nach einer Lösung und Möglichkeit, seinem Leben einen ganz neuen Sinn zu geben.

Eine Idee reift in den Stunden der „Meditation" in ihm heran, dass er Menschen kennen lernen möchte, die eine ganz andere Kultur als die unserige haben, die ein anderes Bewusstsein haben, außerhalb unseres üblichen Bewusstseins, das Kuby wie ein Leben in einem _„Stadion"_ empfindet. Wo Club Links gegen Club Rechts, Rot gegen Schwarz, Grün gegen Gelb spielen. Dies Stadion repräsentiert für ihn unsere komplexe Gesellschaft mit Politik und als Pausenprogramm Kultur. Seine Seele ist damit unzufrieden und will raus und wissen, was es außerhalb des Stadions gibt! Sein bisheriges Leben spielt sich nur in diesem „Stadion" ab.

Die Seele „verlangt" mehrere Kriterien, die es in diesem „Stadion" nicht gibt und die ihm aufzeigen, dass er sich nicht mehr in diesem befindet.

Die Kriterien sind ein Ort:

ohne Straße

ohne Elektrizität

ohne Tourismus

ohne weißes Mehl und

ohne Zucker.

Nach einer gewissen Zeit hat er überraschenden Besuch von einem guten Freund, dem er gleich von seiner Idee erzählt und ihn fragt, ob er so einen Ort kennt, den er aufsuchen möchte. Der lächelt und sagt, na klar, ich war gerade da.

Er war mit dem Rucksack in Ladakh in Asien bei einem Bergvolk, dass diese Kriterien erfüllt. Kuby ist begeistert, ja ganz euphorisch, es durchfährt ihn wie ein Blitz.

Mithilfe dieses Freundes kristallisiert sich in seinem Inneren plötzlich eine neue Idee zu einem großen Ziel!

Eine Idee, die er ja für seinen zukünftigen Weg braucht, damit sich etwas Neues materialisieren kann.

Am nächsten Morgen zuckt, nur für ihn zunächst merkbar, das erste Mal seit Monaten wieder sein linker großer Zeh.

Das Personal lächelt zunächst etwas geringschätzend über seine Beobachtung, nach einem Jahr dann jedoch nicht mehr.

Seine ganze geistige, gedankliche Konzentration und Aufmerksamkeit gilt nun dem Plan zu neuen Bewusstseinshorizonten aufzubrechen und als erstes einen Film über „unzivilisierte" Menschen in Ladakh im Himalaya zu machen, wo die Menschen noch in Einheit mit der Natur leben.

Quasi wie in tiefer Meditation auf dem Spezialbett ruhig gestellt, widmet er sich diesen Zielen ab sofort in einer gewissen „Vorfreude" und voller Aufmerksamkeit.

Laufen nicht als Selbstzweck, sondern mit dem Ziel, diese Expedition mithilfe seiner Beine zu machen. Es wird für ihn zu einem enorm kraftvollen Motor der Motivation. So hat er die Zeit, dass seine Selbstheilungskräfte aktiviert werden und die OP, die ihn an den Rollstuhl bindet, damit verhindert wird.

Es gibt bei Clemens Kuby keine materielle Intervention, keine Medikamente, man kann auch die Nerven nicht „zusammen nähen".
Es gibt nur seine geistige Intervention!

Alles, was ich *mental* erschaffe, materialisiert sich, wenn es mit dem entsprechenden Gefühl verbunden ist!

Es braucht eine Idee, Kuby erschafft sich in der Klinik eine neue *Wirk*-lichkeit; es bilden sich, vereinfacht gesagt, neue Synapsen, die mit den neuen Botenstoffen, die Nerven „zusammenwachsen" lassen. Gerade auch, weil er an die neue *Wirk*-lichkeit glaubt.

Wirk-lichkeit muss nicht wahr sein, sie muss *wirken*!

Wirk-lichkeit heißt eben so, weil sie *wirkt* und nicht weil sie *wahr* ist.

Damit man an etwas glaubt, muss es für einen *wahr* sein, zu den eigenen *Wahr*-heiten passen.

Später werde ich, was Wahr-heit und Wirk-lichkeit anbelangt, noch ein paar Gedanken ergänzen.

Es tritt nach Kubys Credo durch *Geistiges Heilen, anders gesagt durch Bewusstseinsveränderung* innerhalb eines Jahres eine Gesundung ein, die die Medizin allerdings als *Spontanheilung* betrachtet.

Also eine Heilung, einen Prozess, für die man nach der herkömmlichen Lehrmeinung keine plausible Erklärung hat, aber zumindest ein schönes Wort, das allerdings klar die Erklärungsnot widerspiegelt.

Man kann sagen, vielleicht tritt Spontan-Heilung dann ein, wenn z.B. ein Kranker die Ursache seines Leidens „erkennt", dann „anerkennt", entsprechend handelt und somit der Grund für die Manifestation der Krankheit entfällt.

Dann kann Selbstheilung gelingen. Nach dieser Erfahrung kann man sagen, dient jede Krankheit als Motor für unsere Entwicklung auf Bewusstseinsebene.

Für manche Leser mag es natürlich weiterhin auch der Zufall sein oder die Annahme, dass gar keine Querschnittslähmung vorlag, welches auch oft einfachmal vermutet wird.

Nicht-Materielles lässt sich mit materiellen Untersuchungsmethoden nicht erklären!

Kuby ist der Überzeugung, dass sein rigoroser Lebens- und Bewusstseinswechsel diese Gesundung ermöglichte.

Zur Lösung dieser enormen Herausforderung, hat sicher geholfen, die Herangehensweise und den Standpunkt zu ihr zu wechseln und zu verändern. So ist er an diesem Erlebnis gereift, hat an Bewusstsein gewonnen und ist auf der geistigen Ebene gewachsen.

Die körperliche und damit geistige Selbst-Heilung ließ ihn einen Bewusstseinsprozess der außergewöhnlichen Art durchmachen, auch einen Prozess in die *Selbstliebe*.

So hat er sein Ziel erreicht, auf der Welt bis heute auf seinen beiden Beinen Heiler und außergewöhnliche Kulturen filmisch zu dokumentieren und in Seminaren für Selbstheilung seinen Weg zu vermitteln.

Sicher brachte er die dafür nötige innere, geistige Haltung schon mit in diese Schul-Welt. Wenn nicht hier, wo hatte er sich dann wohl diese Fähigkeiten vorher erworben?

Denn das ist schon stark. Er hat im entscheidenden Moment losgelassen, nicht gekämpft, welches Widerstand bedeutet; so kann seine Lebensenergie, die kurz blockiert ist, wieder fließen.

Er hat das *JETZT* akzeptiert.

Das ist *Loslassen,* dieses heutzutage oft benutzte und genauso oft nicht richtig verstandene Wort.

Rene Egli hat in seinem erwähnten Buch:

„**Das LOLA Prinzip**" dargestellt, wie durch Akzeptanz des **IST-Zustandes** auch wieder Bewegung, sprich Leben in die Situation kommt. Sie wollen ja einen SOLL-Zustand in der Zukunft erreichen.

Leben heißt fließen, denn Leben ist Energie und Energie muss fließen.

Schon die alten Griechen wussten das: *Panta Rhei – Alles fließt.*

„Loslassen heißt:

Akzeptieren des IST-Zustandes.

Wenn Sie möglichst rasch von einem IST- zu einem SOLL-Zustand wollen, dann dürfen Sie logischerweise den IST-Zustand nicht festhalten. Wie soll sich der IST-Zustand zum SOLL-Zustand verwandeln, wenn Sie ihn festhalten?

Den IST-Zustand festhalten heißt, ihn zu blockieren.

Den IST-Zustand akzeptieren heißt, ihn loslassen - und dann geschieht etwas Erstaunliches; der IST-Zustand verändert sich. Ich höre immer wieder Teilnehmer, die hier einwenden, «aber ich kann doch nicht alles akzeptieren».

Das habe ich früher auch einmal gedacht und habe mich damit beinahe zu Grunde gerichtet.

Man kann nicht nur alles, was IST, akzeptieren, man muss.

Das hat nämlich mit reiner Logik zu tun. Das was IST, das IST; und wenn etwas IST, dann hat es keinen Sinn, sich darüber aufzuregen. Es wird deswegen nicht anders.

Das IST ist das, was JETZT ist. Und was JETZT ist, kann niemand ändern.

Wir können die Zukunft beeinflussen, aber nicht das IST und das JETZT!

Wenn wir das IST und JETZT nicht akzeptieren, dann machen wir etwas völlig Unlogisches.

Dann schaffen wir nämlich einen Konflikt, einen Konflikt zwischen uns und dem, was IST.

Ein Konflikt kostet Energie und Geld, er blockiert auch die Intelligenz.

Das heißt: wenn wir das, was IST nicht akzeptieren, dann behindern wir uns total. Wie wollen Sie Ihre Probleme rasch lösen und Ihre Ziele rasch erreichen, wenn Sie sich total behindern, indem Sie das, was IST, nicht akzeptieren?

Das ist nicht möglich!

Nun werden Sie einwenden, dass die ganze Welt gegen irgendwelche IST-Zustände kämpft; auch der Papst und auch die UNO. Das stimmt.

Und genau deshalb werden keine Probleme gelöst, sondern neue Probleme geschaffen. Man löst keine Probleme, indem man einen bestimmten IST-Zustand (Mensch oder Situation) bekämpft. Das hat nichts mit Psychologie oder mit Philosophie zu tun; das ist reine Logik und Physik.

Konflikt erzeugt Widerstand. Und wenn die ganze Welt mit Konflikt und Widerstand arbeitet, so macht das die Sache nicht besser

– und vor allem: es hilft Ihnen nicht bei der Lösung Ihrer Probleme.

Akzeptieren sie das, was ist, wie schlimm es auch sein mag!

Loslassen hat mit Leben zu tun."

Also ist es sehr sinnvoll, wenn das so ist, alles das zu beenden, was das Fließen blockiert.

Loslassen führt dann zur Gelassenheit, die anderen und auch sich selbst lassen zu können, wie sie sind und sich selbst anzunehmen, wie man ist. Gelassenheit hat auch nichts mit „dickem Fell" zu tun, das wäre eher „dickhäutig", sondern ist Ausdruck eines bewussten „So-seins", Ausdruck von, ganz man „selbst" zu sein.

Alles das losgelassen zu haben, dass nicht zu diesem „Ich selbst" -Sein gehört.

Nicht mehr an Normen und Erwartung anderer angepasst zu sein, sondern seinen eigenen Maßstab für das Leben gefunden zu haben.

Die Todas

Zurück zu Clemens Kuby, von dem ich eine Erfahrung zum Thema Gedanken und Kommunikation weitergeben möchte, die er nach seiner Gesundung als Filmemacher in Indien erlebte.
In seinem Buch:
„Unterwegs in die nächste Dimension", beschreibt er die außergewöhnliche Lebensweise des kleinen Volkes der Todas, Eingeborene in den Nilgiri- Bergen von Südostindien.

„Den Todas ist alles heilig, nicht nur ihre Tiere, auch die Pflanzen, Seen und Berge. Wenn sie durch ihr Land ziehen, grüßen sie Steine und Bäume, bisweilen befragen sie sie auch und bekommen sogar Antworten von Ihnen.

Als wir eine Rast brauchen und den Schatten eines Baumes aufsuchen, bittet uns Vasamalli, die Tochter von Mucicane (dem eingeborener Führer), diesen Baum nicht zu stören, er habe gerade gesagt, dass er Besuch nicht wolle. „Warum setzten wir uns nicht zu ihm?" einem anderen Baum ganz in der Nähe. „Er lädt uns ein" vernimmt Vasamalli von ihm.
Als jemand aufgeregt aus dem Wald zu uns gerannt kommt, um uns vor der Forest Police zu warnen, weil wir ohne Drehgenehmigung des indischen Staates unterwegs sind, sagt Vasamalli:
„Bevor wir jetzt in Panik geraten und auseinander laufen, fragen wir erst mal unseren ehrwürdigen, großen Berg dort drüben am Horizont." Sie schließt die Augen und murmelt ihre Frage an den Berg, dann horcht sie in sich hinein: „Der Berg sagt, es gibt keine Gefahr für uns, also beenden wir ganz in Ruhe unser Picknick und gehen dann weiter". Und als ich ein Interview mit zwei jungen Mädchen drehe, können Sie eine der Fragen nicht beantworten und wollen deshalb statt der Bäume ganz selbstverständlich ihre Großmutter befragen.
Ich schalte die Kamera aus, weil ich glaube, sie gingen jetzt ins Haus, wo wohl ihre Großmutter sein könnte. Aber nein sie legen nur ihren linken Daumen in die rechte Handfläche, schließen die Augen zu einem Schlitz, reiben den Daumen ein wenig hin und her und geben dann die Antwort.
Die Großmutter ist seit langem tot.

Es gibt Steine von der Größe eines Autos oder kleiner, wie ein Eimer, die an markanten Orten liegen. Die werden von den Todas gestreichelt und besprochen, dann antworten Sie auch auf Fragen, sagen die Todas.
Bei meinem dritten Besuch sagt Vasamalli zu mir:

„Du hörst schon auch, was der Stein und der Baum sagen - nicht wahr?"

Ich antwortete etwas stotternd. „Ja, nicht wirklich."

Sie betrachtete mich etwas misstrauisch und fragte dann:

„Du bist aber schon ein M e n s c h, oder?"

Ich habe meine Not den Todas klarzumachen, dass ich nicht so sensibel bin, wie sie. Sie können das nicht begreifen."

Der französische Nuklear-Physiker J.E.Charon würde sich freuen, dass es doch noch ein paar Menschen gibt, die zu einer derartigen Kommunikation fähig sind! Ja, wer von uns ist es denn heute noch?

Nun, wenn es tatsächlich Mitschüler, Mit-Menschen gibt, die über solche außergewöhnlichen Wahrnehmungs-filter verfügen, dann müssten ja diese im Grunde uns allen seit der Einschulung zur Verfügung stehen, oder?!

Wahrscheinlich sind sie bei dem Rest mangels Glauben und Nutzung schon verkümmert.

Die Gedanken

Wie ich schon erwähnte, sind wir verantwortlich für alles was wir tun und denken.

Für das *Denken* wirklich auch? Kommen wir also wieder zu unseren Gedanken, die ja Energie sind.

Unser Denken mit Gedanken ist also ein ständiger, unaufhörlicher Energiefluss.

Ein andauernder, vorhandener Fluss von Gedanken in unserem Kopf, der, so scheint es, durch nichts zu stoppen ist.

Nur im Schlaf sind wir von ihm befreit. Bei dem was wir Meditation nennen, können wir Gedankenfluss hemmen und verringern. Gewisse Könner bringen ihn ganz zum Erliegen.

Wir sind diesen Gedanken nicht ganz hilflos ausgeliefert. Wir können ihnen durchaus eine Richtung geben und da sie eine Energie-Form sind, können wir sie quasi bewegen, mitnehmen und auf ein Ziel ausrichten.

Dort hin, worauf wir uns konzentrieren, wohin der Gedankenfluss geht, lassen wir sie nieder, legen sie quasi genau dort ab, wo unsere ständige Aufmerksamkeit hingeht. Das bleibt nicht ohne Folgen!

Stellen sie sich als Metapher einfach einen fahrbaren Betonmischer vor, der seinen Frischbeton in der drehenden Trommel -unsere ständige unbewusste Gedankenflut- an eine gewählte Stelle befördert.

An dieser Stelle ausgeleert, erhärtet der Beton zeitnah. Wenn der Fahrer den neuen Frischbeton nun ständig an dieselbe Stelle lenkt, dann wächst dieser Bereich relativ stark zu einem festen, großen Hügel.

So ist es auch mit unseren Gedanken:

Worauf wir uns konzentrieren, das wächst!

Wo wir ständig unsere ganze Aufmerksamkeit drauflegen, das realisiert sich.

Wobei sich nicht das materialisiert, woran wir vordergründig gerade einmal kurz denken oder was wir denn im Moment ach so gerne hätten. Das wird kein Gewicht, keine Wirkung, keine Größe erzielen.

So einfach ist es dann doch nicht, das gäbe auch ein ganz schönes Chaos, oder?

Es materialisiert sich unser tagtäglicher, ständiger, innerer, unbewusster Dialog! Das also, was sich unbewusst! von früh bis spät in unserer Gedankenflut bewegt.

Realität wird also das, was ich den ganzen Tag über denke, wo meine Aufmerksamkeit hinfließt, worauf ich unbewusst fokussiert bin.

..und Achtung: ganz wichtig!

Vor allem, mit welchem Gefühl wir dabei verbunden sind!

Warum denn das nun?

Gedanken sind immer mit Gefühl verbunden, Gefühl hat mit Denken zu tun und Gefühl ist etwas Erlerntes! Ein Gefühl ist daher jederzeit veränderbar.
Die Emotion, die sich dahinter verbirgt, ist, vereinfacht gesagt, entweder: *Angst oder Liebe.*
Was bedeutet das?

Sind das, worauf wir uns konzentrieren, wir die Aufmerksamkeit haben, Ideen, die wir verfolgen, gekoppelt an Gedanken von Mangel oder Freude, an ein gutes oder ein schlechtes Gefühl?

Denn genau diese Gefühle und Emotionen tragen zur Gestaltung von Realität entscheidend mit dazu bei!

Unsere Gefühle sind also mitverantwortlich, worauf wir uns konzentrieren und mit welcher Intensität.

Wäre es übrigens da auch nicht sinnvoller, unsere Wortwahl, daraufhin bei manchen Begriffen mal zu überprüfen.

Wir sprechen immer von *Krankenhäusern,* die wir manchmal brauchen und in die wir dann kommen, nirgendwo steht jedoch ein *Gesundungshaus,* bzw. nur selten ein *Gesundheitszentrum.*

Also könnte es gar nicht schaden, mal innezuhalten, in sich rein zu spüren, Beobachter der eigenen Gedanken zu sein und zu hinterfragen,

was denkt da gerade dieser Jemand in mir den lieben, langen Tag?

Wie ist eigentlich meine grundsätzliche Ausrichtung?

Angst und Sorge um den Moment, die Zukunft?

Angst sind z.B. Erfahrungen, die ich gemacht habe und in die Zukunft projiziere. Oder lassen wir uns von Zuversicht, Freude, Gelassenheit und Dankbarkeit tragen?

Wenn wir so in unserer täglichen Gedankenflut sind, übrigens von Geburt an, seit wir hier in der Schule sind, nehmen wir unbewusst an, dass wir diese, unsere Gedanken, _selber_ sind.

Dass wir dieses ICH sind, was da ständig denkt!

Aber dem ist nicht so, doch dazu später mehr.

Wenn ich mich auf das konzentriere, alle Aufmerksamkeit auf das gebe, was ich unbedingt vermeiden will, welches ich auf gar keinen Fall nochmal haben und erleben will, dann wächst natürlich auch das und wird mir womöglich noch öfter begegnen!

Stellen Sie sich mal vor, wieviel gedankliche Energie Sie darauf geben, was Sie vermeiden wollen; wie Sie im Grunde ständig bei diesem Thema sind! Alle Energie fließt dann dahin!

Fatal, nicht?

Konzentrieren wir uns z.B. bei unseren Friedensbemühungen in der „Schulwelt" untereinander wirklich mehr auf Frieden oder eher auf Krieg - Vermeiden? Die Wirk-lichkeit zeigt letztlich in der Folge auf, worauf die gedanklichen Energien und Absichten der Friedensvermittler liegen.

Wenn wir und auch diese Mitschüler die Folgen des Gesetzes von _Aktion_ und _Reaktion_ besser kennen würden, ja, dann könnte sich mal was tun. Wie oft erleben wir es, dass genau das eintrifft, was wir unbedingt vermeiden wollen!

Was meinen Sie, ist es daher sinnvoll, seinem Volk in privatem Bereich leichten Zugang zu fast allen möglichen Feuerwaffen zu ermöglichen, ja fast zu empfehlen, in dem Glauben, dass sich der Einzelne so viel besser „schützen" kann?!

Oder gar die Idee eines „Klassenleiters" in Übersee, zukünftig vielleicht sogar Lehrer in den Schulen mit Schusswaffen auszustatten, damit sie im Ernstfall sofort entsprechend reagieren können. Die Wirklichkeit zeigt eher klar das Gegenteil auf. Hier werden die „Schul-Gesetze" leider überhaupt nicht erkannt und verstanden.

Was sagte Mahatma Gandhi zu dieser Thematik:
„Gewalt ist die Waffe des Schwachen"
„Was mit Gewalt erlangt worden ist, kann man nur mit Gewalt behalten."
Gewalt ist entweder die Folge geistiger oder die Folge sozialer Armut.

Prüfen Sie doch einmal selber, wo Sie ständig mit Ihren Gedanken sind, wenn Sie etwas auf jeden Fall nicht mehr haben wollen!

Achte auf Deine Gedanken, denn sie werden zu Gefühlen.

Achte auf Deine Gefühle, denn sie werden zu Worten.

Achte auf Deine Worte, denn sie werden zu Handlungen.

Achte auf Deine Handlungen, denn sie werden zu Gewohnheiten.

Achte auf Deine Gewohnheiten, denn sie werden Dein Charakter.

Achte auf Deinen Charakter, denn er wird Dein Schicksal.

Ein netter Aphorismus; in der englischsprachigen Literatur wird das Zitat einem chinesischen Sprichwort zugeschrieben. Charles Reade (1814–188) hat zu seiner Verbreitung verholfen, wird oft auch fälschlicherweise dem Talmud zugeordnet.

Der besondere Wunsch

Ein kleines Beispiel der etwas anderen Art aus meiner Vergangenheit mit einem patenten, befreundeten Mitschüler, kann ich zu diesem Thema beitragen.

Wir sind mit unseren Partnerinnen im Urlaub im südlichen Griechenland auf einer vorgelagerten, einsamen Insel an der Peleponnes, die wir mit unserem Boot am Nachmittag angesteuert haben.

Wir sind zu viert hier ganz allein und haben ein kleines Lagerfeuer am weißen Sand-Strand gemacht.

Ein traumhafter, orangefarbener Sonnenuntergang senkt sich wundervoll über die Landschaft.

Eine Flasche griechischer Wein macht die Runde, die Stimmung ist in der beeindruckenden Kulisse der Natur und zusammen mit den romantischen Gefühlen nicht zu toppen.

Wir beide stehen abseits von unseren weiblichen Begleiterinnen in Ufernähe im warmen Wasser das unseren Bauch sanft umspült, als er gedankenverloren, irgendwie verträumt zu mir sagt:

„Ich würde gerne einmal beim Sex mit einer Frau sterben, das wär´s doch".

Ich bin etwas überrascht über seinen Wunsch, denn wie kann er in diesem großartigen Moment an das Sterben, den Tod denken.

Klar, der Augenblick hat etwas überirdisch Schönes.

Ich habe seine Bemerkung nie vergessen und eines nicht allzu fernen Tages wurde dieser Wunsch ihm tatsächlich erfüllt.

Was er damals in Griechenland noch nicht wusste, ist, dass es allerdings eine andere Partnerin sein würde, die ihm dabei half, diesen in die Tat umzusetzen.

Aber die Wahl der Partnerin hatte er ja auch am Strand bei dem bemerkenswerten Wunsch offengelassen.

Mit seinem Höhepunkt macht er seinen Abschluss von der Schul-Welt. Der schlagartige Blutdruckanstieg in diesem besonderen Moment, eine plötzliche Blutung im Gehirn, genannt Schlaganfall, ist der Auslöser.

Klar, verehrter Leser, Sie werden sicher sagen:

Das ist natürlich kein Zufall.

Nur, egal wie, sein Wunsch wurde meinem Freund auf jeden Fall genau in diesem, für ihn entscheidenden und gewählten Moment erfüllt; ihn hatte er wohl sehr stark verinnerlicht.

Ebenfalls ist es bemerkenswert, wenn man manchmal in den Medien von vormals bettelarmen Lottomillionären hört, die einige Zeit nach ihrem großen Gewinn, plötzlich schon wieder arm sind und nicht selten obendrein noch weitere Schulden dazu angehäuft haben.

Ist das auch Zufall oder was mag der Grund sein?
Diejenigen hatten sich mit ihrer gedanklichen Ausrichtung zuvor ein *Armutsbewusstsein* erzeugt, dass dann nach einer Weile wieder zu *wirken* beginnt und sich auf den üblichen Energiepegel einstellt; sodass sie nach einiger Zeit alles Gewonnene wieder verloren haben und oft noch viel mehr.

Also:

Wenn wir uns auf unsere Schwachstellen konzentrieren, dann werden die größer!

Wenn wir uns auf Krankheit konzentrieren, nimmt diese einen größeren Raum ein und schadet uns noch mehr!

Wenn wir uns auf Geldmangel konzentrieren, haben wir noch mehr davon!

Wenn wir uns auf ein gesundes Leben, auf Gesundheit konzentrieren, dann wird diese zu nehmen!

Wenn wir uns mit Dankbarkeit auf die Fülle konzentrieren, die wir im Moment haben, auch wenn es noch nicht so viel ist, werden wir bald mehr davon besitzen!

Überhaupt : Dankbarkeit, ein wichtige, innere Einstellung, die wir viel häufiger empfinden und uns darauf einlassen könnten.

Was meinte schon vor langer Zeit der römische Staatsmann Marcus Cicero (106-43 v.Chr.):

„Dankbarkeit ist nicht nur die größte, sondern zugleich die Mutter aller Tugenden."

Es begegnet uns neben dem bedeutsamen *Schulgesetz: Aktion- Reaktion* und dem des *Geistes* eine andere wichtige Regel.

Gesetz der Resonanz oder Anziehung

Alles was wir aussenden, mit unseren Handlungen, Gedanken, eingebettet in Gefühle und Emotionen kehrt zu uns zurück!

Worauf hatte Clemens Kuby bei seinem Prozess der „Spontanheilung" seine ganze Konzentration gerichtet?

Durch die Abgeschiedenheit im Krankenhaus quasi einer Meditation gleich, eingebunden in Hoffnung, Glauben und Vorfreude, lag die ständige Aufmerksamkeit auf dem Ziel, auf beiden Beinen laufend, andere, außergewöhnliche Kulturen zu besuchen und diese filmisch zu dokumentieren.

Seine ganze Energie, Kraft und Aufmerksamkeit lag auf der Heilung und dem Erreichen und Leben seiner Ziele. Seine Aufmerksamkeit lag definitiv nicht auf dem Leben im Rollstuhl; bzw. diesen zu vermeiden!

Ich weiß, Sie werden jetzt sagen:

Ach, das sind doch alles wirklich keine Beweise und stichhaltige Fakten bei der Geschichte von Cleve Backster und Clemens Kuby für irgendwelche Gesetze, die hier einen Rahmen, eine Ordnung darstellen.

Eine besondere und gütige Fügung oder Zufall haben es halt so ergeben! Wir nennen häufig Zufall das, was wir nicht gleich erklären können, wofür wir keine kausale Erklärung haben.

Das heißt aber nicht, dass es keine gibt!

Das Gesetz: *Aktion = Reaktion* funktioniert immer ohne Ausnahme!

Eine *Reaktion-Wirkung* folgt manchmal viel später, wenn wir die *Aktion* schon längst vergessen haben oder in einer Art und Weise, die wir damit nicht in Zusammenhang bringen.

Der Zu-fall ist das Fällige, was uns zu-fällt.

Der Zu-fall ist das, was uns durch unser So-Sein zu-fällt.

Wenn wir einen anderen, höheren Standpunkt einnehmen, könnten wir die Zusammenhänge vielleicht viel besser überblicken. Also einmal nicht gleich in Abwehrhaltung gehen und ein abwertendes Urteil parat haben.

Das was geschehen ist oder auch im eigenen Leben sich ereignet, aus einem anderen Blickwinkel beobachten und hinterfragen. Wenn man denn möchte.

„Wunder geschehen nicht im Widerspruch zur Natur, sondern nur im Widerspruch zu dem, was uns über die Natur bekannt ist."

Augustinus Aurelius (354 - 430), Bischof von Hippo, Philosoph

Interessant wie vor langer Zeit die Natur und unsere Schul-Welt, in der wir leben, schon von einigen gesehen wurde.

Was bezeichnen wir nicht alles als Wunder, wo wir bisher nur noch nicht die übergeordneten Zusammenhänge verstehen!

Sie haben sicher schon den humorvollen Spruch von Albert Einstein dem Physiker gehört, der überhaupt alles nicht so tierisch ernst sah:

„Gott würfelt nicht."

Wobei es mir im Moment egal ist, wie man den, der da nicht würfelt, nun nennen möchte.

Einstein meint wohl auch, dass statt Zufall hinter allem eine größere, höhere *„Ordnung"* zu finden ist.

Krankheiten

Im Sinne des Themas: *Selbstverantwortung*, innerhalb des Gesetzes *Aktion-Reaktion*, und dem der *Resonanz* will ich mich wieder dem zuwenden, dass wir *Krankheit* nennen.

Wie schaut es da mit unserer Selbstverantwortung aus?

Sie erinnern sich noch an den unglaublich radikalen Spruch zur *Selbstverantwortung* von Krishnamurti?

„Wenn sie nicht bereit sind, sich für alles, für wirklich alles, was in ihrem Leben geschieht, verantwortlich zu fühlen, dann werden sie keine Fortschritte machen!"

Der ist wirklich hart, der Spruch sollte besser nicht stimmen!

Haben wir da eine Verantwortung für uns? Sehen wir da überhaupt eine?

„Wir erhalten das vom Leben zurück, das wir selbst jeden Moment hineingeben!

Nichts stößt uns zu, an dem wir nicht auch beteiligt sind.

Was wir geben, bekommen wir zurück!"

So wollen wir einen etwas genaueren Blick auf die Belastungen werfen, die uns allen hier in unserer Schulwelt, durchaus heftig zusetzen können.

Diese Störungen, die wir also Krankheiten nennen, gehören hier in unserer Schul-Welt mit zum *Lehrplan*.

Seltsam, warum denn das?

Sie geben uns interessanterweise die Chance, bei unserem Lernprozess wichtige Erfahrungen zu machen; wir können dabei viel lernen und sie sind uns behilflich, über uns selbst auf dem Weg zu unserem Ziel in der Schule wichtiges raus zu finden, uns selber in unserer persönlichen Entwicklung immer mehr einen Schritt näher zu kommen.

Voraussetzung dazu ist aber, dass wir den Hinweis, der in ihnen verborgen ist, nachvollziehen und umsetzen.

Die Krankheit ist eher eine Aufgabe, eine Aufforderung an uns, die wir verstehen sollten, die sicher nicht immer ganz einfach nachzuvollziehen ist.

Ein heikles Thema für uns alle, von dem kaum einer bis zu seinem Abschluss ganz verschont bleibt.

Störungen, die in unterschiedlicher Stärke und Dauer unseren gesamten Körper betreffen können. Von leichteren, die uns nur kurz betreffen und mit geringerem Einsatz aus dem reichen Schatz der Pflanzenwelt und natürlichen Maßnahmen zu lösen sind, da unsere vorhandenen, ausgezeichneten Selbstheilungskräfte perfekt arbeiten; bis hin zu schweren und schwersten Belastungen, die unseren ganz besonderen, intensiven Einsatz fordern.

Die nicht nur uns gewaltig fordern, sondern auch den speziell dazu ausgebildeten Mitschülern höherer Klassen, wir nennen sie auch *Ärzte*, dabei alles abfordern.

Wir haben diesen *Ärzten* damit eine gewisse Macht über uns gegeben, da schon leider sehr früh nach unserer Einschulung entschieden wurde, dass wir uns dauerhaft nicht allein helfen können.

Man hat vor langer Zeit in der Gesamtheit der Mitschüler, einschließlich derer, genannt Eltern, sich dafür entschieden. Uns hat leider niemand beigebracht, dass die *Selbstheilungskräfte* in uns sehr wirksam tätig sind und wir uns auf sie verlassen könnten.

Was sagte schon der Grieche Demokrit (460 bis 370 v.Chr.)

„Da flehen die Menschen die Götter um Gesundheit an und erkennen nicht, dass sie selbst die Macht darüber besitzen."

Vor allem die Heilung von Mitschüler Kuby und noch kommenden Beispielen zeigen auf, wie Heilung auch stattfindet und wir daher mehr Vertrauen haben können.

Wir müssten nur mehr die eigene Verantwortung erkennen und die passenden Schlüsse ziehen.

Echte Heilung ist *Selbstheilung* unseres Organismus und hat nicht so viel mit dem *Be-Handeln* zu tun, das die Mitschüler, genannt Ärzte, an uns vollführen.

Wir *spüren* und *fühlen* unseren Körper zwar selber am besten, haben die Kontrolle und Verantwortung über unsere gesundheitliche Situation jedoch an diese „Spezialisten" abgegeben.

Die haben es sich nun zur Aufgabe gemacht haben, sich nach bestem Wissen und Gewissen um uns zu kümmern.

Die schweren Formen machen uns sowieso Angst, weil diese Krankheiten unser Fahrzeug, Vehikel, unseren Körper und den unserer Mitschüler so massiv schädigen, dass sie unseren Aufenthalt bisweilen deutlich verkürzen und einen entspannten Abschluss verhindern. Wobei der

Abschluss für fast alle von uns eine sowieso gewaltige Herausforderung ist, da wir diese liebgewonnene Schule nach dem langem Aufenthalt nur ungern wieder verlassen.

Man nennt diesen Abschluss auch *Tod*, als wäre dann mit uns alles vorbei.

Na, wenn die, die das glauben, sich da mal nicht gehörig täuschen!

Unsere Mitschüler, genannt Ärzte, sind technisch perfekt ausgebildet und können uns immer wieder sehr gut helfen, den körperlichen Ausdruck unserer Krankheiten zu beeinflussen. Toll, keine Frage! Nur ist das wirklich immer so sinnvoll?

Das Knie

Ich habe dazu eine nette Satire von Ephraim Kishon:

"Wenn das Knie anschwillt"

"Um auch einmal etwas Konstruktives zu leisten, wollen wir uns jetzt mit den neuesten Errungenschaften der zeitgenössischen Medizin befassen. Es lässt sich nicht leugnen, dass beispielsweise dank der sogenannten „Antibiotika" sehr viele Patienten, die noch vor wenigen Jahren gestorben wären, heute am Leben bleiben und dass andererseits sehr viele Patienten, die noch vor wenigen Jahren am Leben geblieben waren – aber wir wollen ja konstruktiv sein.

Es begann im Stiegenhaus. Plötzlich fühlte ich ein leichtes Jucken in der linken Ohrmuschel. Meine Frau ruhte nicht eher, als bis ich einen Arzt aufsuchte. Man kann, so sagte sie, in diesen Dingen nie vorsichtig genug sein.

Der Arzt kroch in mein Ohr, sah sich dort etwa eine halbe Stunde lang um, kam wieder zum Vorschein und gab mir bekannt, dass ich offenbar ein leichtes Jucken in der linken Ohrmuschel verspürte.

„Nehmen Sie sechs Penizillintabletten", sagte er, „ das wird Ihnen gleich beide Ohren säubern. Ich schluckte die Tabletten. Zwei Tage später war das Jucken

vergangen und meine linke Ohrmuschel fühlte sich wie neugeboren. Das einzige, was meine Freude ein wenig trübte, waren rote Flecken auf meinem Bauch, deren Jucken mich beinahe wahnsinnig machte. Unverzüglich suchte ich sofort einen Spezialisten auf; er wusste nach einem kurzen Blick sofort Bescheid. „Manche Leute vertragen kein Penizillin und bekommen davon einen allergischen Ausschlag. Seien sie unbesorgt; zwölf Aureomycin-kapseln- und in ein paar Tagen ist alles wieder gut."

Das Aureomycin übte die erwünschte Wirkung: Die Flecken verschwanden.

Es übte auch eine unerwünschte Wirkung:

Meine Knie schwollen an. Das Fieber stieg stündlich. Mühsam schleppte ich mich zum Spezialisten.

„Diese Erscheinungen sind uns nicht ganz unbekannt",

tröstete er mich: „Sie gehen häufig mit der Heilwirkung des Aureomycins Hand in Hand." Er gab mir ein Rezept für 32 Terramycintabletten.

Sie wirkten Wunder. Das Fieber und meine Knie schwollen ab. Der Spezialist, den wir an mein Krankenlager riefen, stellte fest, dass der mörderische Schmerz in meinen Nieren eine Folge des Terramycins war, und ich sollte das nicht unterschätzen. Nieren sind schließlich Nieren. Eine geprüfte Krankenschwester verabreichte mir 64 Streptomycininjektionen, von denen die Bakterienkulturen in meinem Inneren restlos vernichtet wurden.

Die zahlreichen Untersuchungen und Tests, die in den zahlreichen Laboratorien der modern eingerichteten Klinik an mir vorgenommen wurden, ergaben eindeutig, dass zwar in meinem Körper keine einzige lebende Mikrobe mehr existierte, dass aber auch meine Muskeln und Nervenstränge das Schicksal der Mikroben geteilt hatten.

Nur ein extra starker Chloromycinschock konnte mein Leben noch retten. Ich bekam einen extrastarken Chloromycinschock.

Meine Verehrer strömten in hellen Scharen zum Begräbnis, und viele Müßiggänger schlossen sich ihnen an. In seiner ergreifenden Grabrede kam der Rabbiner auch auf den heroischen Kampf zu sprechen, den die Medizin gegen meinen von Krankheiten zerrütteten Organismus geführt hatte.

Es ist wirklich ein Jammer, dass ich so jung sterben musste.

Erst in der Hölle fiel mir ein, dass jenes Jucken in meiner linken Ohrmuschel von einem Moskitostich herrührte. "

Erinnern wir uns an das Wort vom französischen Philosophen Voltaire, der vor 250 Jahren schon gesagt hat:

„Ärzte schütten Medikamente, von denen sie wenig wissen, zur Heilung von Krankheiten, von denen sie noch weniger wissen, in den Menschen hinein, von dem sie gar nichts wissen. "

Hat sich seitdem viel verändert? Sicher, auf technischem Gebiet schon, da gibt es klare Fortschritte. Früher, als man den Zusammenhang noch kannte, fragte man jedoch den Kranken wenigstens:

Was fehlt Ihnen?

Heute schaut man nur noch auf das _Symptom_ und fragt:

Was haben Sie?

Das, was wir allgemein als Krankheit bezeichnen, ist jedoch gar nicht die eigentliche Krankheit, sondern ihr _Symptom,_ ihr rein körperlicher Ausdruck.

Eine _Krankheit_ ist jedoch eher eine Störung des _ganzen Menschen,_ seiner gesamten Ordnung, nicht nur seines Körpers.

Vor allem ist sie eine Disharmonie in seinem Bewusstsein; in seinem Denken, Fühlen und Handeln.

Wäre sie dann nicht auch mit auf dieser Ebene anzuschauen?

Im Grunde ist die Krankheit ein „Geschenk" an uns selbst, wobei das _Symptom_ im Grunde nur die Verpackung desselben ist. Die Krankheit ist nicht unser Feind, sondern eher ein Helfer und Freund.

Ich ahne es, Sie werden da rebellieren!

Mit der Beseitigung des Symptoms sind die meisten von uns Mitschülern dann auch zufrieden, obwohl das eigentliche Problem nur verschoben und unterdrückt wird.

Das Symptom verschwindet, wir glauben gesund zu sein.

Aber wir haben nicht *das Problem* gelöst, sondern uns nur *vom Problem* gelöst!

So passiert es dann, dass wir nochmal die gleiche Lektion in anderer, oft verschärfterer Form vorgesetzt bekommen.

Stellen wir uns doch einmal ein Krankheitssymptom vor wie das deutliche Blinken einer roten Ölkontrolllampe im Auto. Was hätte es da wohl für einen Sinn, ja wie töricht wäre es, nur das Birnchen raus zuschrauben, um seine Ruhe zu haben, wenn man dadurch obendrein Gefahr liefe, dass der Motor kaputt geht. Also besser Öl nachgefüllt, damit wird die wahre Ursache beseitigt und alles ist wieder in bester Ordnung!

Wer also nur an Symptomen herumgedoktert, das Signal abstellen will, ohne die Krankheitsursache zu beseitigen, handelt im Grunde *unverantwortlich*.

Wenn man dann immer noch nicht die tatsächliche Ursache verstanden hat und entsprechend reagiert, endet die Angelegenheit früher oder später mit unserem Abschluss, dem Tod. Denn den kann man auch als *Symptom* verstehen, denn der zwingt uns nun zum *Loslassen*.

Loslassen von unserem falschen Denken und Handeln, unserem Fehlverhalten.

Es hilft also nicht, das Symptom zu beseitigen, wenn die „Krankheit" als solche davon gar nicht berührt wird.

Im Laufe der Jahre, der Schuljahre haben wir immer mehr gelernt, uns allein auf die Ärzte zu verlassen. Wir vertrauen fast nur noch auf sie, auf immer genauere Technik und hervorragende, bildgebende Verfahren.

Nur ist das wirklich die Lösung?

Zumeist beklagen sich die Mitschüler über ihre Krankheiten und verlangen sogar sofortige und schnelle Hilfe durch Medikamente und Behandlungen; lehnen es aber gleichzeitig ab, auch eine Verantwortung zu übernehmen, sich Ihrer bewusst zu werden.

Vielleicht gilt es einmal in ihrem Denken und Handeln etwas zu verändern. Weil das aber unbequem und anstrengend ist, glauben sie ihre Pflicht erfüllt zu haben, sobald der Arzt seinen Obolus bekommen hat.

Schieben wir damit nicht immer mehr die Eigenverantwortung, die wir selber für unseren Organismus haben, beiseite?

Heißt es nicht, doch wieder mehr davon zu übernehmen:

„Wer nicht an sich selbst arbeitet, an dem wird gearbeitet."

Die Medikamente dienen immer weniger einer natürlichen Regulation und Unterstützung dieser Selbstheilungskräfte, auf die wir leider kaum noch vertrauen.

Sie sind immer mehr auf den Kampf und die Vernichtung dieser für uns so offenbar gefährlichen Feinde in unserem Körper ausgerichtet, mit oberflächlich betrachtet nur zufriedenstellenden Erfolgsaussichten. Es kommt hier und da schon die Stimmung auf, als braucht es gar nicht mehr allzu lang und diese unangenehmen Störungen = Krankheiten ließen sich mit noch mehr technischem Fortschritt und vollem Einsatz in naher Zukunft beseitigen.
Das mithilfe der angeschlossenen Wirtschaftsindustrien, die die Spezialisten mit Medikamenten versorgen, und uns den Weg damit frei machen, zu einem völlig unbeschwerten Dasein, solange wir hier in der Schul-Welt sind.
Aber was die Häufigkeit des Auftretens von Krankheiten oder die Sterblichkeitsrate bei Krankheiten in Bezug auf eine gegebene Bevölkerung betrifft, erreichen wir mit der heute praktizierten Medizin gar nicht so viel, wie wir annehmen. Wir verschieben die „Störungen" nur.

Wir verändern nur die Art, wie eine Krankheit in Erscheinung tritt.
So haben wir keine Kinderlähmungs-, Pocken-, Masern-oder Diphterie-Epidemien mehr, dafür sind degenerative oder geistige Störungen,

Demenz, Alzheimer, Krankheiten der Herzkranzgefäße, Krebs und verschiedene andere heimtückische Krankheiten an ihre Stelle getreten.

Wir können auf den Krankheitsmechanismus korrigierend einwirken, aber dann findet die Krankheit eben eine andere Art sich auszudrücken.

Wir können die Vermehrung von Bakterien hemmen, letzten Endes züchten wir dadurch Antibiotika-resistente Organismen und riskieren, solche bei einem Krankenhausaufenthalt aufzulesen.

Vor ein paar Jahren kam z.b. bei einer Studie der CDC US- Gesundheitsbehörde heraus, dass in den Vereinigten Staaten jährlich über *35.000 Personen wegen Antibiotika-resistenten Organismen sterben*, mit denen sie bei einem Spitalaufenthalt infiziert wurden.

Zu jener Zeit war das mehr als das Zehnfache der durch das HIV-oder AIDS-Virus verursachten Todesopfer.

Wir könnten einmal berücksichtigen, dass nicht der materielle Körper die *eigentliche Krankheits- Ur-Sache* ist. Allein kann er nämlich gar nichts!

Woher kommt denn seine wirkliche Lebendigkeit?

In Bezug auf unserer Störungen = Krankheiten ist die Vorstellung falsch, dass allein unsere Gene, Bausteine unseres Körpers, auf eine starr festgelegte Art und Weise funktionieren und die Verantwortlichen allen körperlichen Übels sind.

Da hat sich selbst in der Wissenschaft so manches getan, wie man an dem relativen neuen Teilgebiet der Biologie, genannt Epigenetik sehen kann. Sie zeigt, dass Vererbung über die DNA hinausgeht, auch z.B. mit unserer Umwelt zusammenhängt. Die Epigenetik zeigt, dass das Gehirn die Umwelt interpretiert und an die Zelle weitergibt.

Auf diesem Gebiet werden sich die Erkenntnisse sicher noch erweitern.

Vielmehr sollten wir den Körper in den Mittelpunkt sozialer Interaktion rücken. Alles was wir geistig tun, seelisch fühlen und in sozialen Beziehungen gestalten, findet seinen Niederschlag auch immer in unseren körperlichen Strukturen.

Unser Körper führt also kein auf sich gestelltes „autistisches" Eigenleben, sondern bildet mit seiner sozialen Umgebung eine „Einheit des Überlebens".

Kann der Körper also überhaupt allein krank werden, hat er diese Entscheidungsfreiheit oder spiegelt er nur den <u>entsprechenden Bewusstseinszustand</u> wieder? Dieser Zusammenhang hat eine hohe gesundheitliche Relevanz und erfordert ein Umdenken in der Medizin.

Ein Konzertflügel kann für sich alleine keine Musik machen, das Instrument genügt nicht, es muss jemand auf ihm spielen. Damit stellt sich die Frage:

<u>Wer oder was spielt auf unserem Körper</u>?

Was ist da mit unserer *Selbst-Verantwortung*, nehmen wir sie wahr, oder haben wir in diesem prekären Fall, was Krankheiten anbelangt, vielleicht doch gar keine?

Bei gewissen Belastungen können manche von uns sie gerade noch anerkennen, wenn wir z.B. im Winter bei strenger Kälte leichtbekleidet uns eine Erkältung holen, ok. Gerade aber in der schlimmsten Form können sie ja auf gar keinen Fall, „hausgemacht" sein?

Wie viele Betroffene meinen doch da wohl zu Recht:

Ich kann doch nicht auch noch an meinem „*Krebs*" selbst schuld sein, oder?! Wieder dies dumme Wort: *Schuld!*

Zugegeben eine der übelsten Formen dieser Belastungen, die uns hier treffen können. Keine Frage!

Meinen wir, es gelingt uns, um die Verantwortung zu drücken, weil es uns ja eh schon so hart mit diesem „Schicksal" getroffen hat?

Manchmal trifft es gerade diejenigen so schlimm, die sich besonders aufopfernd z.B. in den Dienst zur Pflege ihrer Mitmenschen gestellt haben. Für andere bereit sind, alles zu tun, manchmal bis zur Selbst-Aufgabe. Das ist doch auf keinen Fall gerecht!

Hoppla: Selbst-Aufgabe?

Wo ist da dann allerdings die Selbst-Liebe?

Apropos Selbstliebe,

Wir finden das Thema auch im 2000 Jahre alten Bestseller:

„Liebe deinen Nächsten - wie dich selbst."

3. Mose 19,18

Die Liebe

Haben wir den so wichtigen Spruch im Grunde wirklich verstanden? Haben unsere Mitschüler, genannt *Eltern*, nicht am Anfang unseres Daseins uns vor allem den ersten Teil dieses Spruches immer wärmstens ans Herz gelegt.

Liebe Deinen Nächsten, also achte die Mitglieder der Familie, die Verwandten, das nähere Umfeld. Sei brav, gehorche, sag Bitte und Danke, verhalte dich so, dass du aufzeigst, gut erzogen worden zu sein.

Mache vor allem Deinen Eltern damit alle Ehre.

Das: *„ wie dich selbst"* wurde kaum verstanden.

Selbstliebe ist in unserer Schul-Welt irgendwie verpönt, sie wird häufig mit *Egoismus, Eitelkeit* und *Narzissmus* verwechselt. So zeigt uns manch durchaus bekannter Zeitgenosse gerade letztere Eigenschaft, dort bis ins Krankhafte pervertiert, in dieser Zeit quasi als Spiegel auf, woran es uns mangelt!

Es geht doch mehr darum, sich selbst die gleiche Wertschätzung entgegenzubringen, wie einem guten Freund. Nur wenn sie sich selbst achten, können sie jemanden anderen achten und werden auch geachtet und respektiert. Oder nicht?

Ich habe ein schönes Gedicht entdeckt, dass diese für den Menschen so wichtige Selbstliebe in verschiedenen Facetten beleuchtet.

Es schrieb Charlie Chaplin angeblich zu seinem 70. Geburtstag, es ist aber umstritten, ob es tatsächlich von ihm stammt oder von einer Autorin namens Kim McMillen:

„Als ich mich selbst zu lieben begann,
habe ich mich von allem befreit, was nicht gesund für mich war, Speisen,
Menschen, Dingen, Situationen und von Allem, das mich immer wieder hinunter zog, weg von mir selbst. Anfangs nannte ich das „Gesunden Egoismus", aber heute weiß ich, das ist <u>*Selbstliebe.*</u>

Als ich mich selbst zu lieben begann,
habe ich verstanden, dass ich immer und bei jeder Gelegenheit, zu richtigen
Zeit am richtigen Ort bin. Das alles was geschieht, richtig ist.
Von da an konnte ich ruhig sein.
Heute weiß ich, das nennt man <u>*Selbstbewusstsein.*</u>

Als ich mich selbst zu lieben begann,
konnte ich erkennen, dass emotionaler Schmerz und Leid nur Warnungen für
mich sind, gegen meine eigene Wahrheit zu leben.
Heute weiß ich, das nennt man <u>*authentisch*</u> *sein.*

Als ich mich selbst zu lieben begann,
habe ich verstanden, wie sehr es jemand beleidigen kann, wenn ich versuche,
diesem Menschen meine Wünsche auf zu drücken.
Obwohl ich wusste, dass die Zeit nicht reif ist
und der Mensch nicht bereit, auch wenn ich selbst dieser Mensch war.
Heute weiß ich, das nennt man <u>*Respekt*</u>*.*

Als ich mich selbst zu lieben begann,
habe ich aufgehört, mich nach einem anderen Leben zu sehnen und konnte
sehen, dass alles um mich herum eine Einladung zum Wachsen war.
Heute weiß ich das nennt man <u>*Reife*</u>*.*

Als ich mich selbst zu lieben begann,
habe ich aufgehört immer Recht haben zu wollen,
so habe ich mich weniger geirrt.
Heute habe ich erkannt, das nennt man <u>Bescheidenheit</u>.

Als ich mich selbst zu lieben begann,
habe ich mich geweigert, weiter in der Vergangenheit
zu leben und mich um meine Zukunft zu sorgen.
Jetzt lebe ich nur noch in diesem Augenblick,
wo alles stattfindet, so lebe ich heute jeden Tag, Tag für Tag
und nenne es <u>Bewusstheit</u>.

Als ich mich selbst zu lieben begann,
da erkannte ich, dass mich mein Denken behindern und krank machen kann.
Als ich mich jedoch mit meinem Herzen verband, bekam der Verstand einen
wertvollen Verbündeten.
Diese Verbindung nenne ich heute <u>Herzensweisheit</u>.

Wir brauchen uns nicht weiter vor Auseinandersetzungen,
Konflikten und Problemen mit uns selbst und anderen fürchten.
Denn sogar Sterne knallen manchmal aufeinander und es entstehen neue
Welten. Heute weiß ich: Das ist das <u>Leben</u>!"

Überhaupt das Thema: <u>Liebe</u>

<u>Wohl das wichtigste, aber auch gleichzeitig das schwierigste bei unseren Schulfächern</u>!

Wobei die erwähnte Selbstliebe, sich selbst zu lieben, unbedingte Voraussetzung ist, um einen Partner lieben zu können. Der Respekt, die Achtung und die Achtsamkeit, die wir uns selbst entgegenbringen, sind dringend vonnöten.

Die Mitschüler, genannt Eltern, haben das Thema auch nicht immer ganz verstanden. Sie geben einem wie andere Mitschüler auch, da oft fragwürdige Tipps, reden einem rein, „meinen es ja nur gut".

Ja klar, wie könnt man es denn auch sonst meinen? Ein irgendwie völlig überflüssiger, komischer Spruch im Grunde.

Es wird uns in den ersten Schulklassen nicht entsprechend vorgelebt, so macht man das eine oder andere genau verkehrt und wundert sich über die Folgen.

Da gibt es noch so manches zu lernen.

Eine sinnvolle Anleitung wie man das ganze angehen könnte, habe ich dem Buch gefunden: **„Die Flucht vor der Nähe"** *von Anne Wilson Schaef,* eine bekannte amerikanische Psychotherapeutin.

Sie ist der durchaus nachvollziehbaren Meinung, dass wir alle heute mehr oder weniger in einer _Sucht-Gesellschaft_ leben. Dies Thema findet sich natürlich auch bei dem gewaltigen Thema der *Liebe.*

Ich möchte im Folgenden ein paar Auszüge daraus zum Besten geben, wie wir das in Partnerschaften manchmal wiederfinden:

„Wir haben keine Ahnung, wie wir intakte Beziehungen aufbauen und aufrechterhalten sollen.

Im Folgenden nenne ich Ihnen einige dieser Fertigkeiten, mit deren Hilfe wir Pseudo- Sucht Beziehungen aufbauen:

- *Die Fähigkeit „unmittelbare Nähe" herzustellen.*

- *Die Fertigkeit, eigene Bedürfnisse jederzeit zurückzustellen, wenn es der Beziehung zu Gute kommt.*

- *Die Fertigkeit, jemandem zuzuhören, obwohl man weder daran interessiert ist noch einen Bezug zu dem hat, was der andere sagt.*

- *Das Wissen darum, wie man für einen anderen Menschen sorgen kann, und die sofortige Bereitschaft, seine oder ihre Bedürfnisse zu befriedigen.*

- *Die Fertigkeit, ganz schnell einen Traumpartner oder eine besondere Verbindung zu erkennen.*

- *Die Fähigkeit, sofort Geheimnisse preiszugeben und die ganze Lebensgeschichte auszubreiten.*

- *Die Bereitschaft, sich sofort körperlich oder sexuell angezogen zu fühlen.*

- *Die Fähigkeit, eine Verbindung einzugehen und dabei nicht zu wissen, wie man jemandem Freund sein kann.*

- *Die Bereitschaft, für alles, was in der Beziehung nicht richtig läuft, die Schuld und den Tadel auf sich zu nehmen.*

- *Die Fähigkeit, auch dann noch „weiter zu machen" wenn das ganze bereits an Wahnsinn grenzt.*

- *Der Glaube daran, dass Intensität als Liebe zu interpretieren sei und daher die Annahme, dass es Liebe ist, wenn man einem Menschen gegenüber intensive Gefühle hegt.*

- *Die Bereitschaft, für die Beziehung unendliches Leid auf sich zu nehmen.*

- *Die Fertigkeit, den anderen mit den Augen eines verendenden Kälbchens anzublicken, das gerade in einem Schlammloch versinkt.*

Wir alle haben gelernt, dass uns all diese Fähigkeiten zu Beziehungen verhelfen, obgleich sie in Wirklichkeit in suchtgeprägte Pseudobeziehungen führen."

Gott sei Dank hat die Autorin uns auch eine Gegenliste zur Verfügung gestellt, aus der ich einige Auszüge zitieren möchte:

- *Fähig zu sein, mit der Entwicklung einer Beziehung zu „warten".*
- *Ehrlich sagen zu können, wenn uns eine Sache nicht interessiert, oder wir nicht zuhören können.*
- *Unsere eigenen Bedürfnisse zu erkennen und zu akzeptieren und ihnen zu folgen.*
- *Den Partner wichtig zu nehmen, aber ihn nicht zu umsorgen.*
- *Zu wissen, dass sich körperliche Liebe mit wachsender Nähe entwickelt.*
- *Nicht bereit zu sein, körperliche emotionale oder spirituelle Misshandlungen zu ertragen.*
- *Nicht bereit zu sein, das eigene Leben in die Hände irgendeines anderen Menschen zu legen.*
- *Die Verantwortung für das eigene Leben zu akzeptieren und die Verantwortung des Partners für sein Leben anzuerkennen.*
- *Sich nichts über den Partner vor zu machen, und sich ehrlich einzugestehen, in welchen Wertvorstellungen, Hoffnungen und Ängsten man nicht übereinstimmt.*
- *Sicht der Existenz des eigenen Selbst und des Selbst des anderen immer bewusst zu sein und Nähe und Vertrautheit dann zu teilen, wenn es an angemessen ist.*
- *Gefühle dann mitzuteilen, wenn man sie empfindet.*
- *Zu wissen, dass Liebe nicht gleichbedeutend mit Leiden ist -auch wenn Schmerz vorkommt. Wer leidet, entschließt sich dazu.*

- *Zu wissen, dass Liebe nicht geschaffen werden oder manipuliert werden kann. Liebe ist ein Geschenk!*

Wir alle sind im Grunde Pioniere, wenn es darum geht, das Potential einer Beziehung zu erforschen. Wir lernen gemeinsam!"

In der Partnerschaft haben wir die Chance uns selber kennen zu lernen.

Wie sagt *Samuel Widmer*, der nicht unumstrittene Schweizer Arzt, Psychiater, Therapeut und Autor etwas emotional aufwühlend und nachdenklich machend in seinem außergewöhnlichen, jedoch durchaus liebevollen Buch:

„Ins Herz der Dinge lauschen- Vom Erwachen der Liebe"*:*

„In der Regel sehen wir den Sinn in der Beziehung zu unserem Partner in der Erfüllung unserer Wünsche und Bedürfnisse. Mir scheint es einfach irreführend und falsch zu sein; günstigstenfalls ist das ein positiver Nebeneffekt.

Der Sinn unserer Beziehungen liegt meiner Meinung nach mehr darin, in der Auseinandersetzung mit dem DU über uns selbst zu lernen, herauszufinden, wer wir wirklich sind und wie wir miteinander in Frieden leben können.

Das gilt für Beziehungen überhaupt, im speziellen für die Mann -Frau Beziehung. Dass wir sie als Institution für die Bedürfnisbefriedigung betrachten, resultierte daraus, dass wir auf der Flucht vor unseren Verlassenheitsängsten, vor unserer Einsamkeit, vor unserem ungestillten Hunger aus frühkindlichen Versagungen, Sicherheit und Geborgenheit suchen, die uns nicht abhandenkommen können.

Darum machen wir dann aus unseren Beziehungen, besonders den familiären Banden und den ehelichen Beziehungen ein Gefängnis, halten uns in gegenseitiger Abhängigkeit, beherrschen und besitzen einander und lassen die Eifersucht dominieren Anstelle von Fürsorge und Zuneigung.(....)
Auf diese Weise findet kein Bewusstseinsprozess statt, dieser wird unterdrückt.

Wenn wir unseren inneren Prozess in Beziehungen genau beobachten, werden wir entdecken, dass nicht Liebe und Zuneigung, nicht einmal sexuelle Anziehung oder Sympathie die bindensten Elemente in unseren Beziehungen sind, sondern unsere Versuche an unseren Partnern Rache zu nehmen, für das, was uns in früheren Zeiten angetan wurde!"

Wow, das ist natürlich starker Tobak, eine deutliche und heftige Aussage. Es ist nur eine Meinung; klar, es kann und soll einmal zum Nachdenken anregen; wenn man denn möchte. Später im Buch findet er allerdings noch ungleich schönere Worte zu dem gleichen Thema:

„Liebe ist kein Gefühl. Liebe ist kein Wechselspiel zwischen Geben und Nehmen.

Liebe Ist nichts anderes, als die allerfeinste Höchste Energie Schwingung aus der das Universum besteht, die alles durchdringt und ausmacht.

Liebe manifestiert sich nach bestimmten universellen Gesetzen, die je nach Existenzebene variieren.

Durch ein besseres Verständnis dieser kosmischen Gesetze könnten viel Leid und Missverständnisse vermieden werden. (...)

Solange wir in dieser materiellen Welt leben, manifestiert sich die Liebe auf drei verschiedenen Ebenen:

Auf der Körper- Ebene als Zärtlichkeit und Sexualität.

Auf der Ebene des Energie -Körpers und der Aura als Mitgefühl und Zuwendung.

Auf der spirituellen Ebene als Stille und Weisheit. (...)

Über Liebe etwas zu sagen, ist eigentlich anmaßend, weil sie nur erfahren werden kann.

Liebe ist nichts weiter als frei fließender Energiefluss."

Hier gibt es auch meiner Ansicht nach, noch eine Menge Schulstunden im Unterrichtsfach zu absolvieren, auch wenn es so scheint, wenn man in die moderne Medienwelt schaut, als wären wir da schon ganz weit Fortgeschrittene.

Die Liebe zu lernen und zu Leben ist mit das Wichtigste, dass wir hier in unserer Schul-Welt erfahren können!

Macht der Liebe

Ehre ohne Liebe macht hochmütig,

Pflicht ohne Liebe macht verdrießlich,

Besitz ohne Liebe macht geizig,

Glaube ohne Liebe macht fanatisch,

Klugheit ohne Liebe macht betrügerisch,

Wahrheit ohne Liebe macht kritiksüchtig,

Ordnung ohne Liebe macht kleinlich,

Gerechtigkeit ohne Liebe macht hart,

Sachkenntnis ohne Liebe macht rechthaberisch,

Freundlichkeit ohne Liebe macht heuchlerisch,

Verantwortung ohne Liebe macht rücksichtslos.

Laotse, - ein legendärer chinesischer Philosoph, der im 6. Jahrhundert v. Chr. gelebt haben soll.

„Man hört immer von Leuten, die vor lauter Liebe den Verstand verloren haben; aber es gibt auch viele, die vor lauter Verstand das Herz verloren haben." - Jean Paul, deutscher Schriftsteller

So ist es sicher auch das Sinn-vollste, Entscheidungen aus Liebe und nicht aus Angst zu treffen.

Gegensätze ziehen sich an, sagt man so, stimmt das?

Schauen wir es einfach bei einem nicht ganz so klassischen Thema an, das heute viele Paare miteinander haben, einem ganz profanen.

Der Eine von ihnen ist sparsam und kleinlich, pingelig fast geizig, gönnt sich kaum etwas, der andere wiederum ist übermäßig verschwenderisch, maß-und hemmungslos und schmeißt es quasi mit vollen Händen zum Fenster raus.

Sie erraten es, beide können über das gemeinsame Thema:

Der Wert des Geldes von und miteinander lernen, ein sinnvolles, gemeinsames Maß hierbei zu finden. Wir bekommen in der Partnerschaft also gemeinsame Aufgaben, die es zu lösen gilt, der Gegensatz ist also nur scheinbar gegeben. Dies gelingt bei allen Themen nur in gegenseitigem Verständnis und Respekt für die Meinung des Anderen.

Hier wirkt eher das *Resonanz–Prinzip*, das die Partner zu gleichen Themen anzieht. Es geht also um Ausgewogenheit, im Gleichgewicht, in seiner Mitte sein.

In einer Partnerschaft hier in unserer Schul-Welt über die Auseinandersetzung mit dem Du, mit dem anderen, sich selber kennen zu lernen, das gibt schon Sinn.

Da kann jeder für sich im *„Spiegel"* des anderen, eigene Vorzüge und auch verbesserungswürdige Defizite erkennen.

Was kann ich erkennen, wenn ich in einen Spiegel schaue?

Ich sehe das, was mir an mir gefällt und auch natürlich das, welches gerade unschön erscheint, mich stört und ich anders haben will.

Ein Pickel auf der Nase z.B. lässt sich schnell mit einem passenden Makeup Abdeckstift überdecken, wir bleiben da logischerweise ganz bei uns im Gesicht, wir schauen, dass wir bei uns selber im Gesicht das Problem so gut es geht, wieder hinkriegen.

Der Spiegel hilft mir nur genau, wo ich den Stift bei mir ansetzen muss und wie ich die Stelle optimal ausbessere, mehr nicht.

Ich käme ja niemals auf die dumme Idee, auf dem Spiegel selber rum zu retuschieren.

Oder ihn sogar aus Wut über das Gesehene zu zerstören.

Wäre ja ein seltener Blödsinn, oder?!

Wenn wir jetzt mal von dem Spiegel sprechen, den mir der Andere in der Partnerschaft vorhält, benutzen wir diesen auch in der gleichen Art und Weise?

Sagen wir da auch danke, jetzt weiß ich, wo ich bei mir mit Verbesserung ansetzen muss.

Hätte ich allein gar nicht entdecken können; super, jetzt passt es wieder! Vielen herzlichen Dank!

Da läuft das, so glaube ich, doch ein wenig anders ab.

Spiegelgesetze

Es gibt *Spiegelgesetze*, die Sie einfach wie psychologische Prinzipien ansehen können.

Ich darf Sie Ihnen mal vorstellen:

1. SPIEGELGESETZ

Alles, was mich am Anderen stört, ärgert, aufregt und in Wut geraten lässt und ich anders haben will, habe ich selbst in mir. Alles, was ich am Anderen kritisiere und bekämpfe oder verändern will, kritisiere, bekämpfe oder unterdrücke ich in Wahrheit in mir und hätte es gerne anders.

2. SPIEGELGESETZ

Alles, was der Andere an mir kritisiert, bekämpft und verändern will und wenn mich das dann verletzt, betrifft es mich - ist dies in mir noch nicht erlöst. Mein Ego ist beleidigt - ist noch zu stark.

3. SPIEGELGESETZ

Alles, was der Andere kritisiert an mir und mir vorwirft oder anders haben will und bekämpft und mich dies nicht berührt, ist es sein eigenes Bild, sein eigener Charakter, seine eigenen Unzulänglichkeiten, die er auf mich projiziert.

4. SPIEGELGESETZ

Alles, was mir am Anderen gefällt, was ich liebe an ihm, bin ich selbst, habe ich selbst in mir und liebe dies im Anderen. Ich erkenne mich selbst im Anderen. Wir sind in diesen Punkten eins.

Was könnte es schaden, diese „*Gesetze*" einfach mal in verschiedenen Lebenssituationen zu nutzen, -hier das *Prinzip der Entsprechung und Analogie*- sich ihrer Aussagen bewusst zu werden.

Man käme möglicherweise viel öfter darauf, gerade bei ärgerlichen Themen, sich wieder an seine eigene Nase zu fassen, eigene Verantwortung in den entsprechenden Fragen zu übernehmen, anstatt wie blöd und nutzlos sich am „Spiegel" zu schaffen zu machen.

Krankheitssinn

Zum wichtigen Thema der Krankheiten gibt es noch ein paar Gedanken hinzuzufügen.

Man könnte von einem anderen Standpunkt aus betrachtet, sich mal die Frage stellen, in wieweit diese so unangenehmen „Störungen" für uns Mitschüler vielleicht sogar einen Sinn beinhalten, auch ein _Spiegel_ sein könnten?

Da ich selber nach einer Fortbildungszeit eine Tätigkeit übernommen habe, meinen Mitschülern bei der Bewältigung gesundheitlicher Belastungen behilflich zu sein, frage ich sie eines Tages, welchen und ob denn so eine Krankheit auch einen Zweck und eine Bedeutung haben könnte?

Worin liegt vielleicht die Botschaft, denn aus eigener Erfahrung spüre ich, dass es die gibt und wir auch eine Verantwortung dazu tragen.

Ich habe oft genug beobachtet, dass für die kranken Mitschüler ein _„Krankheitsgewinn"_ vorhanden ist, wenn z.B. der starke, migräneartige Kopfschmerz dafür sorgt, dass jemand nicht in die Arbeit gehen oder keinen Haushalt machen muss. Dass man sich so erlauben kann, seine Ruhe zu haben, sich hinzulegen, was sonst nicht möglich wäre und man sich auch nicht zugestehen würde.

Dass man sich mit einem massiven Hörsturz ins Gesundheitszentrum legen darf, weil jemand einem mit Ansprüchen und Forderungen ständig unangemessen in den Ohren liegt und man sich derer nicht besser erwehren kann.

Die einen Mitschüler, damals schon älter, -sie haben inzwischen ihren Abschluss gemacht- die die Dramen   politischer Veränderungen mit den Kriegen als Auswirkungen erlebt hatten, meinten nur, sie hätten sich darüber nie Gedanken gemacht.

Für sie hätte es nur ein: Hinhalten, Aushalten und Durchhalten gegeben.

Bei den anderen waren die häufigsten Antworten, was den *Sinn der Krankheit* anbelangt:

1. Ok, um unsere Schulzeit hier zu begrenzen, weil wir sonst gar nicht mehr aus dem schönen Aufenthalt hier weg wollen.

2. bzw. dass Krankheiten ein Übel sind, die es mit allen verfügbaren Mitteln zu bekämpfen und auszumerzen gilt. Weil Leben eben ein Kampf ist! Muss es das sein?

3. Vielleicht sei es auch nur eine üble Laune der Natur, zumindest, um den Menschen Angst zu machen. Warum denn das? Wer ist das, der das denn so wollte?

4. Eine Strafe Gottes für unsere Verfehlungen, -die Wege des HERRN sein ja unergründlich-! (welchen Gottes übrigens, wenn die meisten ja gar nicht wirklich an einen solchen glauben?!).

Das schien mir alles nicht schlüssig.

Man sieht in den Krankheiten nicht die eigene Verantwortung oder eine Mahnung, durch sie zu tieferer Einsicht über eigene Probleme zu kommen oder sogar die *Chance* zur weiteren Entwicklung und Vervollkommnung.

Man denkt nicht daran, dass *Krankheit* vielleicht durch eigenes Fehlverhalten _not-wendig_ gemacht wird.

Die _Not_ bringt also die _Wende_!

Bei manchen dieser Mitschüler hatte ich das Gefühl, sie wollten gar nicht gesund sein, sie wollten nur keine Beschwerden mehr haben! Viele glauben, das sei ein und dasselbe. Manche bekommen auch durch die Krankheit die Zuwendung, die sie sonst vermissen würden.

Von dem einen Gott mit einer entsprechenden Botschaft sind viele von uns Mitschülern sowieso nicht wirklich überzeugt.

Wir können ihn mit unserem Verstand nicht fassen und begreifen; falls wir jedoch eine Vorstellung von einem Schöpfer haben, glauben wir obendrein noch an mehrere Götter und kämpfen gegeneinander sehr heftig um die Wahrheit.

Wir geben ihnen unterschiedliche Namen und geraten immer wieder darüber in Streit und Krieg, wer nun den einzig wahren Gott an seiner Seite hat.

Überhaupt finden seit je her bis heute im Zeichen der Gott-Suche und Besitzes des wahren Glaubens die meisten kriegerischen Auseinandersetzungen zwischen uns Mitschülern statt. Äußerst befremdlich, andere in diesem Falle immer wieder zu missionieren und ihnen damit die eigenen Vorstellungen zu oktroyieren.

Wir könnten endlich zeigen, dass wir erwachsen geworden sind und respektvoll allen gegenüber auftreten; es sieht im Moment leider gar nicht so aus.

Schon sehr seltsam ist auch die Einstellung, dass sich ein Schöpfer-Gott überhaupt darüber freuen könnte, wenn wir Anders – oder Ungläubige in seinem Namen rigoros und brutal aus dieser Schul-welt entfernen und er uns dafür dann im Paradies in irgendeiner Form „belohnen" würde.

Ein liebevoller Schöpfer wäre das nicht!

Andererseits beklagen wir uns auch, dass der „liebe Gott" nicht immer wieder hilfreich eingreift, wenn etwas schief läuft. Wie kann er das Leid überall nur zulassen, heißt es dann; daher gibt es für diese Mitschüler keinen Gott!

Nur haben wir vergessen, da mischt sich keiner ein, wir haben die Wahl zu handeln!

Nach dem Gesetz von *Ur- Sache* und *Wirkung* tragen wir *allein* die Verantwortung und Konsequenzen!

Diese Haltung, Verantwortung abzulehnen, „es seien ja immer die Anderen", die die Schuld haben, sehen wir ja heute überall verstärkt in unserer Schul-Welt.

Bis hin zu den bedeutendsten Mitschülern in unserer Schul-Welt, die schon länger dabei sind und sich als *Führer* der Schülermitverwaltung, z.B. als *Klassensprecher* eine Machtposition erarbeitet haben; selbst auf dieser Ebene, wird eine Selbstverantwortung nicht erkannt und sträflich zuwider gehandelt.

Obendrein erwartet man noch Achtung und Respekt vor den höchsten Positionen. Dieser ist aber nicht automatisch geschuldet, sondern sollte eher verdient und erarbeitet werden.

In aller Regelmäßigkeit werden selbst in den Situationen, wo der eigene Anteil der Verantwortung offensichtlich ist, andere Mitschüler und andere Gruppierungen dreist, impertinent und respektlos schuldig gesprochen. Nicht zu fassen!

Man redet sich, wie oft in der Geschichte, mit Gehorsam den Auflagen der Obrigkeit gegenüber raus, versteckt sich hinter ihm.

Wie Fritz Bauer, der Rechtsanwalt, der nach dem letzten Krieg in einem Aufsehen erregenden Prozess unserem Volk wieder die *Selbstverantwortung* für das Geschehen der vergangenen Jahrzehnte ins Bewusstsein holte, in einem Zitat so treffend formulierte:

„Leider ist es eine typisch deutsche Eigenschaft, den Gehorsam schlechthin für eine Tugend zu halten. Wir brauchen die Zivilcourage, Nein zu sagen."
—*Fritz Bauer*

Immer noch und immer wieder, seit Jahrtausenden bereits, versuchen wir obendrein untereinander Meinungsverschiedenheiten und Konflikte nach demselben Muster in archaischer Art mit Gewalt und Krieg, mit immer raffinierteren Waffen gegeneinander zu lösen, in dem blinden und törichten Glauben, damit dann irgendwann endlich Frieden und Einigkeit zu schaffen. Mit Krieg, gegen was auch immer, kann man nichts aus der Welt schaffen, sondern schafft nur wieder Krieg.

Kaum zu glauben, dieser Wahn-sinn!!

Welcher <u>Wahn-sinn</u> kreist da vor allem in unseren Köpfen!

Wir haben aus unserer Vergangenheit als Menschenheit, als „Mitschüler" im Prinzip kein bisschen dazu gelernt, glauben es aber in gewisser Anmaßung.

Nach dem Prinzip von *Ur-sache* und *Wirkung* und dem der *Resonanz*, werden uns die Folgen unseres Tuns immer wieder einholen.

Wo sind wir denn erwachsen geworden? Ich sehe kaum Bereiche. Wir haben nur an Lebensjahren zugenommen.

Kann man die *Krankheiten* nicht auch in einem anderen möglichen Kontext sehen, wie doch alles auf diesem Planeten, unserer *Schule*, sonst so eine klare Ordnung hat?

Wenn wir *alles,* was sich uns hier zeigt, liebevoll betrachten und feststellen, dass es in letzter Konsequenz seinen richtigen Platz hat, dann kann es gar nicht anders sein, dass selbst das Unangenehmste eine sinnvolle Berechtigung hat.

Wenn wir dabei eine Selbstverantwortung haben, klar, dann müssten <u>wir</u> etwas anerkennen, tun, etwas ändern.

Wir müssten auch in diesem Fall aufhören, anderen die Schuld zu geben. Egal, wer oder was diese anderen auch sein mögen.

Im Sinne des Gesetzes: *Aktion - Reaktion = Ursache –Wirkung* habe ich für alles, das ich mir, meinem Körper und auch dem ihm innewohnenden Geist unbewusst an Schaden zufüge, also eine *Ur-Sache* setze, eine *Wirkung* hin zu nehmen.

Auch wo ich das *Gesetz: <u>Prinzip der Harmonie</u> und des <u>Ausgleiches</u>* missachte, habe ich eine Wirkung zu akzeptieren, einen Preis zu zahlen.

Könnten aus einem deutlich höheren Blickwinkel nicht nur Mitschüler, die Mit-Menschen, sondern alle *Lebe-Wesen*, unser Planet auf dem wir leben, im Grunde alles und damit auch die Krankheiten irgendwie ein Lehrmeister sein?

Unsere schwierigsten Mitmenschen sind unsere größten Lehrmeister!

Da ist der Spruch wieder, könnte der hier nicht ebenfalls zutreffen? Auch wenn wir bei manchen Lehrstunden noch nicht verstehen, was sie uns sagen, was wir in Ihnen lesen können und was sie uns lehren wollen?

Wer sollte es uns dann eigentlich mitteilen und wissen lassen, wenn wir etwas zu lernen haben?

Wer könnte denn sonst überhaupt ein Lehrer sein, wenn nicht auch unser *Körper*?

Wir könnten seine „Sprache" lernen, damit wir besser verstehen, was er uns mitteilen möchte.

Wollen wir denn Lehrer?

Eher nicht.

Brauchen wir Lehrer?

Es scheint so!

Was wäre es also demnach für eine Idiotie, die Lehrermeister zu bekämpfen, die einem etwas beibringen wollen, nur weil einem der Lehrstoff gerade nicht passt!

Die fast verdorbene Sommerfrische

Eine kleine Geschichte aus meinen ersten Jahren an der *Schule*, die mir wegen ihrer Besonderheit in Erinnerung geblieben ist.

Nach einigen vorherigen Aufenthalten in Jugendheimen, in denen ich das an Krankheiten durchlebte, was wir Kinderkrankheiten nennen, ist in einem Sommer für mich ein Platz in einem Kinderheim in den

Salzburger Bergen bestimmt, während meine Mitschüler, genannt *Eltern*, zeitgleich in den Stubaier Alpen beim Wandern die Sommerfrische getrennt von mir verbringen wollen.

Eineinhalb Tage bevor für uns jeweils die Reise losgehen soll, überfällt mich wie aus heiterem Himmel ein starkes Fieber, ein grippaler Infekt, der mich schwitzend und schwächend ans Bett fesselt. So was Dummes, wie das jetzt?

So bringe ich die ganze Reiseplanung durcheinander und sorge dafür, dass weder ich noch meine Eltern die Reise beginnen können. Unmöglich, dass ich in diesem Zustand so in das Kinderheim fahren kann. Auch meine Eltern werden wohl zu Hause bleiben müssen.

Früh am Tag der Abreise muss nun endlich eine Entscheidung her. Da ist guter Rat teuer; sie bitten den Hausarzt um einen Besuch. Der ist damals noch eine Art Landarzt, der die Mitglieder einer Familie gut kennt.

Vielleicht braucht es sogar ein etwas stärkeres Medikament, wobei Antibiotika damals kaum vorhanden sind und auch nur sehr selten verwendet werden. Gottseidank wird es bei mir damals nicht eingesetzt, sonst hätte ich die Erfahrung nicht machen können.

Er misst mein Fieber, prüft meinen Zustand und fragt meine Eltern:

„Können Sie den Jungen mit in ihr Quartier nehmen? Okay, dann packen sie ihn in ihrem Wagen in eine Wolldecke auf den Rücksitz und geben sie ihm ab und zu heißen Tee aus der Thermoskanne. Sie werden sehen, es wird ihm bald besser gehen."

Ja und genauso ist es, wir haben noch nicht einmal die Hälfte der Strecke nach Österreich zurückgelegt, da geht es mir schon deutlich besser.

Vor Ort ist der ganze „Spuk" wie weggeblasen!

Was ist nur geschehen? Wie kann ich nur so schnell wieder gesund werden? Unglaublich!

Heute sind mir die Zusammenhänge klar.

Die schwere Erkältung ist kein Zufall, der Zeitpunkt schon gar nicht. Ich will im Grunde gar nicht in das Kinderheim!

Überhaupt nicht wieder in ein Heim!

Ich fühle mich nicht wahrgenommen und in irgendeiner Form zurückgewiesen. Ich kann meine Wünsche noch nicht angemessen in Worte fassen und möchte auch meine Eltern andererseits nicht enttäuschen, die aus ihrer Sicht ganz liebevoll, alles für mich geregelt haben, mit gewissen Kosten obendrein. Sie meinen es ja nur gut.

Es brennt in mir ein unterschwelliger Konflikt mit ungelösten, nicht an die Oberfläche kommenden Aggressionen über die Situation.

Ein lautes NEIN schreit da in mir, welches ich nicht über die Lippen bringe. Es schwelt in mir ein Konflikt, etwas hat sich etwas entzündet.

Das Fieber ist ein Zeichen von Entzündung, aufgestauter Wut; so kann ich mich aus der ungeliebten Situation befreien, bediene mich der schweren Erkältung als Ausfluchtmittel, als Hilfe!

Hat der Hausarzt geahnt, was in mir arbeitet? Jedenfalls tut er genau das Richtige.

Es bedarf keines Medikamentes, damit ich gesund werde; es reicht ganz einfach die Entscheidung, die richtige *In-formation*, eben die, dass ich mit meinen Eltern mitfahren darf!

Was bedeutet das? Wie kann das so einfach funktionieren?

Durch die für mich genau richtige Entscheidung, nicht ins Heim zu müssen, sondern mit meinen Eltern mitreisen zu können, löst sich schlagartig mein Konflikt auf innerer Ebene auf. Meine Selbstheilungskräfte regulieren alle Systeme wieder in Richtung Ausgeglichenheit und Harmonie = Gesundheit!

Die *Ur-Sache*, der *Konflikt* in mir, die starke Abneigung, der Widerwillen, diese Reise ins Kinderheim antreten zu müssen, löste eine *Wirkung* in meinem Körper aus.

So zeigt mir mein Vehikel, mein Körper mit seinen Symptomen des

Fiebers, der starken Erkältung und der Mattigkeit, die mich ans Bett fesselt, die Gedanken und die Gefühle der Ohnmacht, des Ausgeliefertseins und meine Hilflosigkeit auf, das was mich insgeheim unbewusst bewegt. Mein Körper ist nur ein Spiegelbild meines inneren Zustands.

Wodurch können nun die Symptome von Entzündung und Fieber, der Abwehrkampf entstehen? Ich habe sie ja nicht bewusst an meinen Körper in Auftrag gegeben und doch läuft ein entsprechender Prozess ab. Wer sind wohl diejenigen, die an der Umsetzung mitarbeiten?

Gibt es da auf den ersten Blick unsichtbare Akteure, winzige *Helfer* in mir, die eingreifen um die unangenehmen Symptome einzuleiten? Vielleicht gibt es da freundliche „*Mitarbeiter*"?

Unser Dasein besteht aus Körper, Geist und nennen wir es Seele, die auf keinen Fall voneinander zu trennen sind.

Der Körper ist meine, unsere perfekte *Bühne*, wo sich eine Auseinandersetzung, ein Konflikt mit unseren Mitschülern, mit unserer Umwelt und erst recht auch mit uns selber, abspielen kann.

Welche Bühne könnte perfekter sein?

OK, unser Körper kann uns also klar aufzeigen, wenn wir es nicht ausdrücken können oder wollen, was uns im Innersten tatsächlich bewegt! Wenn wir etwas nicht wahrhaben wollen und wir uns im Grunde gegen etwas wehren.

Unser Körper kann zum Ausdruck bringen, wo wir mit anderen oder mit uns selbst nicht im Reinen sind, was uns stört und das wir anders haben wollen.

Wen hätten wir denn sonst, der uns durch deutliche Hinweise auf einen falsch, eingeschlagenen Weg, verdrehte Ansichten oder auch nur Mangel an Wertstoffen aufmerksam machen könnte?

Wer sonst könnte uns *ehrlicher* eine Botschaft geben?!

Durch unseren Körper können wir also beispielsweise „negative Haltungen", (z.B. Überzeugungen, Glaubenssätze, fixe Vorstellung usw.) negative Emotionen: Hass, Rache, Schuldgefühle erfahren und zu spüren bekommen.

Unser Körper ist sichtbar gewordener Ausdruck unseres Bewusstseins, im Körper selber entsteht kein Problem, er ist nur die _Projektionsfläche_, die _Bühne_, auf der sich dieses darstellen kann. Wir sind unbewusst der Regisseur des „Schauspiels" und sitzen gleich in der ersten Reihe.

Wir können auch unbewusst durch Krankheit die Aufmerksamkeit anderer auf uns lenken, um unangenehmen Situationen zu entgehen. Es kommt auch nicht selten vor, dass sensible Mitschüler- Studenten der Medizin genau die Krankheitssymptome von den Erkrankungen erleiden, die sie gerade intensiv durchnehmen, d.h. an der Uni gelehrt bekommen. Sie haben im Hörsaal und beim Lesen der Skripte ja die volle Aufmerksamkeit darauf, ja und wenn dann noch ein _Gefühl der Angst_ dabei ist....

Denken Sie daran:

Wo wir ständig unsere ganze Aufmerksamkeit drauflegen, das realisiert sich!

Es gibt auch durchaus positive Beispiele, wie von dem bekannten Urwald Arzt Dr. med. Albert Schweitzer, 1965 über-90-Jährig-verstorben. Obwohl er täglich in seiner Klinik in Lambarene in Afrika mit vielen ansteckenden, teils unheilbaren Krankheiten z.B. Lepra in Berührung kam, ist von ihm nicht bekannt, dass er je ernsthaft erkrankt war. Aber wir wissen, dass er sich täglich durch sein Spielen und Singen von christlich, spiritueller Musik am Harmonium seinen inneren Frieden und Ausgeglichenheit erhalten konnte.

Auch wenn Sie, verehrter Leser wieder meinen, klar Zu-fall, Glück gehabt! Vielleicht ist es doch kein Zu-fall und kein Glück, was einem widerfährt.

In Schweitzers Werk finden sich auch zahlreiche anregende Aussprüche:

„Ethik ist ins Grenzenlose erweiterte Verantwortung gegen alles, was lebt."

„Miterleben heißt, sich für alles, was sich in unserem Bereich abspielt, verantwortlich zu fühlen."

„Mit allem was lebt, sind wir durch Wesensverwandtschaft und Schicksalsgemeinschaft verbunden."

„Wenn mehr Denken unter den Menschen sein wird, wird auch mehr Liebe in der Welt sein."

Das entzündete Auge

Ein weiteres kleines Beispiel aus meiner schulischen Vergangenheit zeigt dabei deutlich meine Gedankenwelt mit ihren dazugehörigen Gefühlen auf und wie sich daraus Störungen ergeben, die eine Botschaft für mich enthalten.

Nach flüchtigem, heftigem Kennenlernen und Aufeinander- Fliegen, dann kurz entschlossen, sehr spontan frisch verheiratet, fliegen meine damalige Frau und ich auf die herrliche indonesische Ferieninsel Bali.

Wir haben uns von unserer Hochzeitsreise auf so einer außergewöhnlich schönen Insel einen tollen Urlaub mit einem Mega-Start in ein gemeinsames Lebens versprochen.

Mit Verlaub, es wird ein Mega- Flop!
Ich bin mit großer Hoffnung und ebensolcher Erwartungshaltung gestartet, wahrscheinlich wir beide.
Durch das vorausgegangene Geschehen in einer anderen, langen, erst kurz zuvor beendeten, im Grund noch nicht verarbeiteten Partnerschaft- das interessanterweise für uns beide gilt- ist meine Wahrnehmung jedoch verschoben und mein Focus allein auf den Ausgleich von Mangel an Lust gerichtet.

Es fehlt in mir in dieser Zeit das *Prinzip der Harmonie* und des *Ausgleichs*, um die Dinge im Außen sinnvoll in Ausgewogenheit beurteilen zu können, schon gar nicht für ein lebenslanges Miteinander.

Wir schauen da gegenseitig wie in einen Spiegel.

Wie haben vergessen, dass wir, bei einem nicht verarbeiteten Partnerwechsel, -wobei der neue Partner dem vorhergehenden durchaus ähnlich ist-, die Defizite, d.h. unsere eigenen Anteile des Scheiterns, gleichsam immer mitbringen.

Schnell wird in den ersten längeren, gemeinsamen Tagen auf Bali klar, dass wir plötzlich überhaupt keinen gemeinsamen Nenner und keinen Draht mehr zueinander finden. Echte, hilfreiche, klärende und offene Kommunikation fällt immer schwerer und erstirbt bald. Ohne Freude ist die Stimmung auf dem Nullpunkt.

Wir spüren, dass wir (*uns in*) *einander ge-täuscht* haben!

Wir sind *ent-täuscht*; es ist also das *Ende* unserer *Täuschung!*

Gottseidank im Grunde, wenn man es genau bedenkt.

Ent-täuscht - Sein ist im ersten Moment emotional gesehen etwas Trauriges, es beendet jedoch eine Leidensstrecke und kann Klarheit schaffen.

Was passiert mir nun, was schickt mir da mein Körper in diesen besonderen Tagen auf der Insel als Störung, als Krankheitssymptom?

Am zweiten Tag des Aufenthaltes bildet sich bei mir am rechten unteren Augenlid ein gewaltiges Gerstenkorn heran; das ist ein Abszess an der Haardrüse einer Wimper.

Es schmerzt gewaltig, ist stark entzündet, es schwillt zu, sodass ich zusätzlich nur noch bedingt durch das Auge sehen kann! Was kann ich in diesen Tagen von einer besonderen, durchaus reizvollen Mitschülerin bzw. Lehrmeisterin lernen?

Wenn wir mal in eine mögliche Krankheitssymbolik gehen, so versteckt sich für mich dahinter eine klare Botschaft:

Was ich um mich herum in Bezug auf meine Frau und Partnerschaft wahrnehme, stört und blockiert mich gewaltig.

Es ärgert mich, ich kann nur schwer akzeptieren, was ich sehe! Es macht mich zornig und ich habe ein Gefühl der Macht- und Erfolglosigkeit.

Der Abszess zeigt, dass das Problem überdies schmerzhaft ist und weist darauf hin, dass der verdrängte Zorn zugleich Schuldgefühle in mir hervorruft.

Ich ahne, dass das kein Zufall ist - ich selber glaube ja nicht an Zufälle - und weiß, dass das irgendwie mit mir zu tun hat.

Mir fällt ein, dass ich im Zusammensein mit meinen Mitschülern, genannt Eltern, häufiger Gerstenkörner hatte, aber in dieser Form noch nicht.

Was kann die Botschaft sein?

Es hätte mich schon damals lehren können, den Dingen und den Menschen, die ich im Alltag sehe, toleranter gegenüberzustehen!

Wenn ich auch nicht mit allem einverstanden bin, kann ich doch nicht alles kontrollieren. Beherrschen kann ich mich nur selbst!

Doch ich kann alles loslassen und die anderen mit dem Herzen betrachten lernen, was mir helfen wird, ihre Verschiedenartigkeit zu akzeptieren und warmherziger zu werden!

Ich könnte über das augenblickliche Verhalten meines Partners hinwegsehen und der Versuchung widerstehen, dieses zu beurteilen, zu analysieren und gar zu verurteilen.

Dazu bin ich in diesem Moment auf der Insel jedoch nicht fähig und habe das noch zu lernen! Am Ende der Tage auf der Insel vergeht das Gerstenkorn ohne Behandlung, es hat seine Schuldigkeit als Botschafter getan.

So kam es, wie es kommen musste und sicher auch unter den Umständen das Beste für uns beide war, zur Trennung. Auf jeden Fall hat mir eine außergewöhnliche Lehrmeisterin ein paar heftige Schul-und Lehrstunden erteilt.

All dies erschien mir bis zum Ende der gemeinsamen Zeit, als wenn ich eine Episode aus einem spannenden, dramatischen Film im Schnelldurchlauf auf dem Videorekorder anschaue.

Ich hätte gerne einmal zwischendrin die Pause-Taste gedrückt, um allem genauer gewahr zu werden, besser verarbeiten zu können, was da in einem atemberaubenden Tempo abläuft und was mir das alles sagen will!

Ich fühlte mich wie der Beobachter meiner eigenen Handlungen.

Sie kennen den passenden Spruch:

Besser ein Ende mit Schrecken, als ein Schrecken ohne Ende!

Letztlich war es gut, wie es war.

Gewöhnen wir uns doch einfach mal an, neben der Hilfe, die wir von unseren Mitschülern, genannt Ärzte, gerne in Anspruch nehmen, die Krankheitssymptome genauer anzuschauen und auf einen Hinweis für uns zu hinterfragen.

Der kranke Körper versucht etwas aufzuzeigen, auszugleichen, wieder ins Gleichgewicht zu bringen, die Harmonie wieder herzustellen.

Denken Sie an die Geschichte von Clemens Kuby; sein Sturz aus dem Fenster war sicher kein „Geschenk", doch vielleicht hat genau der es ihm ermöglicht, seinem Leben, sicher auf radikale Art, die *Wende* zu geben, die er brauchte und auch unbewusst, innerlich schon länger suchte!

Mithilfe der Selbstheilungskräfte kann sich unser Körper in einem gewissen Rahmen selbst regulieren, er ist zumindest darauf ausgerichtet.

Für das, was sich durch mein Tun und auch mein Unterlassen, meine Gedan-
ken und Gefühle in meinem Körper als Folge, als Krankheit entwickelt, habe
ich die Verantwortung zu übernehmen.

Ist da Krankheit nun etwas, dass daher wirklich immer *bekämpft* werden muss?

Doch wohl besser nicht bekämpfen, sondern zunächst den IST-Zustand
akzeptieren, reinspüren was er, der Körper, als bedeutender Teil von
uns, mitteilen will!

Mal in seinen gestörten Systemen zu „lesen", was sie uns mit den verschiedenen Symptomen mitzuteilen haben.

Ich will auch gar nicht sagen, dass es immer einfach ist, die Hinter-
gründe der Erkrankung auszumachen, die Sprache des Körpers zu
verstehen, eine mögliche Botschaft zu erkennen und auch die Verantwortung dann zu übernehmen.

Wichtig ist es überhaupt einmal an eigene Anteile zu denken, die dazu
geführt haben könnten, sie zuzulassen, möglicherweise zu erkennen
und zu hinterfragen!

Seelische Spannungen werden über das vegetative Nervensystem ins
Organische „projiziert".

Die „Organsprache", sie bedeutet:

Ausdruck unterschiedlicher vegetativer Reaktionen auf unterschiedliche Gefühlsregungen. Jedermann ist sonnenklar, dass man bekannte
physiologische Reaktionen auf bestimmte Gefühlseinflüsse beobachten
kann.

- Erröten = Reaktion auf Verlegenheit

- Weinen = Reaktion auf Kummer und Schmerz

- Blässe = Reaktion auf Schreck u.v.a.m.

Bei diesen Beobachtungen belassen wir es dann auch zumeist.

Die alten Chinesen vertraten die Auffassung, dass bestimmte Leiden-schaften -also Emotionen- wenn sie zu *heftig* werden, ganz bestimmten Organen Schaden zufügen.

Auf diese Weise verstand man schon damals verschiedene Emotions-kategorien aus der „Organsprache" zu beurteilen bzw. zu verstehen.

So ordnete man der *Lunge die Traurigkeit* zu,

dem *Herzen die Erregung,*

den *Nieren die Angst und Schrecken,*

der *Milz die Sorgen* und

der *Leber den Zorn und die Wut.*

Unbewältigte Konflikte, verdrängte feindselige Antriebe, Angst behin-derte Abhängigkeitsbestrebungen, Versagungserlebnisse, Minderwer-tigkeits- und Schuldvorstellungen in den unterschiedlichsten Lebens-bereichen mit ihren Affekten und Gefühlen führen über das vegetative Nervensystem nach geraumer Zeit zu „Affektkrankheiten", die je nach Konstitution und Disposition bestimmte Organe funktionell stören.

Sie bedienen sich ihrer, um sich zu „beklagen" um sich ausdrücken, um „symbolisch" sprechen zu können.
Der Volksmund hat in seinen tiefgründigen, ja man kann sagen, *psychosomatischen* Redewendungen diese Zusammenhänge aufgezeigt und die symbolische Aussage der Organsprache oft treffend dechif-friert, in Klartext übersetzt; z.B.

„Das Herz fiel ihm in die Hose", „Es blutet mir das Herz."

„Er reagiert sauer" „Er konnte es nicht verdauen."

„Er ärgert sich ein Loch in den Bauch."

„Er spuckt Gift und Galle, Mir läuft die Galle über."

„Er hat eine Wut im Bauch."

„Schiss vor etwas haben oder vor Angst in die Hose machen." bei chroni-schen Durchfallerkrankungen.

„Den Kopf hängen lassen." „Er konnte sich nicht behaupten." „Die Angst im Nacken"

bei Wirbelsäulenproblemen.

„Das kann mich gar nicht kratzen."

„Es ist zum Ausderhautfahren" bei Hautaffektionen.

Über die Thematik, Krankheit mal als Symbol, als *Botschaft* zu sehen, ist von verschiedenen, hervorragenden Mitschülern, die für diese Betrachtung einen anderen Standpunkt eingenommen haben, tolle, lesenswerte Literatur entstanden! Die Bücher:

„Krankheit als Weg" und später

„Krankheit als Symbol".

Wäre auch angebracht, diese bereits in den ersten Schulstunden mit als Lehrstoff einzusetzen. Überhaupt könnte es sinnvoll sein, den Lehrplan in dieser Hinsicht zu modifizieren.

Auf die Idee ist leider noch niemand gekommen!

Es könnte daher bei der Betrachtung von Krankheiten unsere eigene *Verantwortung* gesehen werden, die sich nicht nur auf die richtige Ernährung, Nahrungsergänzungsmittel oder genügende Bewegung beschränkt.

Die zu tragen wiegt uns wohl zu schwer.

Das *Prinzip des Ausgleiches und der Harmonie* ist übrigens ein weiteres *Schulgesetz*, das neben dem der *Resonanz* und dem von *Ur-Sache und Wirkung* hier zum Tragen kommt.

„Will jemand gesund sein, so sollte man ihn erst fragen, ob er bereit ist, die Ur-Sachen seiner Krankheit zu beseitigen. Erst dann kann ihm geholfen werden"

Hippokrates von Kos, griechischer Arzt 460 v. Chr.

Was für ein weiser Ausspruch und das schon vor 2500 Jahren! Unglaublich!

Das heißt doch nichts anderes, dass schon Hippokrates meinte, der Kranke sollte durchaus Verantwortung für seine Lage, seine Krankheit übernehmen!

In der heutigen Zeit stellt kein Arzt jemals diese Frage einem kranken Menschen!

Wir haben die Freiheit der Entscheidung, wie wir mit unserem tollen Vehikel, unserem Organismus umgehen; nur irgendwann, oft später, müssen wir die Krankheiten als Folgen, als Konsequenzen dafür tragen. Das vergessen wir dann gerne.

Ja, das ist wohl so: <u>Leiden ist leichter als Handeln!</u>

Warum:

Zum Handeln brauche ich *Mut*.

Es bedeutet, dabei die *Angst* bei Entscheidungen wegen der ungewissen Zukunft zu überwinden; vor einem möglicherweise unsicheren Ausgang, die *Angst vor Veränderung* abzulegen!

Mut für das einzustehen, was wir einmal als richtig anerkannt haben.

Die Wahrheit zu erkennen und mit Mut etwas zu beginnen, aber auch eventuell zu verlieren.

„ Wer nicht wagt, der nicht gewinnt."

Sie glauben es vielleicht nicht:

<u>*Angst vor Veränderung hypnotisiert den Menschen immer wieder!*</u>

Weil wir einfach zu viele Widerstände gegen Veränderung haben.

Das, was wir erleben, mag es auch noch so unangenehm sein, uns Schmerzen und Leid bringen, das kennen wir, daran haben wir uns „gewöhnt" und was wir kennen, das können wir einschätzen, damit haben wir gelernt, umzugehen. Darauf sind wir seit je her konditioniert.

Es ist manchmal unglaublich, wenn man liest und hört, was Mitschüler z.B. aus „Liebe" aushalten und zulassen. Wahnsinn! Womit wir da wieder bei dem Thema Selbstliebe wären.

Wir scheuen das Handeln, da wir nicht wissen, ob es besser wird. Wir hätten zumindest eine 50/50 Chance, bei Nicht -Handeln haben wir die 100%ige Sicherheit, dass sich nichts ändert!!!

Der Preis für das Warten und Nicht-Handeln ist hoch!

Die *Selbstbestimmung* und die *Selbstachtung* bleiben auf der Strecke.

Die Angst vor dem Virus

Angst, ein Unterrichtsfach, das in unserer Schulwelt bei verschiedensten Themen polarisiert. Bis zu einem gewissen Punkt, ist Angst zu haben eine gesunde Reaktion.

Wie kann ich also mit Angst umgehen, wie kann ich sie überwinden?

Man kann sie nicht überspringen, sie zur Seite drängen.

Auf jeden Fall ist es wichtig, vor seinen Ängsten nicht davon zu laufen.

Wenn ich frei sein will von Angst, muss ich durch die Angst durch.

Ich muss mich ihr stellen!

Wenn ich Angst habe, vor vielen Leuten zu sprechen, dann überwinde ich sie am besten, indem ich genau das tue. Ich handele, ich melde mich für eine Antwort bei Kongressen oder großen Diskussionsrunden oder halte sogar z.B. selber Vorträge.

Wenn ich Schwimmen will, jedoch Angst davor habe, dann suche ich mir einen Lehrer und steige mutig mit ihm ins Wasser.
Angst signalisiert mir auch, zeigt mir auf, irgendetwas stimmt nicht.
Es können Situationen sein, mit denen ich nicht umgehen kann oder es könnte sogar gefährlich werden.

Angst erleben viele als etwas Bedrohliches, gegen das man sich nicht wehren kann.

„Angst essen Seele auf", wie in einem älteren Film so treffend beschrieben wurde.

Sogar heute wird der Satz von einigen wieder aufgegriffen. Natürlich ist es normal in einer bedrohlichen Situation auch Angst zu haben.

Statt mir aber zu erlauben, dass mein Verstand verrücktspielt, könnte ich mir die Frage stellen:

Was genau macht mir in dieser Situation Angst?

Die eigenen Ängste zu benennen, hilft schon allein etwas ruhiger zu werden. Das könnte wohl auch im Moment nützen.

Was ist denn da plötzlich in unserer Schul-Welt passiert?

Was ist da über uns gekommen?

Ein winziges „Lebewesen" hat die ganze Welt auf den Kopf gestellt!

Unsere gesamte Schul- Welt ist im Zuge der Globalisierung wohl noch nie in dieser Weise in Aufruhr geraten wie jetzt.

Zumindest ist ein solches Geschehen uns aus der uns bekannten, nachlesbaren Geschichte nicht bekannt.

Es gibt immer mal wieder zu allen Zeiten und überall auf der Welt Kriege, in die dann gemeinsam viele Menschen aus verschiedensten Ländern involviert sind.

Es gibt flächendeckend schwere Pandemien, wie seinerzeit die Pest und später die „Spanischen Grippe" in Europa. Das betraf sicher sehr viele Millionen Menschen, die massiv unter dem jeweiligen Geschehen und den Folgen litten und starben.

Das was uns jetzt alle auf den fünf Kontinenten erschüttert, fast bis in den letzten Winkel jeden Landes bis hin zu jeder Familie und jedem einzelnen Familienmitglied absolut gleichzeitig und auf allen Ebenen des menschlichen Lebens betrifft und herausfordert, ist ungewöhnlich und in dieser Form neu.

Die wesentlichen, gemeinschaftlichen Systeme, die uns Menschen - auch auf allen zwischenmenschlichen Ebenen –verbinden, scheinen überall auf diesem Schul-Planet angehalten und fühlbar ruhig gestellt.

Als Mitschüler fühlen wir uns ganz gegen unseren Willen für eine Zeit lang eingesperrt und abgestellt; das gleiche gilt für fast alle Wirtschaftsbereiche mit den Unternehmen, die nur stark eingeschränkt tatsächlich etwas *unternehmen* können.

Es hat eine Entschleunigung stattgefunden, von der wir noch gar nicht wissen, wie lange sie anhält, wie sich alles verändern wird und die wir in dieser Form auch gar nicht bewusst gewählt haben.

Alle soziologischen, ökologischen und wirtschaftlichen Systeme sind dadurch aufs Äußerste angespannt und gefordert. Werden da nicht vielleicht auch mittelfristig Finanz-und Währungssysteme an die Wand gefahren?

Wenn man genau hinschaut und soweit wir es beurteilen können, scheint die Welt _ohne_ den Menschen gar nicht so arg betroffen!

Also die Tier-und Pflanzenwelt, die Natur mit Seen, Flüssen, Ozeanen und unsere Luft, ohne deren Sauerstoff wir nicht leben und atmen können; ganz im Gegenteil, die Natur erholt sich, die Tiere erweitern wieder ihren Lebensraum und kommen ganz ungewohnt u.a. wieder in die Vorstädte zurück. Die Luft und Flüsse werden messbar sauberer und man kann das auch von den Meeren annehmen, da ja weniger Schiffe jeder Couleur momentan fahren dürfen.

Wie wäre es, diese Situation jetzt einfach mal anzunehmen, zu akzeptieren! Wir können erstmal nichts Wesentliches ändern, können diesen Augenblick zunächst einfach nur akzeptieren, wie er ist.

Es ist, wie es ist!

Es ist durchaus menschlich, auf große Veränderungen mit Ängsten zu reagieren. Dafür darf niemand verurteilt werden. Wandel und Veränderungen sind nun mal Ausdruck des Lebens.

Gelingt uns das? Haben wir die Qualität, ja die *Demut* etwas zu akzeptieren.

DE-MUT wird oft missverstanden z. B. als Unterwürfigkeit, sich einer höheren Macht aus Hilflosigkeit fügen. Oder man setzt eine vorgetäuschte Demut ein, um mit unterwürfiger Haltung mit entsprechender Körpererscheinung, zu gefallen und Ziele zu erreichen. Das hat mit Akzeptanz, dessen was ist, nicht viel zu tun.

Im Wort DE-MUT steckt der Anteil Mut.

Es stammt aus dem Althochdeutschen und entspricht einer Haltung von *MUT zu dienen.* Die Situation einfach anzuerkennen und uns ihr in Würde zu ergeben.

Einstein hat auch hier für wieder einen sinnigen Spruch:

„Es ist die Bestimmung des Menschen, mehr zu dienen als zu herrschen!"

Auch momentan würde das Akzeptieren der momentanen Situation, des <u>IST-Zustandes</u> sinnvoll sein und Positives bewirken.

Hätten wir nicht als Menschen in der Gesamtheit jetzt einmal die Aufgabe und richtig viel Zeit, uns über diese Entwicklung und unser *Dasein* im Allgemeinen Gedanken zu machen.

Wir hätten Zeit, um zu prüfen, ob wir bei allen Zielen und Entwicklungen, die wir Mitschüler eingeschlagen haben und auf denen wir uns in unserer Schul-Welt befinden, auf dem rechten Weg sind.

Ja, auch mal schonungslos uns selber zu hinterfragen, wenn auch zunächst nur ganz leise im Inneren, welchen Anteil wir an all dem haben. Ob nicht in diesem „Drama" auch eine echte Chance liegt. Ja, ob wir denn überhaupt einen eigenen Anteil an diesem weltweiten „Schock" haben könnten, jeder Einzelne von uns Mitschülern?

Zunächst mal hacken wir auf all denen rum, denen wir nach unserer Ansicht das Desaster zu verdanken haben.

Es fällt uns schwer, das Geschehen zu akzeptieren, anzunehmen, ohne Wenn und Aber.

Möglichst schnell will man den alten „*Status quo ante*" wiederherstellen.

Wir sind brutal rausgerissen aus unserem Rhythmus:
Schneller; Höher, Weiter, Besser.
Raus aus dem immer Mehr fordern, um Mehr zu Haben.

In allen Lebensbereichen in fast überheblicher Selbstverständlichkeit, glauben wir zu wissen und einfordern zu können, was uns gefälligst zusteht, was wir doch verdient hätten; aber das uns jetzt genommen oder zumindest vorenthalten wird.

Immer mehr Konsum!

Um Immer mehr zu haben!

Um immer mehr zu Sein!

Immer mehr, immer mehr!

Eine unermüdliche, endlose Aufwärtsspirale

ohne erkennbares Ziel

und ohne wirkliche, tiefe Befriedigung!

Um mehr zu haben und damit mehr zu Sein im Vergleich

mit den Anderen!

Und dann?!

Ist das wirklich ein sinn-voller Weg?

Plötzlich erleben wir durch das kleine Virus, was es umgekehrt bedeutet, wenn zu wenig von uns Mitschülern dem Konsum nachgehen können, sodass deshalb mit einem Male verschiedenen Wirtschaftszweigen Gefahr droht.

Wir haben uns im Laufe der Zeit eine Welt geschaffen, in dem große Teile der Wirtschaft vom Konsum abhängen. Wir sind quasi zum Kaufen *gezwungen*, damit die Wirtschaft floriert.

Ist doch verrückt, das kann doch nicht wahr sein!

Zum Konsum von Dingen, die wir nicht unbedingt benötigen, aber meinen, es würde uns damit besser gehen und wir glücklicher wären.

Wir merken nicht, wie wir uns damit *ab-hängig*, erpressbar machen; wir geben auch hier die Macht ab. Wie Getriebene wollen wir immer mehr, alles immer billiger haben und zahlen dafür letztlich einen hohen Preis. Sind uns die Folgen wirklich klar?

Ist Geiz also wirklich geil?

Natürlich ist es in Ordnung, in Ausgewogenheit, gegenseitigem Respekt bei Herstellung und Produktion uns die Dinge anzuschaffen, die uns das Leben hier angenehmer machen.

Wir Mitschüler, wir Konsumenten haben die Macht durch ein klares, qualitätsbestimmtes, dem echten Bedarf angepasstes Kaufverhalten zu vermitteln, was zu produzieren wirklich wichtig und sinn-voll ist.

Die Wirtschaft müsste sich danach richten.

Wir hätten also durchaus Macht. Vielleicht würde das bedeuten, mal nicht alles haben zu können, was einem gefällt.

Es würde auch mal Verzicht bedeuten; wäre das ein Verlust oder sogar Rückschritt?

Was ist möglicherweise der Motor, der uns in diese Richtung unermüdlich antreibt?

Haben und Sein

Die meisten Mitschüler von uns sind auf der Schiene der:

Haben – Tun — Sein Orientierung

Etwas Haben, um dann Jemand zu Sein!

Ziele in dieser Schul-Welt zu haben,

damit ich unbedingt etwas tun muss;

um, dass wenn ich sie erreicht habe,

jemand zu Sein.

Was muss ich also tun, um etwas zu haben, um dann damit jemand zu sein!

So definieren wir vielfach unseren Wert über die Dinge, die wir besitzen!?
Wie Fatal!

Wie die Sparkasse mit ihrer Werbung vor einigen Jahren ironischer-weise den Nagel auf den Kopf trifft und den Zeitgeist widerspiegelt.

.... Mein Auto, mein Haus, mein Boot, mein Pferd und meine Pferdepflegerin-nen!

Wie wäre eine andere Anschauung, einmal mit umgedrehter Lesart:

Sein — Tun – Haben Orientierung:

Wer will ich sein,

um das zu tun,

was getan werden muss,

damit ich das habe,

was ich brauche!

Na ja, das gilt es erstmal zu verarbeiten.

Wie können wir glücklicher leben lernen?

Ist da vergleichen nicht eher kontraproduktiv?

Einige von Ihnen waren sicher schon einmal in der herrlichen Toskana in Italien und haben die wunderschöne Wein- und Hügellandschaft durchfahren.

Im Herzen der Toskana liegt die kleine Stadt San Gimignano, das „Manhattan" des Mittelalters.

Damals eiferten Adelsfamilien um Rum und Anerkennung.

Als Zeichen ihrer Macht erbauten sie stolz Geschlechtertürme.

Früher gab es 72 Türme, von denen heute nur noch 15 übrig sind.

Jede reich gewordene Familie wollte sich ein Turm Haus bauen; je höher der Turm war, desto mächtiger war die Familie. Man wollte den anderen in der Höhe der Türme übertreffen und seine Überlegenheit demonstrieren.

Was ist daraus geworden, was hat es ihnen letztlich gebracht?

Auch heute erleben viele Mitschüler Glück und Zufriedenheit durch eine Art Kontrastdefinition, durch die Wahrnehmung eines Unterschieds.

Sie bauen quasi imaginäre Türme und empfinden ihr Leben auch wie einen Turm auf dem sie wohnen.

Je höher der Turm umso reicher und hochgestimmter ist ihr Leben. Es ist natürlich schwer, die Höhe des eigenen Turmes zu beurteilen. Deshalb ist man damit beschäftigt, sich andere Türme anzuschauen und versucht sie mit dem eigenen zu vergleichen. Aus der Summe der Beobachtungen errichten sie neben ihrem Turm einen imaginären zweiten, mit dem sie dann ihren eigenen vergleichen können.

Dieser zweite Turm sind die Erwartungen an das Leben, gewonnen aus persönlicher Erfahrung, Idealen und Vorstellungen, aus Filmen, Träumen und Literatur, aus der Realität oder Fiktion.

Wenn die Türme dann miteinander verglichen werden, ergeben sich verschiedene Auswertungsmöglichkeiten.

- Ist der eigene Turm genauso hoch wie der andere, ist der Bewohner zufrieden
- Ist der eigene Turm etwas höher als der Vergleichsturm, ist man glücklich
- Ist der eigene Turm niedriger als der Vergleichsturm, ist man eher unglücklich

Die Einschätzung entsteht natürlich aus subjektiven Bewertungen und des Maßstab, den man anlegt. So schaut man dann den Vergleichsturm an, überragt er den eigenen Lebensturm oder nicht?

Denken Sie z. B. einmal an den heute herrschenden Körperkult, der ein bestimmtes Schönheitsideal erschafft, das zu anderen Zeiten und in anderen Kulturen immer wieder ein anderes ist.

Gleichgültig wie schön man ist, niemals ist man mit sich selbst zufrieden, immer gibt es etwas, das noch schöner sein könnte oder sich als besser darstellt.

Weicht man von der Schönheitsnorm ganz und gar ab, wird einem mit jedem Film, mit jedem Werbespot suggeriert, dass man anders sein sollte, als man gerade ist.

Man redet sich zwar ein, dass es gar nicht so schlecht ist, was man repräsentiert, doch bleibt ein gewisses Maß an Unzufriedenheit zurück. Es bleibt immer ein mehr oder weniger großes *ABER*, das die meisten nicht einmal vor sich selbst aussprechen.

Was ist die Lösung, bevor man sich im Vergleichen verliert und damit die Schein-zufriedenheit?

Das Vergleichen beenden, die Lösung ist ein Turm nicht zwei;

der Vergleichsturm wird abgebaut! Man lernt ganz die großartige Konstruktion und Baukunst des eigenen Turmes zu schätzen und ist dankbar dafür. Man weiß das stattliche Fundament zu schätzen, dass man für das eigene Lebensbauwerk von Natur aus mitbekommen hat.

Das Glück, dass sich aus dem Vergleichen mit anderen und dem Außen speist, ist kein stabiles Glück. Von Dauer sind nur das innere Glück und die Zufriedenheit.

Diesen Konkurrenzkampf gibt es nicht nur im kleinen, persönlichen Bereich, sondern er findet auch im Globalen, unter Staaten statt; es geht nicht mehr um das Gemeinwohl *aller* Mitschüler, wo man in *Kooperation* die anstehenden, dringlichen Probleme löst! Wir leben in einer Schul-Zeit, wo kein Staat mehr *allein* die anstehenden Herausforderungen lösen kann.

Einerseits empfinden viele von uns Mitschülern, ehrlich gesagt, das Leben schon seit langem in vielen Bereichen angefangen vom kleinen Kreis der Familie bis hinein ins Berufsleben als viel zu schnell, viel zu hektisch und viel zu überfordernd. Wir können kaum noch Schritt halten, mit dem Tempo, das wir selbst angeschlagen haben.

Es hat sich dabei eine Eigendynamik entwickelt, die im Grunde nicht einfach zu stoppen ist.

Auf der anderen Seite sind wir durch viele beeindruckende und sinnvolle Entdeckungen und Erfindungen, den technischen Fortschritt im Allgemeinen und Erleichterungen für unser privates und persönliches Leben absolut überzeugt, dass dieses rasante Tempo uns schon irgendwann zum Ziel führt.

Zu welchem Ziel eigentlich?!

Endlich zum Glück? Endlich zur Befriedigung? Wann ist die dann erreicht? Wer denkt denn mal darüber nach? Auf der anderen Seite fehlt uns etwas, die Ausgewogenheit, die *innere Zufriedenheit*, die entscheidend ist.

Das „Wesen"

Fast alle Mitschüler sind im Moment blockiert aus Angst vor dieser kleinen Erscheinungsform, die plötzlich in unser Leben getreten ist.

Diese kleine *„Wesensform"*, genannt *Virus*, ist uns nicht gänzlich unbekannt und begegnet uns in den Schuljahren immer wieder, nur in dieser Art und mit diesem heftigen Auftreten ist es uns jedoch völlig neu.

Das Virus schafft leider sehr häufig in unserem Körper, in seinen Systemen und speziellen Organen ein großes Durcheinander, bis hin zu gefährlichen Störungen, die manche von uns nicht überleben.

Wie kann so ein kleines *„Wesen"*, das noch nicht mal für alle sichtbar ist, sondern nur von einer Handvoll Menschen nachgewiesen wurde und im Grunde auf sich allein gestellt in dieser Welt, gar nicht überleben kann, unsere momentane Welt so in den Grundfesten erschüttert?

Weil es unbewusst auf einem Mal die ureigene, tief verwurzelte Angst des Menschen vor dem Tod berührt. Nichts hypnotisiert, paralysiert den Menschen eben mehr, als die Angst vor dem eigenen Tod!

Vor allem, wenn er plötzlich und völlig unvorbereitet droht.

„Der Mensch ist das einzige Lebewesen, das weiß, dass es sterben wird. Die Verdrängung dieses Wissens ist das einzige Drama des Menschen".

sagt der Dramatiker Friedrich Dürrenmatt zu dieser Thematik.

Unser menschlicher Körper ist -innen wie außen- mit einer unüberschaubaren Vielzahl von Mikroorganismen besiedelt, sowohl auf der Haut, als auch auf den Schleimhäuten des Respirations-, Magen-Darm- oder Genital-Traktes; dieses heute so genannte *„Mikrobiom"* ist von entscheidender Bedeutung für Krankheit und Gesundheit des Menschen.

Der US -amerikanische Nobelpreisträger und Molekularbiologe Joshua Lederberg prägte den Begriff *Mikrobiom* für den „anderen Teil des

Menschen" nämlich für „seine" Mikroorganismen mit ihren genetischen Ausstattungen und ihren Beziehungen z.b. Stoffwechsel, Immunmodulation etc.) zum jeweiligen Standort im Körper.

Das humane Mikrobiom trägt im großen Umfang zur Steuerung physiologische Vorgänge und Aufrechterhaltung der Gesundheit bei.

Es sorgt für den Aufbau, die Stabilität und für die Reparatur einer unspezifischen Barriere zur Abwehr von Infektionskeimen.

Gleichzeitig nimmt es Einfluss auf die Entwicklung und Aktivität des *darmassoziierten Immunsystems*.

Unter den dort siedelnden Bakterien finden sich regelmäßig auch solche, die grundsätzlich schwere und schwerste Erkrankungen auslösen können.

Die Eigenschaften der Mikroben sind jedoch nicht nur pathologisch einzustufen, sondern die Bakterien haben gerade im Darm viele gesundheitsfördernde Aspekte.

Auch bei den Viren hat man schon viele positive Aspekte gefunden; das Bild vom „bösen Virus" hat sich inzwischen gewandelt. Sie greifen regulativ im unterstützenden Sinne in Lebensprozesse im menschlichen Körper und sonst in der Natur ein.

Das Virus braucht oberflächlich betrachtet von seiner Struktur und seinen Daseinseigenschaften einen Wirt, durch den es überhaupt existieren kann, es ist also sogar abhängig von seinem Lebensumfeld und hat doch eine solche Macht, dass fast die ganze Menschheit vor ihm erzittert!

Was manche Forscher noch nicht mal als Lebewesen bezeichnen wollen, macht uns solche Angst. Man könnte diese kleine Existenzform als Parasit bezeichnen, allerdings fast ohne feste Form nur mit einer dünnen Proteinhülle und eigenen Stoffwechsel.

Er braucht einen anderen, meist viel größeren Organismus als Wirt, wie z.B. die Mistel, die an verschiedensten Bäumen in der Natur gefunden und als ektoparasitische Lebensform bezeichnet wird; die man neben der Flora auch in der Fauna findet.

Es ist ein Phänomen, das zunächst schwer zu einzuordnen ist; es wirkt fast wie ein Wunder, weil wir die möglichen übergeordneten Zusammenhänge nicht verstehen.

Hat dieser Parasit durch seine Wirkungen in uns und unserer Welt keine Da-seins-berechtigung, nur weil wir diesen für uns Menschen als existenziell bedrohlich einstufen?

Ist dies die einzig mögliche Betrachtungsweise?

Wäre es nicht eine gute *Chance*, neben dem Bemühen um Erkenntnisse und sich den Kopf über Schadensbegrenzung zu zerbrechen, dass wir als Mitschüler - Menschen uns auch mal ganz andere Gedanken über die entstandene Situation machen?

Vielleicht mal die gegebene Situation auch in diesem Fall mit einer geänderten Sichtweise betrachten! Je weiter man dabei -symbolisch gesehen- zurücktritt, Abstand vom Problem gewinnt, umso mehr Überblick und Übersicht gewinnt man.

Vielleicht liegt sogar eine Möglichkeit darin, durch dieses abrupte Abstoppen und Innehalten sich mancher Prozesse erst bewusst zu werden.

Prozesse, die sich vielleicht nicht zu unser aller Vorteil entwickeln; die wir jetzt jedoch noch beeinflussen können.

Nur, auf was müssten wir achten, wo müssten wir hinschauen, was könnten wir wahrnehmen?

Worum geht es überhaupt?

Oder ist alles nur wieder Zufall?

Im Moment kann vor allem der medizinische Laie viel Angst empfinden, der der die Systeme des menschlichen Körpers nicht gelernt hat; natürlich nicht nur der. Laien sind leider heute in Bezug auf unseren Körper die allermeisten.

Wir müssen teilweise hilflos erleben, wie Mitschüler- Mitmenschen durch oder im Zusammenhang, je nach der Schwere einer Vorerkrankung, mit diesem kleinen „Wesen" sterben, also viel zu früh ihren „Abschluss" hier machen, der so noch nicht „geplant" war.

Die Angst grassiert daher ziemlich heftig, da aus Unwissenheit, aus unterschiedlichen Überzeugungen und noch fehlenden, zwingenden Erkenntnissen, wie diese kleine Erscheinungsform auf uns in letzter Konsequenz wirkt, eine große Unsicherheit herrscht.

Es existiert bis in Fachkreise hinein auch noch eine gewisse Ungewissheit darüber, wie z.b. das Immunsystem als wichtigstes System in diesem Zusammenhang in seiner Arbeit einzuschätzen ist, wie sich alles entwickelt. Dem Laien ist meistens nicht mal bewusst, wo dieses System überhaupt angesiedelt ist, wie es mit dem Körper letztlich überhaupt synergistisch zusammenarbeitet.

Gesetz der Polarität

Ich möchte dies Thema zunächst noch aus einem anderen Blickwinkel beleuchten:

Aus Sicht der *Polarität* des Lebens versteckt sich für mich unbemerkt hinter der aktuellen Krise, auch ein Konflikt, der auf einer höheren, viel grundsätzlicheren Stufe angesiedelt ist und meiner Ansicht auch dort verstanden werden kann.

Wir leben in einer Schul-Welt mit dem *Prinzip der Polarität,* wie ich schon erwähnte, also einem wichtigen Teil der Schulordnung.

So bezeichnet die Polarität, dass alles ein Paar von Gegensätzen besitzt, jede Medaille hat zwei Seiten, wie der Volksmund auch sagt.

Man kann das Licht nur erfahren, wenn man die Dunkelheit kennt.

Das *Gesetz der Polarität* hilft dabei zu erkennen, dass alles relativ ist. In der Polarität sind die Gegensätze Ihrem Wesen nach identisch, wenn auch vielleicht sozusagen mit einem anderen Vorzeichen.

Die scheinbaren Gegensätze bedingen einander und sind in unserer Schul-Welt untrennbar verbunden.

Alles im Leben spielt sich zwischen zwei Extremen ab.

Im Gegensatz dazu sind bei der *Dualität* die Gegensätze anders als in der Polarität nicht miteinander vereinbar. Hingegen bezieht sich die Erscheinung der Dualität auf eine wertende Beurteilung im Sinne von „gut" im Gegensatz zu „böse".

Dualität ist von der höchsten Warte aus betrachtet eine Illusion. Denn im Kern ist alles göttlich, und zwar auch das, was zunächst „böse" erscheint.

Der cartesianische Dualismus, nach dem französischen Philosophen *Rene´ Descartes,* das Verständnis also von Psyche –res cognitans- und Körper – res extensa als getrennte Einheiten, hat sich inzwischen klar gewandelt.

Descartes lehrte, das Körper und Seele zwei grundsätzlich verschiedene Seiten des Menschen seien, zwischen denen es keine Verbindung gibt. Dieser Denkansatz beeinflusste lang auch die gesamte Heilkunde in Europa und dann auch in Amerika.

In der Mythologie ist Adam noch *androgyn*, der ganzheitliche Mensch, der noch nicht der *Polarität* unterworfen ist, eben noch nicht in ein *gegensätzliches Paar* aufgespalten ist. Er ist noch *eins* mit *allem.*

Die Beschreibung des Paradieses aus dem 2000 Jahre alten Bestseller spiegelt das schön wieder. Bleiben wir doch einfach mal in dem hübschen Bild, das Paradies als *Einheit* zu sehen.

Wir sind dort raus und hier in der *Schul-Welt* in die *Polarität* rein gefallen. Man kann sagen: Wir sind *ver –zwei- felt*, weil wir die Vollkommenheit in *zwei* Teile teilen müssen. Wir müssen wir uns quasi *entscheiden.*

Wir spalten die Ganzheit und Vollkommenheit auf.

Was bedeutet in diesem Zusammenhang der, mit erhobenem Zeigefinger von der Kirche immer wieder benutzte Begriff Sünde?

Das hebräische Wort (hb. *chatah*), welches mit Zielverfehlen übersetzt wird, liest man anderswo auch als „sündigen". In der Bibel wird der Begriff Sünde dazu genutzt, das Gegenteil von „Ziel erreichen", also das „Ziel verfehlen" zu beschreiben.

Sünde ist möglicherweise die Unfähigkeit die Ganzheit, die Vollkommenheit wahr zu nehmen, da wir von der Einheit getrennt sind. Vielleicht ist das die einzige Sünde, die der Mensch überhaupt begangen hat, wenn man es denn überhaupt als solche bezeichnen möchte.

Vielleicht sollten wir Mitschüler uns eher weniger ständig als „arme Sünder", als Schuldige und damit als Ohn-mächtige sehen, welches man uns so in den verschieden Religionsunterrichtsstunden beigebracht hat, sondern endlich mal mehr als *Verantwortliche*, die *Selbstverantwortung* übernehmen können und wollen!

Ein bekanntes, sehr einfaches Vexierbild soll die Polarität einmal darstellen. Wir kennen diese Bilder, wo man abwechselnd zwei Dinge sehen kann.

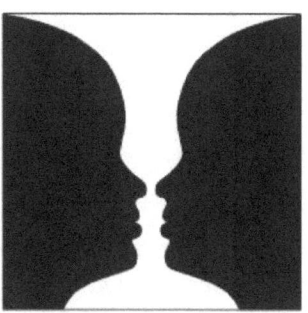

In diesem Fall handelt es sich um eine Vase und Gesicht.

Manche Menschen können überhaupt nur ein Bild erkennen.

Beide Bilder gleichzeitig kann man nicht wahrnehmen.

Wir können entweder nur das eine oder das andere wahrnehmen oder nacheinander.

Wir können nur die eine oder andere Wahrheit annehmen.

Wir sind also nicht fähig, in der Vollkommenheit die *Einheit des Gesamten* zu sehen.

So kann man erahnen, dass beim Durchleben der Polarität Zeit überhaupt erst entstehen kann.

Der Schriftsteller Franz Kafka wies 1911 in seinem Tagebuch darauf hin, dass ein Vexierbild häufig eine versteckte Botschaft enthalte, die nur von dem entdeckt werden kann, der davon weiß:

„Das Versteckte in einem Vexierbild sei deutlich und unsichtbar. Deutlich für den der gefunden hat, wonach zu schauen er aufgefordert war, unsichtbar für den, der gar nicht weiß, dass es etwas zu suchen gilt.

Mikrobe oder Milieu

Aktuell mutet es mich ein wenig an, wie der uralte, noch immer vorhandene und nicht gelöste, gegensätzliche Konflikt in der Medizin.

Warum, wann, wodurch Krankheiten entstehen bzw. sich ausbreiten, unter Berücksichtigung *aller materiellen, psychosomatischen und seelischen* Auslöser bzw. Ur- Sachen! Die beiden letzteren werden nicht wirklich als Verursacher herangezogen, da wir sie ja nicht klar einschätzen können.

Wer hat in unserem Organismus im Prinzip den „schuldigen" Part für Krankheiten?

Der Konflikt zwischen Anhängern zum einen mit der Idee:

die _Mikrobe_ ist schuldig, besser gesagt verantwortlich!

und zum anderen denen, mit der Überzeugung,

das _Milieu_ ist es, das die Probleme letztlich schafft.

Ein schon alter Konflikt zwischen dem Arzt Louis Pasteur und Pierre Jaques Antoine Béchamp.

Krankheit ist kein Zufall, lehrte Pasteur damals schon.

„Bereits in der Pionierzeit der Infektionslehre, ab der zweiten Hälfte des 19. Jahrhunderts, entbrannte ein heftiger Wissenschaftsstreit zwischen zwei Hypothesen:

Auf der einen Seite war Louis Pasteur (1822-1895), der die Mikroben im Zentrum des Infektionsgeschehens sah, während seine Zeitgenossen Pierre Jaque Antonie Béchamp und Claude Bernard die ‚Milieuseite‘ vertraten.

Bernard fasste seine Erkenntnisse so zusammen:

‚Der Erreger ist Nichts, das Milieu ist Alles‘ („Le microbe n'est rien, le terrain c'est tout").

Die genannten Forscher lieferten sich zeitlebens einen heftigen Konkurrenzkampf, den Pasteur aufgrund seines sozialen Status (französischer Adel) und seiner finanziellen Möglichkeiten, für sich entschied.

Erst auf dem Sterbebett – so wird es zumindest überliefert – hat Pasteur dann doch eingestanden, dass Bernard der Wahrheit näher war.

Zudem wurden knapp hundert Jahre später (1964) bisher geheim gehaltene private Aufzeichnungen Pasteurs veröffentlicht, die belegen, dass Pasteur bewusst Forschungsergebnisse manipuliert hatte, damit sie als Beweis seiner Theorie dienen konnten. Die heutige Infektionslehre basiert somit auf einem „Wissenschaftsbetrug", der von schulmedizinischer Seite bisher nicht korrigiert wurde, und nach wie vor die (wirtschaftlich äußerst lukrative) Basis für alle antibiotischen Behandlungen und die offiziellen Impfprogramme darstellt."

Dazu ein paar genauere Anmerkungen.

Pasteurs Grundsätze waren:

- Alle Mikroben, egal welcher Gattung, sind *unveränderlich* und rufen nur *eine* spezifische Krankheit hervor
- Blut und Gewebe sind im gesunden Zustand *steril*.
- Eine Krankheit ist nur dann eine Infektionskrankheit, wenn sie sich reproduzierbar durch den gleichen Keim am Tier erzeugen lässt.

und haben heute noch mehr oder weniger Geltung in der Schul-Medizin.

>Da das Blut also steril ist, haben Krankheiten folglich ihren Ursprung durch Erreger außerhalb des Körpers.

Antonie Béchamp meinte schon vor Pasteur:

- Alle tierischen und pflanzlichen Zellen enthalten kleinste Partikel, die nach Absterben des Organismus nicht zugrunde gehen, die die Ursache für Gärung sind und aus denen auch andere Mikroorganismen entstehen können.
- Unter bestimmten Bedingungen können diese Microzymas fäulniserregende und gärende Eigenschaften entwickeln.

>Hierbei haben Krankheiten ihren Ursprung im Körper.

Claude Bernard (1813-1878) bestätigte schon damals eher *Béchamp*:

„ Nein, meine Herren, die Mikrobe ist nichts. Der Nährboden ist alles"

Der Nährboden, das Milieu ist die Ursache für die Krankheiten.

Der Mediziner und Pharmakologe *Max Pettenkofer*, ist als Begründer der wissenschaftlichen Hygiene in ganz Europa bekannt.

Er will seinem Rivalen Robert Koch unbedingt noch beweisen, dass die Cholera-Bakterien alleine noch keine Krankheiten auslösen können. Der Ausbruch hängt immer mit mangelnder Hygiene zusammen und dem Zustand des eigenen Organismus.

Es gibt einen berühmten Selbstversuch am 7. Oktober 1892 wo er unter

Zeugen einen Kubikzentimeter eine Cholera -Vibrionen Kultur zu sich nimmt. Und er erkrankt nicht, dazu muss gesagt werden, dass er als Kind bereits in Kontakt mit Cholera-erregern gekommen wäre, sonst wäre es vielleicht doch etwas anders verlaufen.

Ein Gegenbeispiel für Pasteur:

Tuberkulose Bakterien verursachen schon Tuberkulose, nur wo, das regelt der Organismus selber.

Es gibt ja nicht nur Lungen-Tbc, sondern auch eine im Darm, in den Knochen und im Urogenitaltrakt.

Ein und derselbe Erreger löst also nicht bei jedem Mitschüler überhaupt eine Krankheit aus; wenn Sie z. B. in die U-Bahn bei einer verstärkten „Grippewelle" einsteigen, erkrankt nicht jeder, obwohl alle den Erregern ausgesetzt sind.

Ausscheider von Salmonellen Infektionen erkranken selber nicht, eine weitere Person in Kontakt mit den Ausscheidungen dann schon.

Das Epstein Barr-Virus löst in Europa und Nord-Amerika das Pfeiffer'sche Drüsenfieber aus, in Afrika das Burkitt-Lymphom und in Asien Krebserkrankungen des Nasen-Rachen-Raumes.

Michael von Dexheim schreibt zu dieser Thematik in seinem spannenden Buch:

„Symbiose der Macht"

Das Kartell der medizinischen Irrtümer:

„Wie entstehen Krankheiten? Werden sie wirklich von Viren oder Bakterien ausgelöst oder gehen sie auf geschwächtes menschliches Gewebe zurück?

Leiden wir an einem akuten Nährstoffmangel, so kann unser Organismus nicht ordnungsgemäß funktionieren. Er ist geschwächt und in diesem Zustand „Nahrung" beziehungsweise Angriffsfläche für Viren und Bakterien. Ein Abstrich im Rachenraum würde bei jedem von Ihnen die Existenz von

Streptobazillen beziehungsweise Streptokokken als natürliche Bewohner der Schleimhäute nachweisen. Dennoch hätten wahrscheinlich die wenigsten von Ihnen eine Rachenentzündung.

Warum? Die Antwort liegt auf der Hand:

Weil die körpereigene Abwehr in den meisten Fällen stärker ist, als die Vermehrungskraft des Streptobazillus und das Körpergewebe noch zu intakt ist, um einen geeigneten Nährboden für ihn zu bieten. Viren und Bakterien greifen niemals erfolgreich gesundes Gewebe an. Haben es nie getan und werden es auch niemals tun. Sie vermehren sich nur in erkranktem Gewebe".

Also irgendwie passt das so nicht zusammen; ich glaube aus meiner persönlichen Erfahrung heraus, dass weder das eine noch das andere <u>allein</u> in der Verantwortung ist, sondern immer Beides, Mikrobe und Milieu. Entscheidend sind natürlich auch der Zustand und die Qualität des jeweiligen Immunsystems.

Wir können im Sinne des *Polaritäts-Gesetzes* beide Seiten gleich betrachten und sinnvoll berücksichtigen.

So ein „Kampf" darum, wer Recht hat, wird oft -von der Öffentlichkeit nicht wahrgenommen- nicht mit fairen Mitteln geführt, wie schon der Fall Pasteur/ Béchamp beweist.

Gerade in der Medizin ist der Wunsch oder manchmal sogar die Gier, die führende Machtposition zu haben, stark ausgeprägt.

Wir haben ja auch die Macht über unseren Organismus fast komplett in die Hände anderer gelegt.

Wenn dann noch die Liebe im Denken und Handeln fehlt, wird Macht schnell fanatisch und grausam.

Wie in diesem Fall findet man keine allgemein gültigen Wahrheiten, die alle anerkennen und befriedigt, weil man dort, wo man sie sucht, sie nicht finden kann!

So entschied man sich in letzter Konsequenz für einen Kampf gegen den „Feind" *Mikrobe* und vernachlässigt seitdem das Gebiet der *Milieu-*

sanierung. Dieser „Feind" ist leichter zu erkennen, das Milieu viel zu komplex und vielschichtig in einer Beurteilung.

Man findet also oft bei entscheidenden Fragen nicht das richtige Wirk-Prinzip durch eine aufgedeckte Wahrheit, sondern entscheidet sich für eines, welches die _meisten_ Wissenschaftler für wahr halten.

Man wählt dann nicht selten die „Wahrheit" derer, die zusätzlich auch Ihre Argumente am besten verkaufen können. Sympathie, wissenschaftliche, wirtschaftliche Position und Stellung in der Gesellschaft spielen zusätzlich eine entscheidende Rolle.

Derjenige oder die Interessensgruppen, deren Meinung, also im aktuellen Fall einmal beim Thema Medizin, - es gäbe viele Beispiele aus anderen Lebensbereichen- sich in der „Wissenschaft" letztlich nach vielen Disputen dann weltweit durchgesetzt hat, bestimmten ab diesem Moment, was Sache ist, was jetzt ausnahmslos zu gelten hat!

Heutzutage gilt als Wahrheit, wenn es heißt:

„…eine Studie hat bewiesen".

Was die „Wissenschaft" sagt, das stimmt; was von einer Autorität kommt, das ist wahr.

Sie haben damit automatisch, zwangsläufig die _MACHT_ in der Summe fast aller wissenschaftlichen Abhandlungen und Publikationen, Diskussionen und damit der allgemeinen Meinung, die dann durch die Mainstream-Medien ständig befeuert wird.

Alles wird dann auch so gekonnt dargestellt, dass wir als Mitschüler, auch der interessierte Laie es anstandslos glauben. Natürlich auch dann, wenn das Prinzip, für das man sich entschieden hat, falsch ist.

Das Wohl der Mitschüler, Menschen kann dann nicht mehr allein im Vordergrund stehen, dazu ist mit einem Male viel zu viel wirtschaftliches Profitdenken im Spiel.

Die Gegenseite hat jetzt erstmal keine Chance mehr, sich durchzusetzen. Wäre sicher auch ganz in Ordnung, es erstmal nach einer Entscheidung für eine Seite, es in diesem Zustand zu belassen; wenn man sich nur weiterhin die Chance offen ließe, Offenheit und Bereitschaft zur Veränderung des gewählten Prinzips zu zeigen.

Wir einigen uns mehr oder weniger über unsere _subjektiven Erfahrungen_ und nennen das dann _objektive Wissenschaft_.

Es ist zwar nichts _Objektives_ daran, aber wir denken es uns so!

Es sei daran erinnert, dass wir erwachsener werden können, wenn wir eine _Selbstverantwortung_ für uns und unseren Körper erkennen und übernehmen.

Es ist natürlich bequemer, die Eigenverantwortung bei Krankheiten zu leugnen, weil man dann selber nichts verändern muss.

Das funktioniert auch allgemein sehr gut, gerade bei dem Thema Infektionskrankheiten kann der Mensch den eigenen mitverantwortlichen Anteil gar nicht gleich erkennen und damit übergehen.

Da sind ja, wie aufgezeigt, anscheinend andere, die Erreger, Mikroben „schuld".

Die wissenschaftlichen Vertreter dieses gewählten Prinzips, das von nun an unser Denken und Leben bestimmt und den Wissenschaftlern selber auf Dauer ihr Einkommen sichert, werden es natürlich ständig verteidigen. Neue Erkenntnisse und Veränderungen können sich also gar nicht plötzlich durchsetzen, denn _Wissen-schafft Macht_, ist also eine Art _Besitzstand_.

Wissenschaft hat dann Macht, die sich natürlich erhalten will, weil viele durch sie wirtschaftlich existieren.

Ist also eine Unabhängigkeit der Wissenschaft überhaupt gegeben?

„Irrlehren in der Wissenschaft brauchen nicht 30 sondern 60 Jahre, weil erst nicht nur die alten Professoren, sondern auch ihre Schüler aussterben müssen"

sagte der Physiker Max Planck.

Das ist schon seit längerer Zeit so, wie Freiherr J.W. von Goethe in folgendem Zitat darstellt:

„Es wird aber in den Wissenschaften auch zugleich dasjenige als Eigentum angesehen, was man auf den Akademien überliefert, erhalten und gelernt hat.

Kommt nun einer, der etwas Neues bringt, das mit unserem Credo, dass wir seit Jahren nachbeten und wiederum anderen überliefern, in Widerspruch steht und es wohl gar zu stürzen droht, so regt man alle Leidenschaften gegen ihn auf, und sucht ihn auf alle Weise zu unterdrücken.

Man sträubt sich dagegen, wie man nur kann; man tut als höre man nicht; man spricht darüber mit Geringschätzung, als wäre es nicht der Mühe wert, es nur anzusehen und zu untersuchen; und so kann eine Wahrheit lange warten, bis sie sich Bahn macht.“

Ein eher Insidern bekanntes Beispiel, das die Thematik auch noch mal entsprechend beleuchtet, ist der Disput zwischen den Anhängern, dass Stenose, also Verengung eines Blutgefäßes z.B. durch Arteriosklerose, als Grund bei Herz-bzw. Koronarerkrankungen anzusehen ist, und denen, dass eine Übersäuerung als Ursache dahintersteckt.

In den 40er des letzten Jahrhunderts setzte sich die Stenose-theorie dann durch und bestimmt bis heute die Entscheidungen, wobei auch hier im Grunde beide Ansichten angemessen zu berücksichtigen wären.

So ist dann auch lieber die Stenose schuld, sorry, verantwortlich an unserem Herzinfarkt und nicht z.B. die selbsterschaffene Übersäuerung durch unausgewogene, einen Überschuss an proteinhaltiger Ernährung, mangelnde Bewegung, angepasstes Verhalten und unterdrückte Emotionen mit dem Distress, der zu auch zur Übersäuerung, einem erhöhtem PH-Wert und dadurch zu einem Sauerstoffdefizit führt.

Eine der wesentlichen Ursachen für einen Herzinfarkt ist die Übersäuerung des Körpers. Eine über einen längeren Zeitraum andauernde Übersäuerung kann zu einem schlagartigen Zusammenbruch der Versorgung mit Blut und Nährstoffen in den davon betroffenen Bereichen des Körpers führen.

Dass die Versorgung derart schlagartig eingestellt werden kann, findet seine Ursache in der Azidose Starre der Erythrozyten (rote Blutkörperchen). Diese transportieren den für das Leben unabdingbar notwendigen Sauerstoff in das Gewebe. Dabei haben sie selber zwar einen Durchmesser von 7,5 My, können aber auf Grund ihrer elastischen Struktur auch durch Kapillaren strömen, deren Durchmesser nur 3 bis 4 My beträgt; selbst das Passieren kurzer Engstellen mit einem Durchmesser von 2 My ist möglich.

Eine zu starke Säurebelastung nimmt den roten Blutkörperchen ihre Elastizität, sodass sie von einem zum anderen Moment urplötzlich und wie zu Eis erstarren können.

Nachdem die Erythrozyten ihre Elastizität und als Folge davon auch Fließfähigkeit eingebüßt haben, vermögen sie den Sauerstoff nicht mehr in einem ausreichenden Umfang aufzunehmen und weiter zu transportieren, sodass es zu einer inneren Atemnot kommt.

Also die Folge: fehlender Sauerstoff durch Übersäuerung!

In letzter Konsequenz behandeln wir bei Krankheiten nur Symptome von Ur-Sachen und nicht wirklich die Ur-Sachen selber!

Hat man zu viel gegessen und dann z.B. Kopfschmerzen, nimmt man ein paar Aspirin.

Wenn man nachts nicht schlafen kann, weil da z.B. Ärger in der Firma oder in der Familie ist, nimmt man Schlaftabletten,

oder wenn Angstgefühle hochsteigen, weil man z.B. glaubt, die Partnerschaft sei gefährdet, nimmt man Beruhigungspillen, das verschafft einem Ruhe.

Hat man eine Infektion, dann bekommt man ein Antibiotikum, so wird man die Infektion los; und wenn man schlimmer Weise Krebs hat, dann gibt es Chemotherapie, Chirurgie und Bestrahlung.

Bei Schmerzen in der Brust schluckt man Nitroglycerin, oder noch besser, man lässt eine Bypass-Operation machen.

Wo bleibt also unsere *Selbstverantwortung?*

Die bleibt wieder auf der Strecke!

Diese Medizin ist keine wirkliche Natur- „Wissenschaft", um die man sich in anderen Fakultäten redlicher und ehrlicher bemüht.

Man berücksichtigt nicht neueste Erkenntnisse aus anderen Fakultäten. Man sammelt Erkenntnis-*Bausteine,* sucht nach neuen, findet immer wieder auch welche.

Jedoch in Ermangelung tieferer Erkenntnis gerade über den Sinn, die Zusammenhänge, die Verbindungen zwischen den einzelnen Bausteinen, schafft man sich mit scheinbaren unverrückbaren Fakten nur eine schwammige Basis, auf der man dann ein in sich verhältnismäßig nachvollziehbares und sicheres Gebäude hinstellt.

„Das Ganze ist mehr als die Summe seiner Teile."

Aristoteles meinte schon vor 2400 Jahren, dass zum Verständnis das Betrachten und Beurteilen von einzelnen Bausteinen nicht ausreicht. Gerade die Verbindungen zwischen den Bausteinen sind mitentscheidend.

Auch von *J.W. von Goethe* gibt es einen passenden Spruch:

„Wer will was Lebendiges erkennen und beschreiben, sucht erst den Geist heraus zu treiben. Dann hat er die Teile in der Hand, allein es fehlt das geistige Band."

Die Quantenphysik

Fakt ist wohl, dass die Welt nicht so aufgebaut ist, wie wir bisher angenommen haben. Das bisherige klassische, physikalische Verständnis der Materie, der Dinge, dass jeder Gegenstand die Summe seiner ihn bildenden Einzelteile ist und die Eigenschaften der Einzelteile wiederum die Eigenschaften des Gegenstandes charakterisieren können, ist so nicht mehr stimmig. Die früher in der Physik, aber auch Biologie und unserer Schulmedizin vertretene Meinung, dass man nur die Teile eines Ganzen exakt kennen müsse, um das Ganze beurteilen zu können, genannt auch Reduktionismus, (lat. reducere = zurückführen) wurde durch die moderne Quantenphysik widerlegt.

Das physikalische Weltbild wandelt sich gewaltig!

Schon ca. 400 v. Chr. kam der Grieche Demokrit, der sich schon weise zu den Krankheiten geäußert hatte, zu dem Schluss, dass Materie aus winzigsten Teilen bestehen muss. Er nannte sie „atomos", heißt so viel wie unzerschneidbar.

Es ging weiter über die Entdeckung der Atome, der Atomkernspaltung, dann mit Einsteins Relativitätstheorie bis hin zu Niels Bohr Quantentheorie.

Dabei kann man sich die Größenverhältnisse im Vergleich in etwa so vorstellen, dass, wenn bei einem Atom der Atomkern die Größe eines Apfels hat, das gesamte Atom mit Elektronenhülle die Größe von ca. 10 km Durchmesser!

„Alles, was wir real nennen, besteht aus Dingen, die nicht als real betrachtet werden können." - Niels Bohr (1885-1962)

Der vedische Begriff: *Maya* zeigt auch in diese Richtung, heißt so viel wie Illusion. Er bedeutet nicht, dass unsere Welt nicht real ist, sie ist nur nicht so, wie sie zu sein scheint.

Was meint der Physiker später Metaphysiker *Jean Emile Charon* (1920 bis 1998):

„Der Unterschied zum Beispiel zwischen einem Atom Blei und einem Atom Gold, besteht nicht auf materielle Ebene. Die subatomaren Teilchen, die Protonen, Elektronen, Quarks und Bosonen aus denen ein Atom Blei und Gold besteht sind genau die gleichen. Obwohl wir sie Partikel nennen, handelt es sich dennoch nicht um materielle Dinge.

Sie sind vielmehr Impulse aus <u>Energie</u> und <u>In-form-ation</u>. Was Blei von Gold unterscheidet ist die Ordnung und Anzahl dieser Impulse aus Energie und In-form-ation. Bis heute kam übrigens niemand sagen, was letztlich die Teilchen veranlasst, sich auf eine für das Atom jeweils typische Art und Weise zu gruppieren und warum dieser Zustand dann noch stabil ist."

Woher weiß also zum Beispiel ein Gold Atom, das es ein solches ist und nichts anderes?

Also stellen Sie sich bitte die scheinbar so feste Materie als weitgehend „leeren" Raum vor, selbst bei den härtesten Materialien, wie bei einem Diamanten. Na, wie empfinden Sie das?

Da fängt unser Verstand schon an, sich schwindelig zu fühlen, der sich an unseren Sinnen orientiert, die das nun ganz, ganz anders „empfinden", wenn Sie sich z.B. mit dem Hammer versehentlich auf den Daumen hauen. Leerer Raum?!

Na, ich weiß nicht recht, dafür tat es ganz schön weh?!

Was meint der indische Autor über alternative Medizin und Ayurveda Deepak Chopra dazu:

„So ist eben unser Vehikel, unser Körper: 99,999999 Prozent davon wie auch das übrige Universum, bestehen vor allem aus leerem Raum.

Und das 0,000001 Prozent, das uns als Materie erscheint, besteht ebenfalls aus leerem Raum! Also ist ALLES leerer Raum.

<u>*Die Frage ist nur, was ist die wahre Natur dieses leeren Raumes?*</u>

Kann es ein Leer -Sein von Nichts oder könnte es vielleicht sogar eine Fülle von nicht-materieller Intelligenz sein? Die wir natürlich! nicht sehen können.

Unser innerer Raum, der mit erstaunlicher Kreativität alles Mögliche hervorbringt:

Richtig und falsch, Gut und Böse, Wonne und Schmerz, alles was wir als gegeben hinnehmen und was das Leben lebenswert macht, was ist dieser innere Raum eigentlich?

Vielleicht ist er nicht ein Leer-Sein von Nichts, sondern in der Tat der Schoss der Schöpfung selbst? Er ist möglicherweise Teil eines Kontinuums, und zwar derart, dass es keinen Unterschied mehr gibt zwischen diesem inneren Raum und dem äußeren Raum.

Die Rishis, die großen Meister und Lehrer in Indien untersuchten den menschlichen Körper und nannten ihn Chit-akash. Akash heisst Raum, Chit heisst Bewusstsein, Gewahrsein; also voller nichtmaterieller Intelligenz.

Die Rishis meinten, das Bewusstsein sei das Primäre und die Materie das Sekundäre. Das Bewusstsein erzeugt, steuert, konstruiert und wird Materie, einschließlich der Materie, aus der unser Körper besteht."

Mutig, was der Quanten-Physiker **Max Planck** während eines Vortrages in Florenz 1944 dazu zu sagen hat; manche glauben nicht einmal, dass das Zitat von ihm stammt.

„ Meine Herren, als Physiker, der sein ganzes Leben der nüchternen Wissenschaft, der Erforschung der Materie widmete, bin ich sicher von dem Verdacht frei, für einen Schwarmgeist gehalten zu werden. Und so sage ich nach meinen Erforschungen des Atoms dieses:

Es gibt keine Materie an sich; alle Materie entsteht und besteht nur durch eine Kraft, welche die Atom Teilchen in Schwingung bringt und sie zum winzigsten Sonnensystem des Alls zusammenhält.

Da es im ganzen Weltall aber weder eine intelligente Kraft noch eine ewige Kraft gibt (...) so müssen wir hinter dieser Kraft einen bewussten Intelligen-

ten Geist annehmen. Dieser Geist Ist der Urgrund aller Materie.

Nicht die sichtbare, aber vergängliche Materie ist das Reale, Wahre, Wirkliche, denn die Materie bestünde ohne den Geist überhaupt nicht, sondern der unsichtbare, unsterbliche Geist ist das Wahre.

Da es aber Geist an sich ebenfalls nicht geben kann, sondern jeder Geist einem Wesen zu gehört, müssen wir zwingend Geistwesen annehmen.

Da aber auch Geistwesen nicht aus sich selber sein können, sondern geschaffen werden müssen, so scheue ich mich nicht, diesen geheimnisvollen Schöpfer ebenso zu benennen, wie ihn alle Kulturvölker der Erde früherer Jahrtausende genannt haben: GOTT!"

Ein berühmter Physiker, einer der größten unseres Jahrhunderts mit so einer Aussage, das kann ja nur mit dem Wort von heute ein Fake sein! Oder?

Da gibt es noch ein passendes Zitat von Prof. Thure von Uexküll:

„Die Physiker glauben längst wieder an den lieben Gott. Nur die Mediziner glauben noch an die Physiker."

Er war Lehrstuhlinhaber für Innere Medizin mit dem Schwerpunkt Psychosomatik an der neu gegründeten Universität Ulm.

Er gründete die *Akademie für Integrierte Medizin* und verzichtete dabei bewusst auf das Attribut psychosomatisch, weil sie für ihn Teil derselben sein sollte. Integrierte Medizin sollte zum selbstverständlichen Normalfall in der medizinischen Versorgung werden, nicht zur rühmlichen Ausnahme.

Na ja, nochmal zur Erinnerung, Sie dürfen nicht vergessen, dass unsere *Sinne*, genau für diese Materie, nur für diese „Schul-Welt" so geeicht wurden, dass wir alles entsprechend mit ihnen wahrnehmen.

Heute ist man an obendrein an einem Punkt, wo wir Aussagen über kleinste Teilchen so nicht mehr treffen können, wir können sie ja nicht beobachten, sondern nur beschreiben, indem man (Energie)-Felder empirisch analysiert.

Aus dem Verhalten der Felder, des Ganzen, kann man auf das Einzelne, Teilchen schließen und so kann man konstatieren, dass das Teil Wirkung auf das Ganze hat und umgekehrt.

Einer der bedeutendsten Physiker Österreichs war der Nobelpreisträger *Wolfgang Pauli*. Sein Spezialgebiet war die Quantenphysik, er entwarf mit dem berühmten Schweizer Psychiater *Carl Gustav Jung* ein Modell, bei dem man von Synchronizitäten sprach. Zeitlich zusammenfallende Ereignisse, die nicht durch das Prinzip von
Ursache und *Wirkung*, also nach dem Kausalitätsprinzip miteinander verbunden, sondern durch *Sinnzusammenhänge* miteinander verknüpft sind.

Ein Patient erzählte C.G.Jung im Behandlungszimmer von seinem Traum, in dem er ein Schmuckstück in Form eines Skarabäus-Käfer geschenkt bekommt. In genau diesem Moment landete ein solcher Käfer auf der Fensterbank seines Büros. So entstand das Konzept der Synchronizität.

Was C.G. Jung von psychologischen Beobachtungen her kannte, glaubte Wolfgang Pauli aus der Quantenphysik zu wissen, dass es nämlich solche erstaunlichen Synchronizitäten gibt, nämlich in Gestalt der *verschränkten Teilchen*.

Man nennt diese auch *„Zwillingsphotonen"*, sie hängen, wie durch einen Zauber miteinander verbunden, zusammen und reagieren zeitgleich, obwohl sie beliebig weit voneinander entfernt sind. Misst man den Zustand des einen Teilchens, ändert sich augenblicklich der des Anderen in der gleichen Weise.

Beide Wissenschaftler begannen nun gemeinsam ein Welt-Modell zu entwerfen, in dem *Alles mit Allem* verschränkt ist, verknüpft ist, so wie es vor ihnen nur die großen Religionsstifter und Religionsphilosophen vertreten haben. Auch sie betonen, dass wir Menschen zu jeder Zeit mit der gesamten Schöpfung innig verbunden seien und das alles, was wir tun andererseits unauslöschliche Spuren im Schöpfungsganzen hinterlasse.

Na vielleicht glaubt man ihnen ja mehr als den Religionsführern. Mit dieser Erkenntnis ließe sich natürlich eine Menge anfangen.

Aber Sie erinnern sich ja; es dauert, bis sich neue Lehren gegen etablierte durchsetzen.

Der US - Physiker Jack Sarfatti geht sogar davon aus, dass die Quantenverschränkung ein Indiz dafür sei, dass Geist und Seele den Tod des Körpers überdauern könnten. Er ist fest davon überzeugt, dass das Paradigma, das Geistes- und Naturwissenschaften heute noch trennt, schon bald in sich zusammenfallen werde.

„Nichts geschieht im menschlichen Bewusstsein" sagte er, ohne dass irgendetwas im Universum darauf reagiert."

Damit lehnt er sich, sicher auch für Ihre Begriffe, schon ziemlich weit aus dem Fenster oder doch nicht?

Der nicht weniger bekannte österreichische Quantenphysiker, auch Pionier der Zwillingsphotonen und Teleportation Professor Anton Zeilinger resümiert schließlich:

„Es stellt sich letztlich heraus, dass In-form-ation ein wesentlicher Grundbaustein der Welt ist. Wir müssen uns wohl von dem naiven Realismus, nachdem die Welt an sich existiert, ohne unsere Zutun und unabhängig von unserer Beobachtung, irgendwann verabschieden."

Man könnte daraus schließen, dass es keine objektive physische Wirklichkeit gibt, die allem zugrunde liegt. Danach kann man sich die Wirklichkeit am besten als Informationsfeld vorstellen, dass zum Existieren eine übergeordnete Struktur oder einen bewussten Beobachter braucht.

Im Grunde erstaunlich, dass die neuen Erkenntnisse der Physik die anderen akademischen Fakultäten gar nicht sonderlich berühren.

Die sogenannte „Schulmedizin" behält ihr materielles, mechanistisches, eher reduktionistisches Bild bei der Behandlung von uns Mitschülern, dem Menschen bei. Ein ganzheitlicher Ansatz fehlt, ein Ansatz, der den ganzen Menschen betrifft.

Es wird in immer mehr unterschiedliche Systeme bei der Krankheitsbehandlung unterteilt; man geht zum Kardiologen, Neurologen, Nephrologen und eventuell auch mal zum Psychologen, wenn es ganz blöd kommt.

Was sagte *Platon* noch dazu vor 2400 Jahren, wo es anscheinend schon ähnliche Probleme gab:

„Denn es ist der größte Fehler bei der Behandlung der Krankheiten, dass Leib und Seele allzu sehr voneinander getrennt werden, wobei sie doch nicht getrennt werden können; aber das gerade übersehen die Ärzte, und darum entgehen ihnen so viele Krankheiten; sie sehen nämlich niemals das Ganze. Dem Ganzen sollten sie ihre Sorge zu wenden, denn dort, wo das Ganze sich übel befindet, kann unmöglich ein Teil gesund sein.

Sie erinnern sich:

Unser Hausarzt behandelte mich als Kind, mit einem ganz anderen, eher ganzheitlichen, intuitiven Ansatz. Er spürte noch, was mich bewegte, kannte die familiären Umstände und handelte nach ihnen. Eine *In-form-atio*n von ihm reichte!

Es gilt in der Medizin meiner Ansicht nach die Schul-Gesetze wieder mehr zu beachten:

Das Gesetz von *Ur-Sache und* Wirkung, also unseren eigenen Anteil, diese „dumme" *Selbstverantwortung* wahrzunehmen.

Das *Gesetz von Harmonie und Ausgleich* und dem des *Geistes.*

Die Information

Eine Therapie erfolgt heute in erster Linie stofflich und mit pharmakologischen Medikamenten; energetische und erst recht Methoden der Geist -Heilung z.B. werden dagegen nach wie vor noch äußerst skeptisch gesehen.
Wenn wir z.B. an den Gegenwind, die kontinuierliche Abwehrhaltung

und die Versuche in Kreisen der Politik, sie abzuschaffen, denken, die z.B. die *Homöopathie* aus der Natur- Heilkunde ständig erfährt. Diese Heilmethode kann man auch als *Informationstherapie* bezeichnen. Betrachten wir sie als *Regulation* durch *In-form-ation*!

Dem Körper wird eine bestimmte *In-form-ation* mithilfe einer Tropflösung oder eines mit der Wirklösung benetzten, neutralen Zuckerkügelchens- genannt Globuli- oder auch einer Injektion gegeben.

Diese beinhalten einen Wirkstoff eine *In-form-ation*, die nach einem speziellen Herstellungsverfahren kreiert wurde.

Die ruft dann eine Wirkung hervor, sie geht *in – Form*.

Mit den Messmethoden der herkömmlichen, materialistisch ausgerichteten Wissenschaft, mit denen ein Nachweis ihrer Wirksamkeit erbracht werden soll, lässt diese sich nicht beweisen.

Eine zweifellos vorhandene Wirkung erfolgt im Grunde eben nicht auf materieller Basis.

Von einer positiven Wirkung konnte ich mich in den Zeiten meiner Tätigkeit bei meinen kranken Mitschülern, meinen Patienten und an mir selbst oft genug überzeugen.

Als Erklärung sind alle lustigen, aber völlig unpassenden Vergleiche mit einer Wirkung durch reine Verdünnung bis hin zu einem Tropfen im Meer zum Scheitern verursacht. Das zeigt nur die Unwissenheit des Kritikers.

Die Wirkung wird nicht einfach allein durch ein ständiges Verdünnen bis zu einer gewissen Potenz-Verdünnungsstufe erreicht, sondern durch eine Verschüttelung, einen speziellen, ganz entscheidenden Dynamisierungsprozess!

Dabei ist für den Laien sicherlich interessant zu hören, dass sehr viele dieser Homöopatika, gar keinen materiellen Ausgangswirkstoff einer Pflanze, eines Minerals u.a. mehr beinhalten.

Die Grenze der Nachweisbarkeit für ein Substanz- Wirkmolekül, hängt mit einer Naturkonstante: Avogadro-Konstante oder Loschmidt'sche Zahl zusammen und liegt bei einer D23. (Einhunderttrillionen)

Viele der Mittel, die solche „Hochpotenzen" enthalten, die weit über dieser Zahl liegen, also nicht im Entferntesten einen Wirkstoff mehr enthalten, wirken gerade bei chronischen, tief in unserem Körper „verankerten" Störungen.

Komisch nicht? Wirkung ohne ein einziges Molekül der Ausgangsbasis? Wie das denn, wenn es denn stimmt? Sind sicher wieder Fake News!

Na, oder man meint, dass es eben der beliebte Zufall ist oder eine Placebo Wirkung. Ein Phänomen, das ebenso wenig nachvollziehbar ist!

Da könnte man doch mal wieder seinen Standpunkt für eine andere Sichtweise und Beurteilung ändern, oder?

Klar könnte, nur dann ist die „Wissenschaft" in Frage gestellt, mit der sehr viele Mitschüler und Unternehmen gerade Ihr Einkommen bestreiten.

Was meinte eine Allgemein-Ärztin zu mir im Gespräch auf einer Homöopathie Fortbildung, die sie aus Interesse besuchte; nachdem ich sie in der Pause fragte, ob sie sich für diese Therapieform vielleicht erwärmen könnte:

„ Nachdem, was ich heute alles erfahren habe, kann ich mir vorstellen, ja glaube ich sogar, dass sie wirklich funktioniert. Nur, ich werde die Therapiemöglichkeit nicht weiter verfolgen, sonst könnte ich meinen jetzigen Beruf so nicht mehr ausüben."

Das bedarf, glaube ich, keiner weiteren Erläuterung!

Vielleicht sollten sich die, was die Homöopathie anbelangt, negativ eingestellten, unwissenden, politischen Entscheidungsträger mal bei dem wohl bekanntesten deutschen Sportmediziner Dr. H-W M.W. behandeln lassen, der gerade mit *Präparaten aus diesem Bereich der Naturheilkunde* seit 40 Jahren äußerst erfolgreich an verschiedenen Sportlern weltweit arbeitet. Das wissen leider nur die wenigsten.

Es liegt schon eine gewisse Sturheit und auch Borniertheit darin, vorhandene positive Wirkungen und klärende Studien einfach zu leugnen, nur weil sie bei dem herkömmlichen Stand der „Wissenschaft" und auch mit den Messparametern, die man einsetzt, nicht nach zuweisen sind.

Oder man lässt Nachweise oder Belege über die Wirksamkeit in Schubladen oder Archiven verschwinden, wo sie niemand finden wird, damit das momentane Weltbild nicht in Frage gestellt werden kann. Das ist bei unliebsamen Dingen nicht das erste Mal geschehen. Der Laie hat da keine Chance etwas zu beurteilen, der muss akzeptieren, was man ihm vorsetzt.

Mit der moderneren Wissenschaft und Sichtweise der Kybernetik z.B., von seinem Begründer Norbert Wiener in den 1940er Jahren entwickelt, die in verschiedenen Wissensbereiche heutzutage Einzug gehalten hat, ließe sich diese „Steuerungstechnik" am Beispiel der Homöopathie besser nachvollziehen.

Wir bezeichnen unser Zeitalter, indem wir gerade unsere *Schulzeit* verbringen, auch als *Informationszeitalter.*

Dieses kann zu einem Bewusstseinszeitalter führen!

Eine In-*form*-ation kann natürlich ein materieller Botenstoff sein, von denen wir in unserem Körper viele verschiedene z.B. als Hormone finden, die dann wichtige Regelkreise steuern.

Aber es gibt natürlich auch ein nicht materielles Wirkprinzip der In-*form*-ation, das viel häufiger benutzt wird.

Denken Sie an den Abschnitt über die Gedanken bzw. Glauben, die eine Realität schaffen.

Denken Sie an ein liebes Wort als In-*form*-ation, das Sie ihrer Partnerin mitteilen und wie sie dadurch emotional reagiert und womöglich aufblüht, also körperlich reagiert.

Wie eine *reine immaterielle In-form-ation* die Stofflichkeit verändert, durch Freude, Trauer, Ärger oder Wut und das tagtäglich überall in unserer Schul-Welt, ohne dass wir uns darüber groß Gedanken machen oder noch wundern.

Denken Sie an *In-form-ationen*, die Sie aus den Medien, dem TV, den Zeitungen oder einem guten Buch mit ihren Sinnen immateriell übernehmen, dann gedanklich verarbeiten und was es alles möglicherweise in Ihnen auslöst, z. B. Angst und Panik, ohne dass Sie sich die Zeitung materiell einverleiben, sie „essen" müssen.

Bei *Nach-richten*, auch In-*form*-ationen in den Medien, sollten sie schauen, dass Sie sich nicht unbedingt immer da-*nach-richten*, wegen der Gefahr der Manipulation!

Versuchen sie mal die Informationen eines tollen Buches anders als mit Ihrem Seh-Sinne, materiell zu entnehmen und zu verarbeiten.

Wenn sie das Buch in ein chemisches Labor geben und dort untersuchen lassen, würden sie ein Ergebnis bekommen, dass Zellulose vom Papier und Spuren von Druckerschwärze und Grafit beinhaltet. Wo ist also die In-*form*-ation geblieben? So lässt sie sich jedenfalls nicht wahrnehmen.

Gerade bei einer Be-urteilung der Wirkweise von der Homöopathie, muss man sich von einer rein materialistischen Betrachtungsweise lösen, sonst landet man in der Ver-urteilung.

Medizinisches Neuland: Nocebo/Placebo

Nehmen wir mal Beispiele aus dem Bereich der Medizin, die mit Nocebo-Effekt bezeichnet werden. Das ist das negative Pendant zum allseits bekannten und doch nicht wirklich verstandenen Placebo-Effekt.

Medizinisches Neuland

„Der Nocebo-Effekt, also die Wirkung negativer Gedanken auf das Befinden von Patienten, ist kaum erforscht.

Ein Mann, der zum Tode verurteilt wurde und auf seine Hinrichtung wartet, bekommt Besuch von einem Arzt, der ein Experiment vorbereitet hat.

Er verbindet ihm die Augen, fesselt ihn an Armen und Beinen an sein Bett und ritzt mit einem Skalpell die Haut an Handflächen und Fußsohlen ein. Gleichzeitig sticht er kleine Löcher in Wasserbeutel, die er an den Bettpfosten angebracht hat. Mit dem Schnitt in die Haut beginnt das Wasser in Blechschüsseln zu tropfen.

Der Arzt stimmt einen monotonen Singsang dazu an, der immer leiser wird. Irgendwann tropft das Wasser nur noch langsam in die Schüsseln, und der Mann ist nicht mehr ansprechbar.
Der Arzt vermutet, der Mann sei eingeschlafen oder ohnmächtig geworden. Doch er irrt, der Verbrecher ist tot – gestorben an dem Glauben, dass er verbluten würde. Dabei hat er durch die kleinen Schnitte in die Haut nicht mal ein Schnapsglas voll Blut verloren.
Dieses ebenso grausame wie aufschlussreiche Experiment fand in den Dreißigerjahren in Indien statt.
Es ging in die Medizingeschichte ein, als drastisches Beispiel für die Kraft negativer Gefühle und Vorstellungen.

Dass diese Gefühle ausgerechnet von einem Arzt ausgelöst werden, mag auf den ersten Blick verstören.

Doch gerade die Medizin, die eigentlich gesund machen soll, trägt bis heute dazu bei, dass Menschen sich krank fühlen oder überhaupt erst krank werden:

Voreilige Diagnosen können ebenso massiv schaden, wie übertriebene Warnungen vor Risiken und Nebenwirkungen von Medikamenten oder Therapien.

Der Turiner Neurophysiologie-Forscher Fabrizio Benedetti hat den Einfluss negativer Gedanken auf den Körper untersucht. Mal sei »ein gemeiner und rücksichtsloser Arzt« schuld am Elend des Patienten, sagt er, mal bereits »das Geräusch des Zahnarztbohrers, das schon Schmerzen auslöst, bevor überhaupt damit gebohrt wurde«.

An dieser Macht der negativen Gedanken wäre auch beinahe Vance Vanders zugrunde gegangen, ein weiterer Fall aus dem Lehrbuch, der ebenfalls in den Dreißigerjahren spielt, diesmal in den USA.

Auf dem Friedhof eines kleinen Ortes in Alabama traf er spätabends einen Mann, der in dem Ruf stand, ein Hexendoktor zu sein. Der Magier nahm eine Flasche mit stinkender Flüssigkeit, schwenkte sie vor Vanders Gesicht herum und prophezeite ihm, dass er bald sterben müsse und nichts ihn retten könne.

Vanders war nach dem Treffen wie erschlagen. Zu Hause ging es ihm stündlich schlechter. Wenige Tage später war er so ausgezehrt, dass er ins Krankenhaus musste. Die Ärzte fanden keine Erklärung für seinen miserablen Zustand. Dann erzählte Vanders Frau einem Arzt von den seltsamen Verwünschungen.

Der Mediziner war zunächst ratlos, dann fasste er einen Entschluss.

Er rief die Familie am Krankenbett zusammen und erzählte, er habe den Hexer zur Rede gestellt. Der obskure Medizinmann habe demnach Eidechseneier in Vanders Magen gebracht, die Tiere seien dort geschlüpft – und nun sei ein Reptil im Körper verblieben und würde ihn langsam von innen auffressen.

Auf Geheiß des Arztes kam eine Krankenschwester, die eine enorme Spritze mit Brechmittel vorbereitet hatte. Unter großem Zeremoniell spritzte der Doktor das Emetikum und der Patient begann sich zu übergeben. Im allgemeinen Trubel zog der Arzt in einem unbeobachteten Moment eine Eidechse aus seiner Tasche und zeigte sie triumphierend:

»Schau, Vance, was aus dir herausgekommen ist«, sagte er.

»Es ist gut jetzt, der Zauber ist vorbei«.

Der Patient trank einen Schluck Wasser und fiel in tiefen Schlaf. Nach einer Woche wurde er entlassen, völlig gesund, wie mehrere Ärzte bezeugten.

Die Verwünschungen der heutigen Medizin sind vergleichsweise unspektakulär, aber nicht weniger verheerend, weshalb sie von Wissenschaftlern eifrig studiert werden.

»Nocebo« lautet der Fachbegriff, was wörtlich übersetzt »Ich werde schaden« bedeutet, im Gegensatz zum Placebo »Ich werde gefallen«.

In beiden Fällen gibt es keinen materiell fassbaren Wirkstoff. »Der Placebo-Nocebo-Effekt ist ein erstaunliches Beispiel dafür, wie Seele und Geist mit dem Körper interagieren«, sagt Fabrizio Benedetti.

Amerikanische Psychologen konnten zum Beispiel zeigen, dass die Wahrscheinlichkeit, an einem Herzschlag zu sterben, für Frauen dreimal so hoch ist, wenn sie glauben, sie seien besonders anfällig für einen Infarkt.

»Negative Gefühle erhöhen bei allen Menschen die Gefahr für einen Infarkt so stark wie Bluthochdruck«, sagt Karl-Heinz Ladwig, Herzexperte in der Klinik für Psychosomatik der Technischen Universität München.

Symptome wie Erschöpfung oder Hoffnungslosigkeit in den sechs Monaten vor einem Infarkt seien so typisch, dass Ärzte den seelischen Beschwerden und Stimmungstiefs viel mehr Aufmerksamkeit schenken und nicht nur die klassischen Risikofaktoren Bluthochdruck, Diabetes und erhöhtes Cholesterin beachten sollten.

»Schlechte Neuigkeiten fördern schlechte Physiologie«, sagt Clifton Meador von der Vanderbilt-Universität in Nashville, Tennessee.

Krebsärzte etwa wissen, dass manchen Patienten bereits vor der Chemotherapie übel wird und sie schon Tage vorher oder auf dem Weg ins Krankenhaus brechen müssen.

Es ist die negative Erwartung, die ihnen übel aufstößt. Umgekehrt erfahren viele Menschen Linderung von einer Kopfschmerztablette, die sie gerade erst geschluckt haben und die aus rein pharmakologischer Sicht noch gar nicht den Schmerz dämpfen kann, weil sie die Rezeptoren und Schmerzzentren im Körper noch nicht erreicht hat.

Nach der Einnahme von Medikamenten leiden Patienten - je nachdem, was auf dem Beipackzettel steht - verstärkt unter unerwünschten Nebenwirkungen wie trockenem Mund, Hautausschlag, Müdigkeit, Sehstörungen, Verstopfung.

Was ihre Prognosen anrichten können und dass sie auf manche Patienten wie eine furchtbare Verwünschung wirken, ist Ärzten häufig nicht bewusst und es *geschieht in den meisten Fällen auch nicht absichtlich.*

Dem Amerikaner Sam Shoeman etwa wurde in den Siebzigerjahren ein fortgeschrittener Leberkrebs im Endstadium diagnostiziert. Shoeman, seine Familie und auch seine Ärzte glaubten, dass er nur noch wenige Monate zu leben hatte. Und tatsächlich starb er einige Wochen später.

Als der Leichnam untersucht wurde, wunderten sich die Ärzte allerdings:

Der Tumor war mit drei Zentimetern Durchmesser ziemlich klein geblieben, hatte keine anderen Organe infiltriert und auch keine Metastasen gebildet, wie die Autopsie ergab.

»Der Mann starb nicht an Krebs, sondern daran, dass er glaubte, an Krebs zu sterben«, sagt Meador.

»Wenn man von allen so behandelt wird, als ob man bald sterben müsse, glaubt man das irgendwann auch. Alles im Leben dreht sich dann nur noch um das Sterben.

« Clifton Meador findet daran nichts Mystisches, auch wenn er die Verwunderung darüber nachvollziehen kann, dass symbolische Handlungen, Vorstellungen oder Worte eine bisweilen sogar tödliche Kraft entfalten.

»Das fordert das mechanistisch geprägte Bild heraus, das viele Ärzte von ihren Patienten haben. «

Der amerikanische Psychologe Dan Ariely bemängelt, die meisten Ärzte säßen dem Glauben auf, »dass es die Arznei an sich ist und nicht ihre Begeisterung für ein bestimmtes Medikament, die eine Therapie wirksam macht. Wir sollten uns wirklich Gedanken über die Feinheiten der Interaktion zwischen Arzt und Patient machen.

«Der amerikanische Kardiologe und Friedensnobelpreisträger Bernard Lown etwa berichtet in seinem Buch: „Die verlorene Kunst des Heilens", von einer hektischen Visite, die ihm als jungem Assistenzarzt die Augen öffnete:

Ein schlecht gelaunter Chefarzt habe am Krankenbett anderen Medizinern erklärt, dass es sich bei der Patientin vor ihnen nur um einen typischen Fall

von TS handeln könne. TS steht im Mediziner-Jargon für Trikuspidalklappen-Stenose. Diese Verengung einer Herzklappe ist meist harmlos, auf keinen Fall lebensbedrohlich. Die Patientin habe aufmerksam zugehört. Nach der Visite sagte sie zu Lown: »Das ist das Ende«,
TS müsse ja wohl »terminale Situation« *bedeuten.*

Obwohl Lown der Dame eindringlich erklärte, dass sie sich keine Sorgen zu machen brauche und was das Kürzel tatsächlich bedeutete, verschlechterte sich ihr Zustand rasch nach der unheimlichen Begegnung mit dem Chefarzt.

Sie bekam Atemnot und in ihren Lungen sammelte sich immer mehr Flüssig-keit an. Lown alarmierte den Chefarzt, die Patientin dringend aufzuklären, wie er seine Bemerkung gemeint habe. Als der leitende Mediziner die Frau wenige Stunden später aufsuchte, war sie bereits am Lungenödem gestorben.

Der US-Mediziner Bernard Lown hat nach seinen Erfahrungen mit der nega-tiven Kraft des ärztlichen Wortes Hunderte taktlose Bemerkungen gesammelt, die Kranke verunsicherten und gefährdeten. Typisch seien Sätze wie:

Sie tragen eine Zeitbombe in Ihrer Brust.

Oder: Ihr nächster Herzschlag könnte Ihr letzter sein.

Ängstliche Patienten legen jedes Wort auf die Goldwaage. Murmelt der Arzt beim Ultraschall der Schwangeren, dass der Kopf des Babys »etwas groß sei«, *vermuten die eben noch hoffnungsvollen Eltern sofort einen Wasserkopf und schwere Behinderungen.*

»Wir machen Sie jetzt fertig«, *mag eine unter Pflegern übliche Äußerung dafür sein, wenn Patienten auf eine Operation vorbereitet werden, ebenso wie* »wir schläfern Sie jetzt ein« *vor der Narkose. Aber auch diese Bemerkungen beunruhigen Patienten unnötig.*

Das gilt auch für negative Suggestionen wie:
»Sie sind ein Risikopatient« *oder* »Ihr Rückenmark wird sonst abgequetscht«. *Wenig beruhigend wirken auch Verneinungen, die dennoch den negativen Aspekt betonen:* »Sie brauchen jetzt keine Angst zu haben« *oder* »Das blutet jetzt ein bisschen«.

Aus Süddeutsche Zeitung Heft 4/ 2013

Überraschendes gibt es zum Placebo Effekt zu berichten. Teri Hoene-meyer Ph.D. von der University of Alabama in den USA fand heraus, dass der Placebo-Effekt auch wirkt, wenn die Patienten wissen, dass es sich um ein Placebo handelt. Man spricht in diesem Fall von einem *„offenen Placebo"*.

Wenn also die Patienten wissen, dass das Mittel, das sie einnehmen, keinen Wirkstoff enthält, dann bleibt eigentlich nur noch die reine In-form-ation übrig, die dem Patienten eine Wirkung verspricht.

Nämlich die *In-form-ation*, das durch die Anwendung des Placebos eine bestimmte Wirkung eintritt. Das lässt mich auch in diesem Zusammenhang an die Homöopathie denken; auf jeden Fall ist der Wert eines Placebos, wohl viel höher einzustufen, als man ihn in unserem sprachlichen Umgang benutzt.

Sie sehen mal, was unbedachte Worte = In-form-ationen auslösen können!

Welche *Form* nur ein paar manchmal leider gedankenlos dahingesagte Worte annehmen können.

Welche Kraft kann also in ihnen liegen und wenn dann noch die entsprechen-den Gefühle dazukommen....

Wir sehen wieder:

Glauben bzw. Gedanken schaffen Realität und wie!

Wir sind es selber, die sich unsere Realität gestalten!

Klar, Gottseidank wirken unangenehme Worte nicht bei jedem Menschen so dramatisch, da müssen dann schon ein paar andere Faktoren dazukommen.

Realität, meinen übrigens die meisten Mitschüler, ist etwas, das da draußen „stattfindet", also muss ich es auch draußen ändern. Es ist aber eher so, wie ein Film läuft, den kann ich auch nicht auf der Leinwand ändern! Ich muss zum Projektor gehen; der bin ich.

Ein anderes Beispiel vom Psychologen Shlomo Breznitz aus der hebräischen Universität in Jerusalem:

Er ließ in einem Test mehrere Gruppen von israelischen Soldaten 40 km marschieren. Er gab ihnen dabei aber unterschiedliche Informationen, die eine Gruppe durfte sich an den Kilometersteinen orientieren; einer anderen sagte er, sie würden 60 km zurücklegen, doch in Wirklichkeit waren es 40 km; manche Gruppen ließ er im Unklaren, wieviel sie überhaupt liefen und einige gingen 30 km und mussten dann nochmal 10 weitere zurücklegen.

Am Ende des Testes stellte er durch den Stresshormonspiegel im Blut fest, dass dieser ganz den jeweiligen Entfernungsschätzungen der Soldaten entsprach und nicht der tatsächlich zurück gelegten Strecke. Man könnte auch sagen:

Der Körper reagiert also nicht auf Realität, sondern auf das, was man für Realität hält!

Wir und die Krankheit

Unser Organismus, unser Körper ist nicht nur die „Summe" unserer Zell, Gewebe- und Organsysteme, Blut- und anderen Gefäßen. Sind wir krank, ist er nicht allein verantwortlich.

Klar können Krankheiten wirklich hilflos, ängstlich oder sogar wütend machen. Man kann davon laufen und sich weigern, Verantwortung zu übernehmen. Wir haben die Wahl und tragen die Folgen.

Wir könnten jedoch auch entschlossen und aufmerksam den „Lehrstunden lauschen", in einer Krankheit einen möglichen Lösungshinweis so mancher gesundheitlicher Probleme erkennen.

So gerne wollen wir wohl nicht hinschauen, da wir dann eine *Verantwortung* spüren könnten.

Da löst z.B. ein Stent zur rechten Zeit in die Koronararterie gesetzt, sofort das unangenehme oder sogar tödliche Symptom von Herz -Enge oder Angina Pectoris und Kurzatmigkeit auf. Ist doch super!

Warum dann noch weiter nachschauen, was sich dahinter verbirgt! Ne, lieber nicht, was könnte damit dann aufgedeckt werden?!

Um Gottes Willen nein, auf keinen Fall!

Dann müssten ja wir unter Umständen _selber_ etwas in unserem Leben uns bewusst machen, anschauen und verändern, sei es z.B. im Verhalten, in der Einstellung oder auch „nur" in der Ernährung.

Womit ich keinesfalls nur Kritik in der Behandlungsweise heute sehe. Nein, überhaupt nicht, man kann in der Medizin heute helfen, wo früher alle gut gemeinte Unterstützung versagte!

Es geht im Sinne der _Polarität_ auch mehr um eine Ausgewogenheit, um das Erkennen _eigener Anteile_!

Gibt es im akuten Fall der Pandemie, der Kontinent übergreifenden Ausbreitung der winzigen Erscheinungsform, dem Virus, einen Lehrer, etwas, das wir lernen können? Ist er wohl möglich nur ein _Symptom_, der Auslöser und keinesfalls die Ur-sache?

Die Evolution hier in unserer Schulwelt hat ja die Erreger als Teil der Natur geschaffen, die für uns und manch andere Lebewesen scheinbar als Feinde auftreten, _sagt man uns_.

Sie sind letztlich unsere Krankmacher, _sagt man uns_.

Daher heißt es, diese aktiv und direkt mit allen zur Verfügung stehenden Maßnahmen zu bekämpfen. Der Erreger, _sagt man uns_, ist also in erster Linie verantwortlich für Störungen in unserem Körper, wir können im Grunde nichts dafür und dadurch sind wir sofort wieder raus aus der Verpflichtung, einer Eigenverantwortung.

Durch unser Höheres Bewusstsein wären wir jedoch als einziges Lebewesen unserer Selbst-Verantwortung bewusst und könnten unseren Trugschluss erkennen!

Will diese kleine „*Lebensform*" durch die Heftigkeit, mit der es als Mitbewohner in uns gerade auf sich aufmerksam macht, uns als *Botschafter* klar machen, dass die Gemeinschaft gestört ist und wir mehr auf das Milieu achten müssen?

Doch wir schauen wie gebannt und in Panik nur auf das kleine „Wesen" in uns, das alle völlig verrückt macht.

Wir wollen es los haben, zur Not vernichten, was irgendwie schwierig erscheint.

Zumindest wollen wir es mit der Entwicklung eines Impfstoffs, der hektisch, in Anbetracht der sonst dafür üblichen Zeit, entwickelt wird, in seine Schranken weisen und erkennen überhaupt nicht unseren Eigenanteil an dem ganzen „Spiel"!

Die „wissenschaftliche" Medizin scheint genau zu wissen, was die Ursachen einer Krankheit sind, also hauptsächlich die Viren, Bakterien und andere Missetäter.

Man müsse sie also nur beseitigen, zumindest im Zaum halten, um im gleichen Trott weiter machen zu können.

Das ist aber sinnlos; weil wir damit nur das *Symptom beseitigt haben, quasi die In-form-ation über eine Erkrankung, die in Form gegangene Nachricht.* Ich darf wiederholen:

Ein Symptom ist also eine Botschaft, ein Signal, das unsere Aufmerksamkeit erfordern würde!

Sorry, schon ein „dummes", aber entscheidendes Thema diese *Selbstverantwortung*!

Wir erkennen die wahren Ursachen nicht oder wollen sie nicht sehen. Wir verdrängen nur allzu gern!

Enthebt uns beides aber nicht der Verantwortung!

Den Zusammenhang erkennen wir dann nicht. Noch einmal zur Erinnerung:

Wenn wir Verantwortung ablehnen, geben wir im selben Moment die Macht über uns ab. Die anderen haben die Macht, wir sind ohn-mächtig, dadurch sind wir von ihnen ab-hängig.

Das ist im Grunde eine den Kindern geduldete Haltung; doch wir sind erwachsen, sagen wir zumindest. Wir übersehen die Chance zu wachsen und zu Reifen und dadurch einen Grad von Erkenntnis, Bewusstheit und auch Freiheit zu erreichen, der ohne diese Krise nicht möglich wäre.

Ist Heilung nicht auch immer ein Heil–Werden, ein Ganzwerdungsprozess, immer heiler, immer mehr man Selbst zu werden?

Könnte es nicht doch sein, dass wir an allem, was auf dem Gesundheitssektor passiert, selber erheblich mit dazu beigetragen haben?

Könnte es sein, dass wir, durch die sicher auch unbewusste Einstellung, uns für unseren Körper nicht mitverantwortlich zu fühlen, die Macht damit automatisch in die Hände der Mitschüler, genannt Ärzte und der Pharmaindustrie abgegeben haben, quasi *ohn-mächtig, ohne-Macht* sind.

Man hat uns nicht wirklich von Anfang an in den unteren Schulklassen gelehrt, dass eine körperliche, materielle Störung, genannt Krankheit, auch *immer* mit uns zu tun hat. Mit dem, was uns im *Inner*-sten tatsächlich ausmacht. Durch Abgabe der Verantwortung haben wir die Zügel für unser Wohl- und Da-sein aus der Hand gegeben.

So begeben wir uns freiwillig in die Hände derer, die gelernt haben, den Körper auf materielle oder auch mal auf psychologische Defekte zu prüfen.

Beklagen wir uns nicht über die Macht und den Einfluss der Pharmaindustrie und haben sie doch im Grunde selber möglicherweise so stark gemacht!! Dennoch möchte ich ausdrücklich betonen, dass sich die Pharmaindustrie andererseits ihrer eigenen Verantwortung, was Nebenwirkungen und Langzeitschäden von den verschiedensten Medikamentengruppen anbelangt, deutlich mehr gerecht werden muss!

Könnte es nicht sogar sein, dass es den meisten von uns Mitschülern ganz recht ist, dass das Thema der Erkrankung von vielen verschiedenen Spezialisten angeschaut wird, dass sich eine Menge *...logen*

(*Kardio-Neuro-Uro-Gastroentero-Angio-Pneumo-Radio-Gynäko-Diabeto-*und zum Schluss dann *Onko-logen*) um uns kümmern, mit vielen verschiedenen Medikamenten?

Nach dem Motto je mehr je besser, einer muss es doch schließlich wissen, eins muss doch helfen, oder?

Wie, warum denn das, das nervt doch eigentlich, überall hinrennen; das kostet Zeit und so viele Medikamente, nein, das gibt keinen Sinn.

Ja doch, Sie wissen schon, genau wegen unserer Selbstverantwortung.

Ja, wie und warum?

Ja, die sind wir doch dann so los, die Anderen haben sie doch dann, die Schuld; sorry, die Verantwortung. Ist doch praktisch, lassen wir es doch mal ruhig so.

Die Medizin, die Ärzte, die Pharmaindustrie müssen so an uns arbeiten, die müssen sich etwas einfallen lassen. Die sind dann diejenigen, die man anklagen und schuldig sprechen kann. Das ist viel einfacher, so müssen wir doch nichts an uns verändern!

Seit je her vernachlässigen wir das Milieu, das Milieu in uns, in der letzten Zeit noch mehr, vor allem, wenn wir an unser Milieu auf *allen möglichen* Ebenen denken.

Wir schauen momentan nur auf die scheinbar *„bösen Mitbewohner"* in unserer Welt in Form von Mikroben, Viren, Bakterien etc.

Die müssen wir nun mal endlich zurechtrücken, in die Schranken weisen und zeigen, dass es so mit der Belästigung von uns nicht mehr weiter geht! Sagt man und unterschlägt uns unseren eigenen Anteil.

Ja und wir nehmen das wohl nur allzu gerne hin.

Wegen der *Selbstverantwortung*, verstehen Sie!

Der Darm, das Immunsystem, das Milieu

Wenn das Milieu in unserem Organismus mit allen Systemen stimmig ist, unser Immunsystem stabil arbeitet, alle ständigen Mitbewohner in ausgewogener Weise miteinander umgehen und damit in einem relativem Gleichgewicht sind, können auch fremden Eindringlinge oder „verrückt" gewordene Mitbewohner nicht übermäßig schaden. Wie immer sind in schwierigen, herausfordernden Zeiten nur einige wenige Mahner unter uns, die auf die selbstverursachten Missstände hindeuten und von einer höheren Warte aus die Zusammenhänge darstellen.

Könnte so ein kleiner Mitbewohner ein Lehrer für uns sein?

Wir glauben und hoffen, oft sogar wider besseres Wissen:

„Das wird schon wieder werden, das ist schon immer worden, das machen wir später, es geht ja jetzt noch; nein, heute ändern wir noch nichts."

So verschlechtert sich das *Milieu-Niveau* auf vielen Ebenen.

Witzigerweise finden wir in den Medien immer mehr Sendungen über sinnvolles und gesundes Essen und Kochen, doch im tatsächlichen Leben beim Einkaufen, spiegelt sich das beim Blick in den Inhalt der Einkaufswagen von vielen Mitschülern nicht unbedingt wieder.

Unsere allgemeine gesunkene Esskultur mit unausgewogener Ernährung, mit unseren „Nahrung"smitteln, die man fast nicht mehr „Leben"smittel nennen kann, samt Fast- Food schafft gerade im Darm, kein gutes Milieu. Ungefähr 80% aller Abwehr- oder Immunzellen unseres Körpers befinden sich im Darm.

Eine besondere Rolle spielt dabei die einschichtige, starke gefaltete *Darmschleimhaut*, wo u.a. in den *Peyer`schen Plaques* in der Dünndarmwand große Teile des Immunsystems verankert sind,

<u>*Sehr dumm, gerade dort, wo es drauf ankommt!*</u>

Unser Essverhalten hat großen Einfluss auf die Zusammensetzung der *Mikrobiota,* der Mikrobengemeinschaft in unserem Darm. Aber auch die Nebenwirkungen von Antibiotikatherapien äußern sich als gastroenterologische Beschwerden, weil nicht nur krankmachende Keime eliminiert werden, sondern auch physiologische Mikroorganismen der Darm-Mikrobiota geschädigt werden. Es ist bekannt dass Störungen im Gleichgewicht der gastrointestinalen Mikrobiota sowohl zu Erkrankungen im Magen-Darmtrakt führen, als auch zu extraintestinalen, also außerhalb dessen vorkommen können, wie im Bereich der ableitenden Harnwege, ferner bei chronischen und allergischen Erkrankungen der Haut und auch der Atemwege.

Der Darm, so ein wichtiges Organ, der viel zu verarbeiten hat. Klar, die Nährstoffe, die ihn erreichen, aber auch die Dinge und Situationen des alltäglichen Lebens, die es im Dünndarm *„aufzunehmen"* und zu *„verarbeiten"* gilt!

Im Dickdarm gilt es die alten Überzeugungen, Vorstellungen und Ansichten *„loszulassen",* die einem nichts mehr nützen und als Verstopfung blockieren können, auch weil man eine zu große Gefühlszurückhaltung übt!

„Widerreden" müssen auch dort im Dickdarm *verdaut* werden.

Der Darm wäre jedoch ein Thema für sich, dem mehr Raum gebühren würde. Schön, dass andere Mitschüler in ihrer Literatur immer mehr diese Thematik beleuchten.

Es zeigt nur, wie unser Organismus eine Einheit mit uns ist und der Darm nicht nur ein ellenlanger *„Abwasser-Kanal"* bis zum Ausgang aus unserem Körper!

Nochmal zurück zum wichtigen Immunsystem. Immunzellen beschützen uns vor Infektionen mit diesen kleinen Wesen: den Viren und Bakterien; Krebs und vielen degenerativen Erkrankungen.

Seit einiger Zeit gibt es das Forschungsgebiet der *Psychoneuroimmunologie,* das sich mit der Wechselwirkung von Immunsystem, Nervensystem und der Psyche auseinandersetzt.

Der Psychologe Robert Ader hat 1974 nachgewiesen, dass das Immunsystem mit dem zentralen Nervensystem zusammenarbeitet und lernen kann. Botenstoffe des Nervensystems wirken auf das Immunsystem und umgekehrt Botenstoffe des Immunsystems auf das Nervensystem.

Das bedeutet mit anderen Worten, dass die Immunzellen unseren inneren Dialog ständig registrieren.

Wir können keinen Gedanken, kein Gefühl, keine Emotion haben, ohne dass die Immunzelle mit Hilfe der spezifischen Rezeptoren davon weiß. Das ist doch eine interessante und sehr wichtige Aussage.

Ein kleiner Beitrag aus dem Buch:

„Die Grundlagen des Geistheilens in der Wissenschaft" von *Christos Drossinakis:*

„An der Ohio State University in den USA fanden der Immunologe Ronald Glaser und seine Frau, die Psychologin Janice Kiecolt-Glaser heraus, dass Studenten in Phasen von Prüfungsstress weniger T-Helfer Zellen im Blut haben, als in stressfreien Zeiten. Auch weisen die verbleibenden „Killer Zellen" verminderte Aktivität auf.

Das bedeutet, hat man festgestellt, dass durch Prüfungsängste das Immunsystem deutlich geschwächt wird. In der Tat zeigten sie sich anfälliger für Infektionskrankheiten. Die Glasers beobachteten auch, dass Studenten mit weniger ausgeprägtem Sozialverhalten und entsprechend wenigen sozialen Kontakten, generell ein schwächeres Immunsystem besitzen als solche mit guten, freundschaftlichen Beziehungen oder sozialem Engagement.

Gleiches bestätigte Mediziner und Psychologe Karl Heinz Schulz vom Universitätsklinikum Hamburg -Eppendorf."

„Diese Erkenntnis unterstützt die bereits ältere Annahme, dass die Immunzellen eines Menschen, der über eine sehr lange Zeit einen unverhältnismäßig schweren Kummer zu tragen hat, auch „kummervoll" sind und dadurch anfälliger für Krebs, degenerative Erkrankungen usw. Diese Immunzellen führen

den gleichen inneren Dialog wie die Hirnzellen, nämlich:

„Lasst mich in Ruhe; ich will nicht gestört werden" und unternehmen nichts gegen Infektionen oder Krebs. In den Immunzellen gibt es nicht nur die Rezeptoren für die wichtigen Neuropeptide; sie sind auch in der Lage, die gleichen chemischen Substanzen zu produzieren wie das denkende Hirn.

Diese aufsehenerregende Erkenntnis bedeutet, dass die Immunzellen „denken" können; ihre Gedanken sind zwar nicht linguistisch strukturiert und können sich daher natürlich nicht in einer klaren Sprache ausdrücken, es werden jedoch dieselben chemischen Codes produziert, wie sie das Hirn herstellt, wenn es denkt". Deepak Chopra

Die Immunzelle kann man also auch als ein kleines bewusstes Wesen ansehen. Dort also, wo eine Auseinandersetzung mit den Mikroben stattfindet, müsste unser Milieu passen und eine Balance und Ausgewogenheit herrschen.

Ist das so? Eher nicht!

In der Natur, unserer Umwelt schaffen wir auf diesem Schul-Planeten mit unserem rigorosen, rücksichtslosen Eingreifen auf allen Ebenen auch gerade kein gutes Milieu mit allen Mitbewohnern.

Wir verdrängen, aus welch noch so nachvollziehbaren Gründen auch immer, andere Bewohner auf diesem Planeten aus ihren angestammten Lebensräumen zur Erweiterung u.a. unserer Anbauflächen für „Lebens"-und Nahrungsmittel.

Von dem Drama der den Lebensmittelbereich immer mehr beeinflussenden Gentechnologie will ich erst gar nicht reden; die bekannt gewordenen Risiken und Nebenwirkungen, werden von den meisten Mitschülern leider zu wenig beachtet. Da kann noch etwas auf uns zu kommen!

Das würde den Rahmen meiner Ausführungen sprengen, macht mir persönlich allerdings mehr Sorge.

Alle sechs Sekunden verschwindet Regenwald in der Größe eines Fuß-ballplatzes von unserem Schul- Planeten, teilt man uns mit.

Wird das nicht Folgen haben, oder gibt es da vielleicht schon welche? Hat das, was da jetzt alles passiert nicht schon damit zu tun, müssten wir das nicht längst mal unter diesem Blickwinkel sehen?

Vergessen wir nicht das Gesetz:

AKTION = REAKTION   bzw.   UR-SACHE = WIRKUNG

Wie schaut es in ganz anderen Bereichen mit dem Milieu aus, das wir uns geschaffen haben? In den persönlichen, gemeinsamen kulturellen Aktivitäten z.B., mit dem Ziel einem Publikum Freude zu machen?

Schaffen wir in den Medien, in unserer *Unterhaltungskultur,* sorry *Un-ten–Halten-kultur* ein ansprechendes Milieu?

Gerade viele der jetzigen Komödianten machen nur noch Witze auf Kosten anderer Mitschüler und bleiben damit auch so ziemlich *unten* im Niveau. Ist das Ausdruck eines wirklich guten „Milieu". Könnte man da nicht vielleicht auch mal wieder die Qualität etwas nachbessern? Vor allem bei immer mehr Sendungen in vielen TV-Kanälen ist das Niveau leider drastisch in eine gewöhnliche, inhaltslose, primitive, ja manchmal sogar vulgäre Ebene abgerutscht. Klar, das werden manche Mitschüler ganz anders sehen.

Sei 'es drum.

Es geht dabei auch gar nicht um Anklage oder Miesmacherei, ist letzt-lich ja auch nur unbedeutend, doch sicher nicht ohne langfristige Wir-kung.

Wie ich am Anfang erwähnte, haben wir hier in der Schul-Welt die freie Wahl, wie wir handeln; wir müssen ganz einfach nur die Verant-wortung übernehmen für alles, was wir tun und denken!

Wir tragen dann auch die Folgen unseres Schaffens.

Wir sind die einzigen auf diesem Schul-Planeten, die sich dessen bewusst sein können!

Bestrafen tun wir uns in letzter Konsequenz höchstens selber, mit den Wirkungen, die wir uns nach dem Ur-sache - Wirkung Prinzip schaffen.

Jedem das Seine.

Wir können uns immer vor Augen halten:

Alles ist in Bewegung, alles ist ständig in Veränderung, es gibt keinen Stillstand, weder in unserem kleinen, noch im großen Organismus, im Kosmos.

Durch die momentane Situation erleben wir wieder einen Kampf der unterschiedlichen, medizinischen Betrachtungsweise, wobei es jetzt speziell um die Beurteilung der Infektiosität und der Gefährlichkeit eines Mitbewohners unseres Organismus, einer Mikrobe, eines Virus geht. Das vorhandene Milieu, unser Milieu spielt bei unserer momentanen Betrachtung leider keine große Rolle.

Wäre allerdings sinnvoll, man würde auch das berücksichtigen und unsere *Selbstverantwortung*.

Auch hierzu hatte der Genius Einstein wieder eine treffende Bemerkung:

„Probleme kann man niemals mit derselben Denkweise lösen, durch die sie entstanden sind."

Die Lösung eines Problems zeigt sich, wenn wir es von der nächsthöheren Ebene aus betrachten. Nicht selten löst es sich dann bereits komplett auf. Also für Lösungen über den Tellerrand hinaus schauen; Standpunkt verändern! Wo geschieht das?

Der *Virologe* auf der eine Seite ist quasi am dichtesten an dieser Erscheinungsform der Mikrobe dran, hat die gesamten Eigenschaften der Welt von Mikroben und Mikroorganismen erkundet und dadurch einen zwangsläufig etwas geringeres Beurteilungsvermögen für die Welt des Milieus und außerhalb dieses Bereichs. Es ist ja auch nicht sein Hauptbetätigungsfeld, wie es sich auf den Körper letztlich auswirkt.

Da kommt der *Pathologe* ins Spiel und kann eindeutig am *besten* die gesamten pathologischen Auswirkungen und Veränderungen auf den menschlichen Gesamtorganismus beurteilen.
Von den Toten für die Lebenden lernen, oder wie es im lateinischen schon vor langer Zeit hieß: *„Mortui vivos docent"*; leider kommt diese Tätigkeit im Verhältnis viel zu kurz und könnte doch so viel mehr Klarheit bringen!
Der *Epidemiologe* hat am ehesten den Überblick über weltweite Ausbreitung, Gefahren und Wirkungen auf die Gesellschaft.

Im Grunde könnten und müssten auch noch Berater aus verschiedenen *anderen* Fachbereichen unserer Gesellschaft für die Beurteilung einer solchen Krise hilfreich herangezogen werden! Denn es ist ein sehr komplexes Geschehen!

Es müssten alle Fakten aus diesen Bereichen auf den Tisch, um zu einer ausgereiften Lösung zu kommen.

Wenn die Virologen allein das Sagen haben, weil ja auch die allgemeine Lehrmeinung die Mikrobe als Hauptgefahr bei Infektionskrankheiten sieht, dann wird von der fachlich unwissenden politischen Führung der Focus bei den Entscheidungen natürlich auf die Mikrobe gelegt und in allen Konsequenzen umgesetzt.

Gerade daher finde ich es in der gegenwärtigen Situation völlig unzureichend, alle Hoffnungen immer mehr *nur* auf einen Impfstoff zu fokussieren. Wobei ein unter strengsten Regeln hergestellter Impfstoff hierzulande nur auf den Markt kommen kann, wenn klinische Studien ihre Wirksamkeit und Sicherheit belegen. Hat dazu die Zeit wirklich ausgereicht, wenn man jetzt schon von erfolgreich getesteten Impfstoffen spricht?

Wobei ich klar unterscheiden möchte, zwischen einerseits *relativ* gesicherten Impfungen gegen Tetanus, Polio, Diphtherie und auch Masern, andererseits denen gegen Grippe bzw. Corona Viren. *Unbehandelt* führt z.B. Tetanus letztlich definitiv zum Tode durch Lähmung der Atemmuskulatur und auch bei Masern übersteigt der Nutzen eindeutig das Risiko.

Dies ist bei der noch unbekannten Corona-Impfung nicht eindeutig geklärt. Wäre eine *Impfpflicht* da nicht widersinnig?

Apropos Impfstoff:

Es ist bisher Fakt, dass an den klinischen Tests, die für die Zulassung eines neuen Medikaments bzw. Impfstoffes notwendig sind, laut der *Arzneimittelkommission der deutschen Ärzteschaft* im Schnitt nur 1.500 Probanden teilnehmen.

Dazu kommt, dass Kinder, kranke und auch alte Menschen von den Studien in der Regel ausgeschlossen werden, sodass in Bezug auf diese Personengruppen zum Zeitpunkt der Zulassung überhaupt keine Daten vorliegen. Es gibt genügend Beispiele, die klar zeigen, dass Impfstoffe trotz des inzwischen angeblich so hohen wissenschaftlichen Standards immer wieder zu Komplikationen führen.

Der renommierte US-Immunologe Anthony Fauci sagte kürzlich, er rechne bei Corona lediglich mit einer Effizienz des Impfstoffs von 70 bis 75 Prozent. Dass der Anteil der nach einer Impfdosis geschützten Menschen noch viel niedriger liegen kann, zeigen die Erfahrungen mit der Grippe. Die Wirksamkeit der Influenzavakzine unterscheidet sich je nach Saison bisweilen deutlich, lag im schweren Grippewinter 2017/2018 aber nur bei 15 Prozent.

Was noch nachdenklicher macht ist, dass bei einer bloßen Vermutung, dass ein Impfschaden vorliege, die Beweislast auf Seiten der Kläger reduziert werde.

Die Pharmaindustrie will keine Haftung für mögliche unerwünschte Folgen der Corona-Impfung übernehmen.

Die läge bei den Staaten, bezahlen sollen die europäischen Steuerzahler. Wird das so kommen? Man hört auch die Vermutungen, dass Impfen wäre ein tolles neues Geschäftsmodell der Pharmaindustrie, was für diese sogar ganz ohne wirtschaftliche Risiken dann ist.

Man sagt uns, dass es 4 endemische Viren aus der Corona Familie gibt, das letzte ist wohl vor ca. 120 Jahren über die Menschheit gekommen.

Das jetzige Virus, genannt SARS-CoV-2, ist neu und auch ein Erkältungsvirus, hat aber nur bis zu 80% Ähnlichkeit mit dem, der anderen Corona-Viren; sagt man uns. Dadurch fehlt uns Mitschülern die Grundimmunität, die wir bei den anderen schon haben.

Das Virus verändert sich, mutiert, ohne diese Fähigkeit hätte dieses, das uns nun in Schach hält, gar nicht entstehen können. Es wird beileibe nicht das letzte Virus sein, das uns zu schaffen macht.

Und: Es ist kein Killervirus, sagt man andererseits auch immer wieder, von kompetenter, pathologischer Seite; wobei sicher nichts zu verniedlichen ist. Nein, das Geschehen fordert absolut unsere besondere Aufmerksamkeit auf allen Ebenen des Da-seins, aber nicht nur, was einen möglichen Impfstoff anbelangt!

Mit zwei Dingen konnten sich die pathologischen Fachkräfte zu Beginn der Situation offenbar nicht abfinden:

Zum einen nicht mit der Tatsache, dass eine mit Corona infizierte gestorbene Person unabdingbar als Opfer der Krankheit angesehen wird, und zum zweiten nicht mit der absurden Empfehlung des Robert-Koch-Instituts, das Obduzieren dieser Leichen zu unterlassen.

Wie kann man in so einem wichtigen, ja Entscheidungen mitbestimmenden Institut zu einer derartigen Aussage kommen?! Unglaublich!

Die Untersuchungen in manchen pathologischen Instituten sprechen eine ganz andere Sprache, als die offiziellen Stellen uns mitteilten.

Bedeutende Vorerkrankungen spielen eine ganz entscheidende Rolle, für die wir alle natürlich dazu beitragen, also *mitverantwortlich* sind, oder nicht? Vielleicht zwingt uns genau diese Erkenntnis, wieder einmal unsere Selbstverantwortung was harmonische Lebensführung und gesundes Ernährungsverhalten, betrifft, zu hinterfragen und tatsächlich etwas dort zu verändern!

Also wie man sieht:

Allerorten sehr viel Unsicherheit, Verwirrung und eine gewisse Hilflosigkeit der Situation zu begegnen, auch bei sogenannten Experten.

Stimmt dann noch die Verhältnismäßigkeit bei allen getroffenen Maßnahmen. Oder ist vieles aus panikartiger Angst herausgetroffen? Extreme Maßnahmen können zu extremen Nebenwirkungen und globalen Schäden führen.

Durch die EZB in Brüssel werden Geldblasen zur „Rettung" verschiedenster Wirtschaftsbereiche erzeugt, Blasen platzen zumeist! Mit den Folgen von einer Währungsreform, wie sie manche von uns im Jahre 1948 noch erlebt haben: Glauben wir im Ernst, davon bleiben wir heute verschont und könnten das schon anders regeln?!

Stimmt unsere _Sichtweise_ zu der Herausforderung, die sich hinter der globalen Situation versteckt wirklich oder müssen wir irgendwann anerkennen, dass wir etwas nicht sehen wollen. Dass wir mehr der Propaganda für etwas glauben, auf dem hauptsächlich der Focus liegt.

Sie erinnern sich vielleicht noch an das kluge Märchen, bzw. Parabel von Hans Christian Andersen (ca. 1860):

„Des Kaisers neue Kleider."

Da war einmal ein eitler Kaiser, der sehr viel Wert auf sein Äußeres legte.

Eines Tages kamen Betrüger zum Hofe, die sich die Eitelkeit des Kaisers zu Nutze machen wollten. Sie sagten dem Kaiser, dass sie die schönsten und prächtigsten Kleider weben könnten. Doch seien Farben und Muster der Gewänder nicht nur ungewöhnlich schön, vielmehr hätten sie die Eigenschaft, dass sie für dumme Menschen unsichtbar seien und nur von Menschen gesehen werden könnten, die ihres Amts würdig und besonders klug sind.

Dies gefiel dem Kaiser und er beauftragte die Betrüger für viel Geld diese besonderen Gewänder zu weben. Sie erinnern sich, die Betrüger überreichten dem Kaiser unsichtbare Gewänder, nein, es gab sie gar nicht.

Der Kaiser wundert sich zunächst, dass er die Gewänder nicht sehen kann, erinnert sich aber, dass diese ja nur von klugen Menschen gesehen werden können. Aber er will ja nicht zu den dummen Menschen gehören und glaubt den Scharlatanen mehr, als seinen eigenen Sinnen. Aus Eitelkeit und Unsicherheit lässt er sich also die „unsichtbaren" Gewänder umlegen. Aus Furcht um ihre Stellung spricht keiner der Hofleute, nicht einmal der treueste Minister, die offensichtliche Wahrheit aus.

Als der Kaiser den Hof für eine Parade verließ, um dem Volk stolz seine neuen Gewänder zu präsentieren, glaubte auch dieses mehr –aus Angst und fehlendem Mut?- der Propaganda, als ihren Augen.

Ich habe es noch im Ohr, -ich besaß als Kleinkind das Märchen auf Schallplatte-, wie ein Kind dann in die Menge ruft:

„Aber er hat ja gar nichts an!"

und wie der Schwindel dann erst durch ein kleines, unbefangenes Mädchen auffliegt!
Auch heute rufen viele Mitschüler ihre für sie gültige Ansicht in die Menge, die sich inzwischen gesammelt hat.

Wer sieht es denn nun richtig? Was ist in dieser Situation das Augenscheinliche?

Wobei wir *„nur mit dem Herzen das Wesentliche sehen"* können.

Ist alles wirklich so eindeutig?

Hatten wir nicht in der Vergangenheit und heute auf verschiedensten Gebieten ähnliche Situationen?
Das Offen-sichtliche, das Selbst-verständliche wird verdrängt und die Verantwortung anderen gerne in die Schuhe geschoben!

In der Wirtschaftspresse z.B. finden sich regelmäßig Führungskräfte, die, nachdem etwas schiefgegangen ist, über nichts Bescheid wussten. Die in dem von ihnen geführten Unternehmen niemals wussten, was vor sich ging, allerdings viel Geld für dieses Unwissen erhielten. Werden sie dennoch erwischt und verurteilt fehlt es an der Haltung, das eigene Fehlverhalten einzugestehen und zu tragen.

Geht es schief, wird das Versagen offensichtlich, *will es dann keiner gewesen sein!*

Lug und Trug allerorten: Staaten fälschen Wirtschaftsbilanzen, Banken dürfen Verluste endlos in die Zukunft schieben, insolvente Firmen dürfen wie solvente agieren, Gesundheitsstatistiken werden falsch berechnet. Man investiert in der Politik ungern in langfristige Projekte, weil oft nur an die nächsten 4 Jahre der Regierungsbildung gedacht wird.

Darf es einen dann noch wirklich verwundern, wenn der Bevölkerung auf vielen Gebieten in der Politik, Wirtschaft und bei Gesundheitsthemen, aus Gewinnsucht, Angst vor Aufdeckung, fehlender Verantwortung und der Arroganz, den Bürger als unmündig hinzustellen, Lügen aufgetischt werden, sodass im Zuge derer sogenannte *„Verschwörungstheorien"* entstehen?!

Die Finanzkrise mit den Lehman Brothers und ihren Folgen ist noch gar nicht so lange her; die Irrungen und Verwirrungen der Schweinegrippe, die Kfz-Dieselaffäre und die PKW -Maut Panne ebenso wenig. Die Folgen am Contergan Skandal der Pharmaindustrie in der Nachkriegszeit müssen die Betroffenen jedenfalls ein Leben lang tragen und auch bei manch anderen Medikamenten wird uns der Nutzen vor allem durch geschickt „gestylte" Statistiken und passend getrimmte Studien dargestellt.

Kann man einen körpereigenen Stoff, der u.a. für Botenstoffe und die Zellwand entscheidend ist, überhaupt als „ böse" bezeichnen, weil einem manche seiner Eigenschaften nicht angenehm erscheinen und weil man einen Schuldigen braucht? Es gibt eben auch Studien und Nachforschungen, die ergeben haben, dass das Cholesterin keinesfalls der eindeutige Bösewicht ist, aber das cholesterinsenkende Medikament ein Wahnsinnsgeschäft.

Ah ja, die Wirecard-Affäre aus dem Finanzbereich ist auch gerade aufgedeckt worden, es fühlt sich natürlich wieder einmal keiner so recht verantwortlich und dann ist sie auch schnell aus den Mainstreammedien wieder verschwunden.

Ja und mal schauen, ob der Einstieg in die Elektroautomobilindustrie nicht eine Milchmädchenrechnung in Bezug auf sinnvolle Veränderungen und Verbesserungen bei den Ursachen im Klimawandel ist und keinesfalls der große Durchbruch?!

Ich will keinesfalls unken, nur wo bleibt da wieder die _Verantwortung_?!

Ja und wo ist man wirklich bemüht, was die z.B. die Pandemie angeht, Vertrauen zu schaffen?

Eine offene, ehrliche, für die gesamte Bevölkerung klar nachvollziehbare Kommunikation über Sichtweisen und Maßnahmen zwischen aktuell tätigen, kompetenten Wissenschaftlern und auch ihren, die Situation anders beurteilenden Kollegen, könnte die Antwort auf viele Fragen sein, die Unsicherheit bei uns Mitschülern hervorrufen.

Gerade über eine direkte Konfrontation z.B. in einer Diskussionsrunde mit ihren Kritikern könnte die Glaubwürdigkeit der Thesen, die die politischen Entscheidungsträger dann zu verantworten haben, für alle viel besser sichtbar gemacht werden! Die Kritiker nur als inkompetent abzuqualifizieren, schafft nur noch mehr Unsicherheit und verhindert ein klares Bekenntnis in weiten Teilen von uns Mitschülern zu den getroffenen Maßnahmen.

Und wer bestimmt eigentlich, was _Fake-News_ sind; es scheint so, als könnten das die führenden „Klassensprecher" von uns Mitschülern mal so bestimmen, wenn ihnen etwas nicht passt; wenn man z.B. so nach Übersee schaut. Die Mainstreammedien untermauern das von Entscheidungsträgern gesagte dann in gutem Glauben, klammern aber Kritik oft aus, um nicht zu verunsichern und das „Behauptete" zu verstärken und berufen sich auf Fakten aus der Wissenschaft, die wiederum untereinander uneins ist.

Wer definiert, was überhaupt _Verschwörungstheorien_ sind? Wird das von einem unvoreingenommenen, moralisch und ethisch unparteiischen Gremium festgelegt oder entstehen sie nicht einfach dadurch, dass wir als Mitschüler uns oft nicht ehrlich aufgeklärt wähnen. Das eben vielfach vertuscht, manipuliert und geschummelt wird, wie an genannten und vielen anderen Beispielen.

Ich erinnere mich an den alten Spruch, den meine Eltern manchmal parat hatten:

„Wer einmal lügt, dem glaubt man nicht, und wenn er auch die Wahrheit spricht."

Wenn wir die Dinge nicht selber auf Herzen und Nieren prüfen können, übernehmen wir zwangsläufig nur Nachrichten und lesen Studien, die zu unseren *Vorstellungen, Konditionierungen* und vor allem *unseren Überzeugungen* passen!

Zum Thema Wahrheit daher später noch ein paar weitere Bemerkungen.

Der Virus bietet allerdings auch eine große Chance, die Chance zum Erwachen von uns allen Mitschülern.

Hat vielleicht letztlich auch alles einen Nutzen?

Chaos wirkt nicht nur zerstörerisch, nein es kann *not-wendig* sein, denn es bringt die *Wende*!

Auch die Astrologie, die manche von Ihnen sicher als Kaffeesatz lesen betrachten oder als amüsante Unterhaltung während eines Friseurbesuchs sehen, weist darauf hin, dass Konjunktionen am Sternenhimmel, die so selten stattfinden wie diese, immer wesentliche Veränderungen und tiefgreifende Umwälzungen in der Gesellschaft aufzeigen.

Während die Konjunktion von Saturn und Pluto zu Beginn des Jahres 2020 die totale Transformation der Gesellschaft, Angst und Ohnmacht auf kollektiver Ebene anzeigen, lässt die große Konjunktion von Jupiter und Saturn in Wassermann nun auf eine radikale Änderung der Gesellschaft hin zu neuen Werten und einer – wie auch immer gearteten – neuen, modernen, zukunftsweisenden Gesellschaftsform schließen. Wie sich diese „brave new world" entwickeln wird, werden wir in den kommenden Jahrzehnten erleben.

Saturn lässt Ungünstiges auflösen und Jupiter hilft besser zu strukturieren.

Die Nebel der Schein-sicherheit und Schein-zufriedenheit werden aufgelöst, man könnte klarer sehen, wie verlogen auf verschiedensten Gebieten alles ist und entsprechend handeln!

„ Du musst die Veränderung sein, die du in der Welt sehen willst".

-Mohandas Karamchand Gandhi (1869-1948)

Der Spruch zeigt uns Mitschülern die Selbstverantwortung für unser Da-sein auf; schon eine klare Aufforderung, oder?!

Man könnte die Entwicklung auch wie einen sinn-vollen Wandel in der Natur sehen. Eine Metamorphose ist gefragt:
Von der Raupe zum Kokon und dann zum Schmetterling!
Lassen wir das Alte elegant los, sodass wir das Neue willkommen heißen können.

Interessant im Zusammenhang zu dem Angst auslösenden Auftreten des kleinen „Wesens", ist auch ein Buch, das die bekannte Virologin Karin Mölling 2014 veröffentlicht hat:

„Supermacht des Lebens – Reisen in die erstaunliche Welt der Viren"

Sie ist eine deutsche Virologin, die sich insbesondere mit HIV befasst. Sie war unter anderem Professorin und Direktorin des Instituts für Medizinische Virologie an der Universität Zürich (1993–2008) und Forschungsgruppenleiterin am Max-Planck-Institut für molekulare Genetik in Berlin (1976–1993). Seit 2008 ist sie emeritiert. In einem Interview teilt sie uns ihre Ansicht über die Welt der Viren mit:

„Im Allgemeinen werden Viren als Krankmacher definiert und ihr Verhalten mit Kriegsvokabular beschrieben. Sie halten in Ihrem Buch «Supermacht des Lebens – Reisen in die erstaunliche Welt der Viren», dagegen. Weshalb?"

„Viren gehören zu unserem Ökosystem, zu unserem Leben, zu unserer Umwelt, zu unserer Verdauung. Rund 50 Prozent des menschlichen Erbguts stammt von Viren! Sie sind allgegenwärtig und wahnsinnig viele – es gibt 10 hoch 33 Viruspartikel auf diesem Planeten.

Viren stehen ganz am Anfang der Evolution, sie sind die Treiber der Evolution, nicht primär Krankmacher.

Sie führen nur dann zu Krankheiten, wenn sich in der Umwelt etwas verändert und die Viren dadurch die Chance bekommen, diese Veränderung zu nutzen. Sie können also krank machen, aber daran trägt der Mensch sehr oft eine große Portion Schuld.

Ich sage nicht gerne «Schuld» oder «Krieg», diese Vokabeln passen nicht zur Beschreibung der Evolution oder der Viren. Viren sind Opportunisten: Sie nutzen Situationen und Chancen aus. Auf dem Markt in Wuhan gab es vielleicht keinen anderen Wirt als den Menschen, auf den das Virus übergehen konnte. Das ist eine rein opportunistische Verhaltensweise. Vielleicht zahlen wir nun einen hohen Preis für die Errungenschaften, die wir so schön finden: Städte mit großer Bevölkerungsdichte wie New York, aber auch Reisen.

Beides bietet den Viren kurze Wege an, diese Gelegenheit lassen sie sich nicht entgehen. So breiten sie sich aus. Niemand ist schuld daran, dass sie das machen. Das Coronavirus ist außerdem von ungeheurer Fitness. Unsere Hoffnung kann sein, dass sich diese Fitness zurückentwickelt. Vielleicht verschwindet dann das Virus. Jedenfalls wissen wir bis heute nicht, wo das Sars-Corona-Virus aus dem Jahr 2003 geblieben ist.

Viren sind Bausteine des Lebens. Sie haben die menschliche Evolution ermöglicht. Sie können uns aber auch krank machen. „Wenn Viren krank machen, sind die Menschen meistens selber verantwortlich. Denn sie haben Balancen gestört. Viren sind die größte biologische Population. Dass sie auf unserem gesamten Globus verteilt sind, dass sie Ozeane, Flora, Fauna und auch den Menschen besiedeln, ist allgemein bekannt.*

Aber Viren sind uns noch viel näher, als wir lange ahnten. 2001 erschien in der Zeitschrift „Nature" eine mit Spannung erwartete Veröffentlichung:

Es war gelungen das menschliche Genom zu entschlüsseln. Und was wurde zur Überraschung aller gefunden? Viren!

Das menschliche Erbgut besteht zu mindestens 50 Prozent aus Viren, ehemaligen Viren und virusähnlichen Elementen. 50 Prozent ist eine Schätzung, es könnte auch weitaus mehr sein. Und das betrifft nicht nur uns Menschen. Die DNA aller Lebewesen auf diesem Planeten besteht zu unterschiedlichen Anteilen aus der DNA von Viren. Wie ist das möglich? Sind die Viren unsere Vorfahren? Dass Viren die ersten Lebewesen waren, der Ursprung des Lebens- das ist bisher noch eine Hypothese. Eine Hypothese, die Dr. Mölling ganz entschieden vertritt. Sie ist damit nicht allein.

Aber es gibt auch Wissenschaftler, die davon ausgehen, dass Bakterien die ersten Lebewesen gewesen sind. Viele sprechen den Viren ihre Lebendigkeit sogar komplett ab, da sie sich nicht selbstständig vermehren können. Sie benötigen dazu eine Wirtszelle. Das betrifft zumindest die heute vorkommenden Viren. Vor Milliarden von Jahren könnte das durchaus anders gewesen sein.

Das Verhältnis von Virus zu Wirtszelle kann sich sehr unterschiedlich gestalten – von der Zerstörung der Zelle bis zu einer friedlichen Koexistenz zu beiderseitigem Nutzen. Viren können inaktiv in einer Zelle verharren.

Ihre Vermehrung erfolgt dann durch die natürliche Teilung der Wirtszelle. Sie schädigen den Wirt dabei nicht.

Sie können aber auch ihre eigene DNA in die des Wirts einbauen. Integrieren sie ihre DNA in die Keimzellen ihres Wirtes werden sie von Genreration zu Generation weitervererbt. Bestimmte Mechanismen können die Viren wieder aktivieren und sie veranlassen, sich in den Zellen zu vermehren. Oder sie bleiben, eingeschrieben in die DNA des Wirts, für alle Zukunft im Erbgut enthalten.

Diesen Vorgang nennt man Endogenisieren. Er ist wohl dafür verantwortlich, dass unsere und die DNA aller Lebewesen einen großen Anteil an viraler DNA enthalten.

Wir bestehen aus Viren. Das sollte uns jedoch keine Angst machen. Im Gegenteil. Die stetigen Veränderungen, die Viren in unserem Erbgut bewirkt haben und weiter bewirken, gehören zu unserer Evolutionsgeschichte, zu unserer Menschwerdung. Karin Moelling sagt: „Viren sind der Motor der

Evolution. Sie hat auch ein Beispiel dafür, was wir durch Viren erlernt haben. Es betrifft unser Immunsystem.

Haben Viren eine Zelle infiziert, dann wünschen sie dort keine Konkurrenz. Auch nicht von der eigenen Spezies. Sie verteidigen ihre Wirtszelle gegen andere Eindringlinge, lassen sie nicht ein oder vernichten sie. Das schützt uns vor weiteren Erregern. Wenn sie endogenisiert sind, d.h. sich in unserem Erbgut eingeschrieben haben, wird dieser Mechanismus zum Teil unseres Immunsystems. Viren verteidigen uns. Gegen andere Viren, aber auch gegen Bakterien. Vermutlich wurden alle bekannten Immunsysteme von Viren erbaut."

Das ist doch mal ein anderer Standpunkt, der Mut macht, weil er die Herausforderung, die wir haben und auch den Aspekt beleuchtet, dass wir eine Verantwortung für unseren gesamten Organismus tragen und nicht allem nur hilflos und ohn-mächtig ausgeliefert sind.

Wir werden letztlich sehen, wie sich alles in der Zukunft entwickelt und ob tatsächlich alle getroffenen Maßnahmen zu unserem Schutz stichhaltig und sinnvoll sind.

Der Glauben

Bitte bedenken Sie auch hier wieder im Sinne des *Schulgesetzes* von *Ur-Sache und Wirkung* und auch das der *Resonanz*:

Wenn wir glauben, dass ein Virus für uns persönlich gefährlich ist, dann schaffen wir womöglich diese Realität.

Realität folgt der Aufmerksamkeit, dorthin worauf der Focus liegt.

Worauf wir uns unbewusst konzentrieren, das wächst, das ziehen wir in unser Leben! Vor allem dann, wenn das *entsprechende Gefühl* dabei ist!!

Die Gesetze haben überall ihre Wirksamkeit, also auch hier!

Glaube kann also Realität schaffen, und zwar jede, ob gute oder weniger angenehme.

Was steht dazu u.a. im „Lesebuch", im 2000 Jahre alten Bestseller, der Bibel:

„Es geschehe Euch nach Eurem Glauben"

Matthäus 9/29

„Und Alles, was ihr bittet im Gebet, wenn ihr glaubet, werdet ihrs empfangen"

Matthäus 21/ 22

und noch deutlicher:

„Alles um was ihr betet und bittet in eurem Gebet, glaubt nur, dass ihr's empfangt, und es wird euch werden"

Markus 11/24

Aber auch andersrum funktioniert es:

„Das Schwert dass ihr am meisten fürchtet, das will ich über euch kommen lassen."

Hesekiel 11/ 8

Es gibt auch in dem besonderen Buch: *„Gespräche mit Gott"* von *Neale Donald Walsch* ein ähnliches Zitat:

„Was ihr am meisten fürchtet, das wird euch am meisten quälen. Die Furcht wird es wie ein Magnet zu euch heranziehen.

Die Aufmerksamkeit liegt darauf und wir sind damit in Resonanz.

Stellen Sie sich doch einfach mal als Beispiel folgende, vielleicht nicht unbekannte Szene vor:

Sie blättern in einem Versandhauskatalog auf der Suche nach einem hübschen Kleid, Sakko oder einer Handtasche; Sie haben das gesuchte

Objekt nach einer Weile nun gefunden und geben sogleich mit Freude die Bestellung per E-Mail oder Telefon dazu auf. Haben Sie jetzt Zweifel daran, dass das Paket bei Ihnen eintreffen wird? Doch nicht den geringsten, es ist nur eine Frage der Zeit, wann es eintrifft, weil der Zulieferer manchmal zu viel zu tun hat.

Sie glauben nicht nur im Sinne von „Hoffen" und „vielleicht", nein, Sie sind sich _sicher_, dass das Paket eintreffen wird. Überhaupt keine Frage!

Sie sind in Gedanken sogar manchmal schon dabei, die schönen Sachen aus zupacken, anzuschauen und sich an Ihnen zu erfreuen.

Glaube ist also = Erwartung

Glauben heißt nichts anderes, als einen gewünschten Zustand oder eine bestimmte Tatsache für wahr oder verwirklicht zu halten!

Damit man an etwas glaubt, muss man es für wahr halten.

Die Glaubenssätze

Apropos Glauben:

Wir entwickeln von der Einschulung an im Laufe unserer Schuljahre eine Vielzahl von _Glaubenssätzen_, also etwas, dass wir aus _bestimmten Erlebnissen_, vielleicht sogar wiederholten Erfahrungen als _Meinung_ und _Überzeugung_ gewonnen haben.

Auch aus den Medien und vom TV gewinnen wir so _unsere_ „Überzeugungen".

Leider oft auch aus unangenehmen Erlebnissen, die speichern wir vorsichtshalber gerade besonders intensiv und gut verpackt ab. Auch das, was uns von anderen Mitschülern und auch denen, genannt _Eltern_, immer wieder gesagt und vermittelt wurde und die nun auf unserer geistigen „Festplatte" als beachtenswerte, "unbedingte" Wahrheiten unbewusst gespeichert sind.

„Frauen können keine Mathematik, Frauen gehören an den Herd. oder: *Du wirst es nie zu etwas bringen, wenn du kein Abitur hast und nicht studierst."*

So werden die Glaubensätze dann zu Erwartungshaltungen, wobei diese keinesfalls immer die Wahrheit wiedergeben müssen.

Ein Glaubenssatz ist ganz einfach das, was Sie als unumstößliche Wahrheit der Schul-Welt hier ansehen,

Sie werden es selber nicht als „Glaubenssatz" erkennen und schon gar nicht so bezeichnen. Nein, sondern es ist einfach Ihre „Erkenntnis":

„ So und nicht anders ist doch die Welt", Punktum!

Manche,- immer unbewusst! gespeicherte Glaubenssätze - sind sinnvoll und positiv für uns, geben uns vielleicht Sicherheit und Halt, während wir bei anderen immer wieder Enttäuschungen und Schmerz erleben, da wir durch unsere Erwartungshaltung oft genau die Situationen heranziehen, in denen wir uns in unserem Glaubenssatz bestätigt sehen. Sie können so unser ganzes Da-Sein beeinflussen und steuern, wenn wir ihnen freien Lauf lassen.

Stellen Sie sich doch dazu einfach mal Ihren Verstand vor, der wie eine Internet-Suchmaschine funktioniert und genau die passenden Realitäten, also analoge Lebenssituationen zu Ihren Glaubenssätzen erschafft, wenn er nach Suchbegriffen arbeitet, die auf Ihrer geistigen Festplatte unbewusst gespeichert wurden!

Was meinen Sie, was er Ihnen an Realität und Lebenssituationen bringt, wenn Sie auf Ihrer Festplatte z.B. die eingebrannte Prägung von dem Glaubenssatz:

„Das Leben ist ein Kampf" als Suchwort stehen haben?

Wow, dann werden Sie in Ihrem Da-sein ganz schön kämpfen und sich ständig be-haupten müssen. Sie kommen aus dem Kämpfen gar nicht mehr raus, das Suchprogramm bringt Ihnen eine Kampfsituation nach der nächsten. Ganz schön anstrengend und Sie denken die ganze

Schulzeit lang: Das gibt's doch gar nicht; ja Wahnsinn, ist ja wirklich schlimm mit dem „Leben", da hat man ja nur zu kämpfen.

Das Leben ist echt ein Kampf! Das hätte ich gar nicht gedacht!

Und immer wieder neue Kämpfe; Sie haben das ja so bestimmt, wenn auch *unbewusst*, nur das kümmert das Programm nicht, es liefert Ihnen ständig das „Gewünschte", bis Sie nicht mehr kämpfen können oder der „PC" kaputt geht.

Toll, nicht! Das Programm arbeitet sehr zuverlässig und ganz perfekt; das macht es mit jedem Glaubenssatz, jeder Ihrer Überzeugungen so!

Ok, das kann ja noch ganz spannend sein, wenn Sie so ein Kämpfer sind und auch über genügend Kraft verfügen.

Jetzt stellen sie sich aber mal die Glaubenssätze vor:

„Ich bin nicht liebenswert", oder *„Männer wollen nur das Eine"*, die Sie *unbewusst* von Ihrer Festplatte einspeisen.

Oh Gott, na, da kann was dabei rauskommen.

Dumm gelaufen! Da könnte man auch sagen:

Meine Realität ist das, was ich <u>wirk</u>-lich will, weil ich es er-<u>wirkt</u> habe. Es ist Ihre Wirk-lichkeit. Alles was Sie haben, ist das was Sie wirk-lich wollen.

Ich weiß, Sie werden jetzt sagen:

So ein Quatsch, das habe ich doch nie so gewollt!!

Stimmt vielleicht sogar; nur, Sie haben es so er-<u>wirkt</u> auf Grund Ihrer <u>unbewussten Bestellung</u> durch die „Suchmaschine".

Man kann auch sagen:

<u>Ihr Leben ist ein Spiegelbild Ihrer Überzeugungen!</u>

Übrigens, bei Ihrem PC reinigen Sie ja auch hin und wieder mal die Festplatte von Datenmüll, damit er besser und schneller wieder arbeitet, das geht beim Gehirn auch, ist nur etwas aufwendiger.

Eine humorvolle, jedoch auch nachdenklich machende kleine Geschichte hat *Paul Watzlawick* zu bieten, der österreichische Autor, Therapeut und Philosoph, der uns vorher schon mal begegnete.

In dieser geht es auch um Glauben und Vorurteile.

„Die Geschichte vom Hammer" aus seinem Büchlein:

Anleitung zum Unglücklichsein

„Ein Mann will ein Bild aufhängen. Den Nagel hat er, nicht aber den Hammer. Der Nachbar hat einen. Also beschließt unser Mann, hinüberzugehen und ihn auszuborgen. Doch da kommt ihm ein Zweifel: Was, wenn der Nachbar mir den Hammer nicht leihen will? Gestern schon grüßte er mich nur so flüchtig. Vielleicht war er in Eile. Aber vielleicht war die Eile nur vorgeschützt, und er hat etwas gegen mich. Und was? Ich habe ihm nichts angetan; der bildet sich da etwas ein. Wenn jemand von mir ein Werkzeug borgen wollte, ich gäbe es ihm sofort.

Und warum er nicht? Wie kann man einem Mitmenschen einen so einfachen Gefallen ab-schlagen? Leute wie dieser Kerl vergiften einem das Leben. Und dann bildet er sich noch ein, ich sei auf ihn angewiesen. Bloß weil er einen Hammer hat. Jetzt reicht's mir wirklich. - Und so stürmt er hinüber, läutet, der Nachbar öffnet, doch bevor er »Guten Tag« sagen kann, schreit ihn unser Mann an:

„Behalten Sie Ihren Hammer, Sie Rüpel!"

In der Parabel lässt sich sicher so manches entdecken, dass man sich z.B. keine Vorurteile und Feindbilder machen soll. Vielleicht auch bei sich selbst nach Fehlern suchen könnte, seine eigenen Anschauungen zu hinterfragen, um nicht verzweifelt einmal ohne Hilfe dazustehen.

Ein Beispiel aber auch, um mit einem gewissen Selbst-bewusstsein vor der Selbstverantwortung nicht zurück zu schrecken, sich *„Herausforderungen"*, einer klaren Kommunikation zu stellen.

Dazu passt etwas Lustiges vom Humoristen-Physiker Albert Einstein:

„Gesunder Menschenverstand ist eigentlich nur eine Anhäufung von Vorurteilen, die man bis zum 18. Lebensjahr erworben hat."

Wenn Sie das Augenmerk einmal auf Ihren Körper richten, wie er sich in „Wirklichkeit" darstellt, dann entspricht er eher dem, wie es schon der griechische Philosoph Heraklit ausdrückte, dass *dieser Körper nicht eine in Raum und Zeit fixierte, erstarrte Skulptur ist;* er ist mehr einem Fluss vergleichbar, einem aus Energie und Information bestehenden Fluss.

Heraklit sagte:

„Du kannst nicht zweimal in denselben Fluss steigen".

Er sieht in gewisser Weise bei wiederholter Betrachtung zwar immer gleich aus, ist jedoch letztlich ständig neu.

Es existiert laut wissenschaftlicher Berechnungen ein ständiger Austausch an „Rohmaterial" auf atomarer Ebene bis in alle Winkel unserer Schul-welt.

Untersuchungen des menschlichen Körpers mittels radioaktiver Isotopen, haben ohne Zweifel ergeben, dass in unserem physischen Körper eine Million Atome zu finden sind, die einst im Körper von Christus waren oder in dem von Buddha, Leonardo da Vinci, Michelangelo oder anderen großen Mitschülern!

Nehmen Sie irgendeinen, der je auf diesem Planeten gelebt hat; in Ihrem physischen Körper kommt Rohmaterial vor, das in jenem physischen Körper war. 10 hoch 15 (eine Quadrillion) Atome gingen in der Zeit von z.B. den letzten drei Wochen durch Ihren Körper. Atome, die früher einmal durch den Körper jeder lebenden Gattung auf diesem Planeten gingen. Interessant in diesem Sinne ist übrigens, dass man feststellen konnte, dass unser Körper, unser materieller Organismus, sich auf der Zellebene in einem gewissen Rhythmus erneuert.

Der 7-Jahresrhythmus galt zunächst als Mythos, doch inzwischen gilt: Der Mensch stößt im Lauf von 7-8 Jahre sämtliche physische Materie ab und erneuert sie.

Fast alle Körperzellen wachsen nach, wenn alte Zellen sterben. Das Skelett wird ca. alle 10 Jahre ersetzt, der Dünndarm kann sich alle 16 Jahre erneuern, die Leber braucht schon alle 2 Jahre eine Verjüngungskur. Leider muss unser Herz mit der Mehrzahl seiner Zellen bis zum Abschluss auskommen, es erneuern sich nur 40% davon.

Der Mythos ist bekannt, Gehirnzellen erneuern sich nicht, hieß es noch vor einiger Zeit. Neue Studien zeigen jedoch, dass das nicht stimmt.

Sie sollten aber trotzdem auf ihre vorhandenen Gehirnzellen achtgeben!

Wir sind also nach einigen Jahren, zumindest materiell, überhaupt nicht mehr die, die wir einmal waren!

Es gibt also kein starres System, alles ist in Bewegung, alles fließt und ist in Veränderung!

Eben, wie die alten Griechen schon sagten: Panta Rhei!

Wenn wir uns einmal der Tatsache bewusst werden, dass sich unser Körper ständig erneuert, alle Atome in uns ausgetauscht werden, weshalb leiden wir dann immer noch unter den Krankheiten?

Warum verschwinden diese dann nicht mit dem Zellwechsel?

Super, das wär's doch.

Warum bleibt uns dann unsere Arthrose und schlimmstenfalls der Krebs erhalten?

Eine mögliche Antwort auf diese Frage ist, dass die Quantenströme und die intelligenten Muster, die diese physikalischen Antworten generieren, sich nicht ändern; dass quasi eine Blaupause, eine Art *Zellgedächtnis* zu den Mustern vorhanden ist, nach denen sich alles generiert.

Wenn Sie wirklich Ihren Krebs loswerden wollen, dann müssen Sie auf einer anderen Ebene arbeiten, Sie müssen die Gedanken- und Bewusst-seins-Ebene beeinflussen.

Sie müssen an dem arbeiten, was man *Zellgedächtnis* nennen könnte, ein Quantenfluss auf zellulärer Ebene. Sie müssen auf diese tiefe Ebene gehen und die intelligenten Muster umstrukturieren, die uns unsere physische Erscheinung geben.

Wenn Sie wissen, wie es geht, dann können Sie Krankheiten loswerden, Sie könnten Ihren Körper neu strukturieren, (eigentlich tun Sie dies im Unterbewusstsein ja sowieso die ganze Zeit).

Das Gebet

Wie sollte das denn nun funktionieren?

Hierzu habe ich ein Beispiel der besonderen Art, dass *Gregg Braden* in seinem interessanten Buch:

„Der Jesaja Effekt" beschreibt.

Das Buch handelt u.a. von der in Vergessenheit geratenen Wissenschaft des Gebets. Beim Beten haben wir eine ständige, konzentrierte Form von fließenden Gedanken für ein Thema bzw. Wunsch.

Wie schon erwähnt, schaffen wir Realität mit unseren Gedanken, unserem ständigen inneren, unbewussten Gedankenfluss. Wir wirken also auf unsere Schul-Welt ein, sind im Grunde auch Schöpfer derselben.

Schon die Essener, eine religiöse Gruppe im antiken Judentum -man vermutet, dass sie nahe Qumran am Toten Meer angesiedelt waren- und auch die amerikanischen Indianer sagen in ihren Schriften, dass wir mehr als eine Beobachterrolle in dieser Welt haben.

Wir sind ein Teil von all dem, was wir sehen und in einer Welt wechselseitiger Verbundenheit ist es unmöglich, nur passiver Beobachter zu sein.

Schon das Beobachten macht uns zum Beteiligten, denken Sie an die Erkenntnisse der modernen Quantenphysik, die Heisenbergsche Unschärferelation.

Für die Essener galt jeder Gedanke, jedes Gefühl, jede Emotion, jeder Atemzug, jede Nahrung und jede Bewegung, auch jede Art der Kombination von allem als Ausdruck des Gebets. Das heißt, für sie sind wir also ständig ins Gebet vertieft; interessant nicht? Klar, während unseres Daseins sind wir immer damit beschäftigt, zu denken, zu fühlen und Emotionen zu durchleben.

Gedanken, Gefühle und *Emotionen* sind Schwingungen, sind Energien, die eine Wirkung haben, worauf ich schon hinwies.

Stellen Sie sich doch einfach mal das Bild vor, als entsprächen unser *Körper, Gefühl(Herz) und Geist* einem Wagen, Ross und dem Kutscher.

In harmonischer Gemeinsamkeit und optimaler Abstimmung aufeinander, können sie für eine sinnvolle, selbstbestimmte Fahrt durch das Leben hier in der Schul-Welt sorgen.

Wenn es uns also gelingt, die Kraft der einzelnen Elemente des Gebets: *Gedanke, Gefühl und Emotion* zu bündeln, auf ein Ziel zu richten, zu fokussieren, dann können wir in unserem Beten und Bitten Erfolg haben.

Stellen Sie sich am besten dazu die drei Elemente als 3 Kreise vor. Oft sind sie aber nicht aufeinander abgestimmt, nicht kongruent, man kann auch sagen, nicht phasengleich.

Es gibt zwischen ihnen vielleicht ein paar Überschneidungen, meistens herrscht eine planlose Zerstreuung von ihrer Energie, die nur keine gemeinsame kraftvolle Wirkung erzielt.

Das Gefühl oder die Emotion, die nicht mit unseren Gedanken im Einklang steht, kann nicht zu der Wirkung, zu dem Ergebnis führen, das wir uns wünschen; um das wir bitten und beten. Angst, Misserfolg zu haben oder eine fehlende, klare Vision, können nichts bewirken.

Gedanke, Gefühl und Emotion als nicht aufeinander ausgerichtete Muster. Ohne Vereinigung können Sie den Focus verlieren.

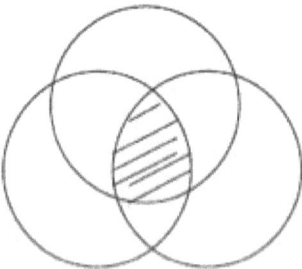

Der Schlüssel zum wirkungsvollen Gebet ist die Vereinigung von Gedanke, Gefühl und Emotion.

Haben wir jedoch ein Übereinstimmung, dass die 3 Kreise kongruent ineinander liegen, im Sinne von:

GEDANKE   =   GEFÜHL   =   EMOTION

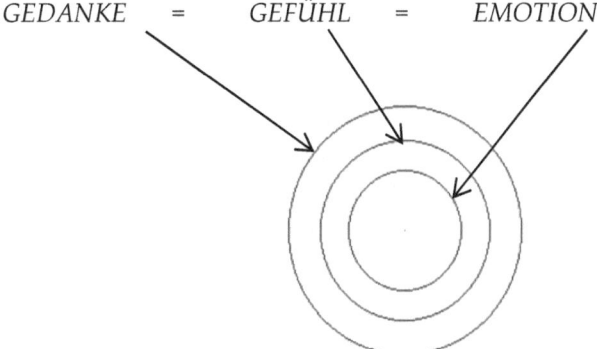

dann ist die Einheit gegeben, dass sich der Wunsch und das Gebet verwirklichen können!

„Aus dem Herzen heraus in Selbstverständlichkeit für wahr halten, als wäre es bereits geschehen."

oder wie schon im 2000 Jahre alten Bestseller erwähnt:

„Alles, um was ihr betet und bittet in eurem Gebet, glaubt nur, dass ihr's empfangt, und es wird euch werden"

Markus 11/24

Autor Gregg Braden führt weiterhin in seinem Buch ein Beispiel einer Heilung in einem chinesischen Krankenhaus aus, das man getrost als Wunder bezeichnen könnte -oder wiedermal als Zufall,- wenn man nicht inzwischen schon eine etwas andere Sichtweise, einen anderen Standpunkt der Abläufe und Wirkungen in unserer Schul-Welt angenommen hat.

Die Heilung, bei der er in der Huaxia Zhineng Qigong-Klinik in der Stadt Qinhuangdao anwesend ist, beschreibt einen Fall einer Patientin, die an einem Blasentumor leidet. Es gibt drei männliche Heiler im Arztkittel, die sehr konzentriert wirkend, schweigend in Höhe des Oberkörpers der Frau stehen.

„Als nächstes zeigt das Video das Ultraschallbild, das während der Prozedur einen Blick in die Blase der Frau ermöglichte. Man erkannte deutlich die Wand und die Krümmung der Blase. Doch dann zeigte sich auf diesem Bild noch etwas Weiteres; etwas, das nicht dorthin gehört.

„Sie sehen hier einen Blasenkrebs", erklärte der Seminar Leiter, „einen Tumor von rund 8 cm Durchmesser in der Blase der Frau". Wir sahen den Tumor genau in dem Augenblick, wo er von der Ultraschallsonde erfasst wurde. Die Kamera zoomte auf dem Monitor näher, während wir ein Ereignis beobachteten, für das die westliche Wissenschaft keine Erklärung hat.

In Erwartung des bevorstehenden wurde es ganz still im Raum. Selbst das Ächzen der sehr alten Klappstühle hörte auf, während wir ehrfürchtig beobachteten wie das Wunder vor unseren Augen seinen Lauf nahm.

Während die Krankenschwester den Vorgang weiter mit Ultraschall überwachte, arbeiteten die drei Männer, die hinter der Patienten standen, zusam-

men in einem seit Jahrhunderten bekannten Heilverfahren.

Das einzige Geräusch, das verriet, dass sich überhaupt etwas abspielte, kam von den Behandelnden selbst. Sie wiederholten immer wieder ein einziges Wort, ein Wort, das immer lauter und eindringlicher wurde, während die Heilung fortschritt.

Frei übersetzt sagten sie so etwas wie:

Bereits verschwunden — Bereits vollendet!

Die Veränderung zeigte sich langsam, kaum wahrnehmbar.

Das Krebsgeschwür begann zu beben, als reagiere es auf eine unsichtbare Kraft. Während sich dieses Zittern fortsetzte, verblasste der Tumor zusehends -dabei blieb das restliche Bild völlig scharf.

Innerhalb von Sekunden schien er vor unseren Augen dahin zu schmelzen. Er hatte sich vollkommen in nichts aufgelöst. Die Patientin war geheilt und zwar so vollständig, dass die Ultraschallaufnahme nicht einmal eine Narbe in dem Gewebe zeigte, das von dem Tumor befallen gewesen war.

...Die Frau wirkte, noch immer wach und bei vollem Bewusstsein, sichtlich erleichtert, über das, was sie im Raum hörte. Die Krankenschwester und die 3 Männer berieten sich untereinander und nickten dann übereinstimmend. Höflich verbeugten sie sich aus der Hüfte und klatschten leise um das Erreichte zu würdigen (.....)

Wie kommt es, dass eine Wissenschaft wie diese, die so hoch entwickelt ist, dass sie Einblick in die Welt eines Atoms nimmt und Maschinen baut, die bis zum Rand unserer Galaxis gelangen, eine Heilung wie diese, der ich gerade Zeuge geworden war, als Wunder betrachtet."

Es gibt dazu auch Videoaufzeichnungen für den *„ungläubigen Thomas"*.

Doch stimmt, habe ich vergessen; sie könnten glauben, es wären Fake Videos!

Man sieht, es gibt neben der Selbstheilung auch die Heilung durch ein Gebet. Vielleicht ist da kein großer Unterschied, denn z.B. war Clemens Kuby in der Zeit im Krankenhaus wie in eine Meditation, wie in ein Gebet vertieft.

Wie bei sehr vielem im Leben geht es um Ausgleich, Ausgewogenheit, Balance, Respekt und Achtung vor der anderen Sichtweise zu zeigen, möglichst immer den Blick für das Gesamte im Auge oder besser im *Herzen* zu haben.

„Man sieht nur mit dem Herzen gut, das Wesentliche ist für die Augen unsichtbar."

Antoine de Saint- Exupery

Er war französischer Schriftsteller und als Pilot im 2. Weltkrieg 1944 über dem Mittelmeer abgestürzt und seitdem vermisst. Er schrieb kleine Erzählungen, von denen „Der Kleine Prinz" seine berühmteste wurde und aus dem dieses Zitat stammt.

Wie es sich auch z.B. durch weise Lehrer früherer Schuljahre beim *Buddhismus im Weg der Mitte* ausdrückt. Er wird als Grundsatz verstanden, Extreme zu meiden; der achtfache Pfad zeigt acht Methoden auf:

Rechte Einsicht, Rechtes Denken, Rechte Rede, Rechtes Handeln, Rechter Lebenserwerb, Rechte Anstrengung, Rechte Achtsamkeit und Rechtes sich Versenken.

Auf den Buddhismus ausführlicher einzugehen, würde den Rahmen meiner Ausführungen allerdings sprengen.

Gesetz der Analogie oder Entsprechung

Wie erwähnt und schon länger durchaus bekannt, leben wir als Organismus in Koexistenz mit Milliarden von Mikroben, Viren, Bakterien und allen möglichen Parasiten zusammen, die noch in der Überzahl zu unserem, sagen wir mal persönlichen Zellsystem sind!
Alles gehört zusammen, ist ein gemeinsamer Organismus, der möglicherweise auch nur so zusammen wirken kann, wenn immer eine gewisse Balance herrscht. Das wollen wir anscheinend nicht weiter hinterfragen. Über diese Zusammenhänge wissen wir auch zu wenig, da wir gelernt haben, *alles getrennt voneinander zu sehen!*

Das könnte ein großer Trugschluss sein.

Es gibt auf unserem Planeten in der Natur zwischen allen Lebensformen eine Koexistenz, die eine Ausgewogenheit und Balance benötigt.

Der Mensch hat als *einziger das Bewusstsein* das wahrzunehmen, darauf zu achten!

Nehmen wir es denn wahr? Hätten wir nicht auch eine *Verantwortung* dazu? Dazu könnten wir mal wieder einen anderen Standpunkt, eine andere Betrachtungsweise annehmen.

Spiegelt unser *menschlicher Organismus* mit all seinen winzigen, gigantisch vielen Mikroben, „Mitbewohnern" im *Kleinen* nicht genau den Schul-*Planeten Erde* im *Großen* wieder, auf dem wir mit allen Mitschülern, Fauna und Flora und allen anderen Lebensformen zu Hause sind? *Sind wir nicht quasi alle Zellen im Körper eines großen Organismus? Der Virus zeigt uns an unserem Organismus nur auf, was wir am Schul-Planeten Erde vollziehen! So könnte man es auch sehen.*

Das *Universum* wiederum mit unserem und allen anderen Planeten und Sternen, die wir im Moment wahrnehmen, lässt vielleicht einen *unendlich größeren „Organismus"* erahnen?

Im restlichen Universum – was immer das letztlich alles ausmacht, man spricht bereits davon, dass es Multiversen gibt - könnte also in ähnlicher Weise einen Koexistenz zwischen den Sternen und Planeten herrschen.

Ein *„Organismus" ungeheuren Ausmaßes*, ein Maß mit dem unser Verstand natürlich *maß-los* überfordert ist!

Was macht es, einmal die Dinge von so einem Standpunkt aus zu betrachten? Schon die alten Philosophen vermuteten es und auch andere Mitschüler, die sich trauen, über den Tellerrand hinaus zu schauen.

➢ *Mikrokosmos entspricht Makrokosmus*

Das ist auch das *Prinzip von Analogie oder Entsprechung* aus der *Schulordnung*.

Was spricht dagegen, warum widerstrebt es uns so sehr, ja warum sind wir fast bockig, nur einmal eine solche neue Sichtweise einzunehmen, die sich scheinbar in der gesamten sichtbaren „Schöpfung" wiederfindet. So könnte man sich von dieser Sichtweise inspirieren lassen und neue Erkenntnisse über unser DA-SEIN gewinnen.

Da waren die Philosophen im Altertum viel aufgeschlossener; wir setzen zu sehr und stolz erstmal auf unsere moderne Technik, die aber möglicherweise einen Tunnelblick macht!

Die Wahrheit

Ja, es gehört natürlich MUT dazu anders zu denken, zu formulieren und sich damit der allgemeinen, oft dann vernichtenden, wissenschaftlichen und öffentlichen Kritik auszusetzen. Gerade wenn die bestehende, angenommene Lehrmeinung eine komplett andere „Wahrheit" für sich verbucht. Wir suchen immer nach untrüglichen Fakten und eindeutigen Beweisen für Wahrheiten, die es doch so eigentlich gar nicht geben kann, wie uns die Quantenphysik klarmacht.

Ein paar Gedanken zu dem, was wir _Wahrheit_ nennen; mit der ist das allerdings überhaupt so eine knifflige Sache. Unser wissenschaftliches Verständnis macht gegenwärtig einen _Paradigmenwechsel_ durch. Die _Wahrnehmung_ dessen, was die wirkliche Natur unserer materiellen Welt ist, erfährt, wie schon angedeutet, eine Verschiebung.

Bisher gründete die Interpretation der materiellen Welt, einschließlich unseres Körpers, buchstäblich auf einem „Aberglauben", nämlich dem Aberglauben des Materialismus, gemäß dem die Sinneswahrnehmung dafür maßgebend ist, was wir als Wirklichkeit erfahren. Mit einer rein materialistischen Betrachtungsweise kommen wir nur einfach nicht weiter!

Das Wort: _Wahr-nehmung_ leitet sich von _Wahrheit-nehmen_ ab.

Ja, welche Wahrheit nehmen wir denn da mal? möchte ich ein bisschen humorvoll formulieren.

Sie werden jetzt darüber lachen, jedoch es ist so.

Etwas überspitzt gesagt sind:

Wahrheiten = optische Täuschungen

Die Aussage:

Ich glaube nur, was ich sehe! ist längst überholt.

Es gilt:

Ich sehe nur das, was Ich glaube!

Wie denn das?

Die Gehirnforschung hat herausgefunden, dass an der Wahrnehmung die Sinnesorgane höchstens zu 10 Prozent beteiligt sind und über 90 Prozent eines Eindrucks aus dem Inneren gespeist werden und im Gehirn zusammengesetzt werden. Hirnforscher stellen fest, dass wir nicht die Welt wahrnehmen, sondern ein Phantasiebild, das sich mit ihr deckt, zumeist. Inzwischen ist also klar, dass nicht alles was wir sehen, fühlen, hören auch Realität ist.

Das Gehirn ergänzt die Informationen, die fehlen.

Das Gehirn ist in verschiedene, bedeutsame Strukturen und Areale aufgeteilt, wobei nach grober Unterteilung

die *linke Gehirnhälfte der Ratio,* der Vernunft für *analytische Denkprozesse* und der *Raum-Zeit Schiene* zugeordnet wird;

die *rechte Gehirnhälfte mehr der Intuition,* dem *ganzheitlichen, zeitlosen Erfassen, also außerhalb der Raum-Zeit Schiene,* der Kreativität und dem *Künstlerisch - Musischem.*

Mehr Bedeutung hat und mehr trainiert wird in unserer Schul-welt von Anfang an die linke Gehirnhälfte. Damit wird der Vernunft Raum gegeben, der Sinn für eine klare, analytische Denkungsart.

Wir leben eher in einer *„Diktatur der Vernunft",* wir sind stolz auf die Ratio, die linke Gehirnhälfte! Die ist gefragt, mit der wollen wir hier in unserer Schul-Welt zurechtkommen, ein nüchterner, klarer Verstand für unseren täglichen Ablauf.

Im Sinne der Polarität hätte eine zumindest größere Ausgewogenheit einen erheblichen Gewinn für uns.

Es gibt ja schließlich eine Pons, eine Brücke im Gehirn, die wir zur Verbindung beider Seiten noch besser adäquat nutzen könnten.

Wäre toll, wenn wir alle an einer Veränderung mitarbeiten würden, dass die *Intuition,* das Gespür für das *Sinn-volle* und die Kreativität mehr unser Führer wäre, und die Ratio der linken Gehirnhälfte eher dem Ausführen desselben diente!

Denken Sie doch einmal daran, dass erst eine *Idee, ein kreativer Gedanke* etwas bewegen, in diese Schul-Welt rufen und materialisieren kann.

Ein *In-form-ation* lässt etwas in *Form* gehen, eine *Form* kann dadurch materialisieren.

Ohne *diesen ersten Gedanken* sähe unsere Welt sicher ganz anders aus.

Ohne die *Idee* von einem Tisch und Stuhl hätten wir keinen!

Wir hätten kein Auto, ohne dass jemand die Idee hatte, man käme mit etwas vielleicht schneller vorwärts, wie mit Pferdefuhrwerken.

Auch ohne die Idee, sich als Einzelner etwas schneller fortbewegen zu können, hätten wir kein Fahrrad. Ebenso ohne die Idee einer besseren „Energiemaschine", die zur Dampfmaschine wurde, hätten wir keine Eisenbahn; obwohl es damals Warner gab, dass man durch die erhöhte Geschwindigkeit zu Schaden kommen könnte.

Die Ideen der Science-Fiction Technologien sind schon immer eine wichtige Inspirationsquelle, ein toller Ideengeber für die Technologien, die uns heute zur Verfügung stehen.

Handys und automatische Schiebe- Türen gibt es zuerst bei dem Film: „Star Trek und die Idee für das Äquivalent einer Internet- Suchmaschine gibt es vom Schriftsteller Douglas Adams in der Serie: „ Per Anhalter durch die Galaxie", bevor sie sich mit Hilfe der linken Gehirnhälfte, Verstand und Ratio „materialisieren" konnten.

Es braucht immer erst eine Idee aus der rechten Gehirnhälfte für etwas Neues, die Ratio der linken Gehirnhälfte kann sie dann in der Folge optimal ausführen.

Wie heißt es übrigens noch in dem 2000 Jahre alten Bestseller:

Am Anfang war das Wort...

Was hat das damit zu tun?

Interessant, man könnte auch sagen:

Am Anfang war die Idee, oder die In-form-ation.......

Na ja, ich will nicht abschweifen.

Was auch noch sehr wichtig ist:

Man weiß, dass das Gehirn *nicht* wirklich zwischen *Realität und Illusion, zwischen Fakt und Fiktion* unterscheiden kann!

Dazu ist es nicht gemacht. Nur so können wir bei wilden und auch rührseligen Geschichten, die die Blockbuster „Vom Winde verweht" bis hin zu „Rambo" und „Titanic" seit jeher im Filmtheater erzählen, Tränen der Freude, der Trauer vergießen und auch Gefühle des Ärgers und der Wut empfinden.

Obwohl man genau „weiß", dass es nicht stimmt, was da gespielt wird, reagiert man mit echten körperlichen Reaktionen.

Ein gut gemachter Film versteht es, die richtigen „Knöpfe" bei uns zu drücken, so kommen wir in die Emotionen, die den Film zu einem Erlebnis werden lassen.

Kino könnte sonst auch gar nicht funktionieren, wenn unser Gehirn die Realität von der Illusion unterscheiden könnte. Wir würden laut auflachen oder müde lächeln, wenn bei einem Blattschuss mitten ins Herz des „Bösewichtes" bei einem Quentin Tarantino Film, wir das Rote, das aus seinem Hemd quillt, natürlich gleich als Ketchup registrieren.

Das Gehirn ist bemüht, hat man festgestellt, ein möglichst schlüssiges Modell der Welt zu liefern, was nicht passt, wird passend gemacht. Dafür füllt das Gehirn nicht nur Lücken auf, es rechnet auch voraus, was in der Zukunft zu erwarten ist. Man vermutet, dass das Gehirn nicht einfach nur auf Signale aus den Sinnesorganen wartet, stattdessen versucht es aktiv, mögliche Sinneseindrücke vorher zu sagen.

„Das gewöhnliche Bild von Wahrnehmung:

Reize aus der Außenwelt treffen auf die Sinnesorgane, diese leiten Informationen an das Gehirn weiter, dass daraus ein Weltbild erstellt, ist demnach veraltet. „Meine Wahrnehmung ist eine Voraussage dessen, was in der Außenwelt sein sollte"

sagt Chris Frith, Neuropsychologe an der University College, London.

„Diese Vorhersage wird dann mit dem verglichen, was die Sinne tatsächlich an das Gehirn melden und führt dazu, dass das vorhergesagte Weltbild angepasst und verbessert wird." Andere Vorhersagen beruhen auf unseren eigenen Erfahrungen."

Aus dem Buch: *Wie unser Gehirn die Welt erschafft, Springer Spektrum Verlag, von* Chris Frith

Wann entstehen diese Vorhersagen für unsere Wahrnehmung?

Schon sehr früh, gleich wenn wir in diese „Schulwelt" kommen, machen wir Erfahrungen, die uns allesamt prägen.

Was sagt Dr. Deepak Chopra dazu, ein bekannter, aktueller indischer Autor von alternativer Medizin und Literatur:

„Die Psychologen-(unter den bereits erfahrenen Mitschülern*) -bezeichnen das als* **PCC** = *Premature Cognitive Commitment, was so viel bedeutet wie:*

<u>*auf frühkindlicher Sinneserfahrung beruhende Festlegung.*</u>

Frühkindlich oder im Frühstadium, da es in einem entwicklungsbedingten biopsychologischen Stadium geschieht; kognitiv, da es die Sinne programmiert, und Festlegung, da es uns in einer bestimmten Realität fixiert.

Wir werden „eingesperrt" in dieser Realität, wir werden dazu konditioniert, in dieser Realität zu leben." Experimente, die das belegen, gibt es in vielen Variationen, d.h. diese **PCC** *gibt es in allen Gattungen.*

Wir können ein einfaches Experiment machen mit Fliegen, die man in einen Topf sperrt, von dem man nach einiger Zeit den Deckel entfernt. Die meisten Fliegen – ausgenommen einige Pioniere – werden den Topf nicht verlassen können, auch wenn er nun offen ist; denn infolge ihrer ursprünglichen Sinneserfahrung erwarben sie ein PCC, demzufolge ihr Universum oben begrenzt ist.

Elefanten werden in Indien trainiert, indem man junge Tiere mit schweren Eisenketten an mächtige Bäume kettet. Nach und nach reduziert man die Stärke der Eisenketten; schließlich lassen sich die Elefanten, nun ausgewach-

sene große Tiere, mit einem dünnen Seil an Äste anbinden, die nicht dicker als ein Weihnachtsbaum sind. Der Elefant ist nicht in der Lage zu entkommen, denn er hat eine Programmierung in seinem Geist-Körper, die ihn glauben macht, er sei in einem Gefängnis, respektive die Ketten seien unzerreißbar.

In dieser Weise könnte ich fortfahren und Ihnen viele weitere Beispiele nennen, die zeigen, dass unsere Sinneserfahrung in der Tat strukturiert wird, und zwar so, dass sie sogar die Anatomie und Physiologie unseres Nervensystems formt.

Demzufolge dient unser Nervensystem letztlich nur einem Zweck: der Wiederholung und Festigung dessen, was nun zu einem <u>Glaubenssystem</u> geworden ist." Also nochmal:

„Die Redewendung: Ich glaube nur, was ich sehe, ist daher überhaupt keine physiologische Tatsache.

Genau das Gegenteil ist wahr:

<u>*Wir sehen bzw. erfahren nur, was wir aufgrund unserer Konditionierung glauben, als wahr empfinden!*</u>

Somit stellt sich die folgende Frage:

Was ist die Welt wirklich, wie sieht sie in Wirklichkeit aus, was ist ihre wahre Beschaffenheit?

Die Antwort lautet: Es kommt ganz darauf an, wer sie anschaut oder erfährt, und mit welchem Sinnesapparat wir sie betrachten. Die Augenzellen einer Honigbiene etwa können Licht in der für Sie und mich normalen Wellenlänge nicht wahrnehmen, dafür jedoch ultraviolettes Licht.

Wenn nun eine Honigbiene von weitem eine Blume „sieht", dann nimmt sie nur den Honig wahr, nicht aber die Blume. Eine Schlange würde von derselben Blume nur die infrarote Strahlung wahrnehmen; eine Fledermaus das Ultraschall-Echo."

Der Neurophysiologe und Nobelpreisträger *Sir John Eccles* machte folgende frappierende Aussage:

„In Wirklichkeit gibt es keine Farben, keine Stoffe, keine Gerüche, weder Schönheit noch Hässlichkeit. Da draußen gibt es nur pure Energiesuppe. Es ist eine im Grund genommen formlose, undefinierbare, fließende <u>Quantensuppe</u>, aus der wir im Akt der Wahrnehmung in unserem Bewusstsein die stoffliche Welt konstruieren.

Diese stoffliche Welt da draußen ist ein Feld unendlicher Möglichkeiten, das wir im <u>Prozess der Wahrnehmung</u> zu unserer vertrauten stofflichen Realität machen, sozusagen kristallisieren. (...)

<u>In Wahrheit gibt es also nur diese formlose, fließende Quantensuppe, die wir im Akt des Wahrnehmens zu unserer gewohnten Realität erstarren lassen.</u>

In unserem gewöhnlichen Bewusstseinszustand können wir die wahre Beschaffenheit der Wirklichkeit nie erfahren, denn wir versuchen, das Ganze anhand <u>einzelner, bruchstückhafter Sinneswahrnehmungen</u> zu verstehen.

Da wir außer diesen bruchstückhaften Sinneserfahrungen nichts haben, werden wir das Ganze nie verstehen."

Was meinte *Sir John Eccles* noch?

„Bewusstsein hat nicht mit dem Gehirn zu tun, der Geist spielt auf dem Hirn Klavier! "

Die Aggression

Das menschliche Leben hätte wohl solange gar nicht funktionieren können, wenn nicht in der Natur, also damit auch in unserem Körper die „Schöpfung" oder welches andere Wort dafür man auch nehmen möchte, ein „Programm oder sinnvolle Systeme eingebaut" hätte, welches ähnlich einer relativ stabilen Waage funktioniert. Wie hätte der Mensch überhaupt überleben können, wenn er gegen die anderen „Mitbewohner" in seinem Organismus, die ja von Anfang an mit ihm zusammen und sogar vor ihm da und zellmäßig fast in der Überzahl waren, hätte ankämpfen müssen; sie ständig besiegen müssen, um zu existieren.

Wenn also ein „Kampf" so von der „Schöpfung" tatsächlich angedacht war. Aber ok, für manche gibt es überhaupt keine „Schöpfung", alles ist reiner Zufall, der berühmte Zufall wieder.

Ist es nicht müßig, den immer wieder zu bemühen?

Sind also analog unserer momentan geltenden Lehrmeinung die Viren, Bakterien Pilze und Parasiten eher zu vernichten?

Da wir das gewollte, sinnvolle Miteinander nicht verstehen; welche Folgen das wiederum haben kann, sehen wir nicht oder erst, wenn es zu spät ist.

Mir fällt leider kein Beispiel ein, wann der Mensch zum Wohle aller Mitschüler einmal vorrausschauend und präventiv seit frühesten Kulturen bis heute gehandelt hat.

Daran gedacht hat er vielleicht schon einmal, aber gehandelt?

Es geht für uns dabei um *Achtsamkeit, Akzeptanz und Respekt.*

Nur der Mensch mit seinem *höheren Bewusstsein* kann am stärksten diese Welt *aktiv* gestalten und verändern.

Vielleicht leben wir als Mitschüler in einem Schulklassenzeitalter, wo uns das jetzt gelingt?

Natürlich ist auch das *Marsianische Prinzip* der *Aggression,* -Mars als Gegenpol oder Ergänzung zur *Venus-*, im Sinne von Durchsetzungs-vermögen, Tatkraft und Drang nach Überleben, wichtiger Teil des *Da-Seins* hier auf der Erde.

Angedacht jedoch nicht im Sinne von bewusstem Verletzen, Vernich-ten als Selbstzweck oder als Ausdruck der eigenen Machtposition!

Hier könnten wir wieder einmal das schon erwähnte Schulgesetz der *Polarität* berücksichtigen. Das Gesetz der *Polarität* beschreibt einen wichtigen Aspekt, wie Schöpfung in dieser Schulwelt funktioniert. Es besagt, dass zum Zweck der Schöpfung zwischen zwei gleichwertigen

Polen eine Balance hergestellt werden muss, um auf einer höheren, gemeinsamen Ebene etwas Neues entstehen zu lassen.

Wenn *Geduld* nicht mit *Tatkraft* verbunden wird, degeneriert *Geduld* zur *Untätigkeit*.

Tatkraft ohne *Geduld* hingegen artet in blinden Aktionismus aus.

Wie könnte eine zarte Pflanze ohne diese Tat-Kraft der *„Aggression"* gemeinsam mit Geduld durch den Asphalt auf der Straße kommen, welches wir manchmal beobachten können oder ein ungeborenes Küken auf die gleiche Art mit Geduld und Durchsetzungsvermögen die Eierschale aufpicken und öffnen. Auch die Fleischfresser in der Tierwelt könnten ohne dieses sinnvolle Prinzip nicht existieren.

Das Prinzip der *Aggression* existiert natürlich auch als menschliche Schwäche gerade dann, wenn nicht im Sinne der Polarität auch die Hingabe und Demut als Fähigkeit im Menschen vorhanden ist und gelebt wird.

Auch die *Gesetze der Resonanz* und von *Ur-Sache* und *Wirkung* spielen hier eine wichtige Rolle!

In der Art, wie wir Aggression heutzutage in immer stärkerem Maße in unserer Schul-Welt erleben, wird sie uns nicht hilfreich weiterbringen.

Aber sie wird definitiv Folgen haben, klar! Sie ist im Moment wohl eher Ausdruck von blinder Wut, entstanden aus Unwissenheit, Angst, Ziellosigkeit, Hilflosigkeit, Ohn-Macht, mangelndem Respekt und ja, Mangel an *Selbstverantwortung.*
Die Aggression, die Wut, die in uns durch verschiedene Aspekte und Entwicklungen in unserem Da-sein entstanden ist, schießt, sich ein Ventil suchend, aus uns unkontrolliert hervor, wie die heiße Lava bei einem Vulkanausbruch aus dem Kraterschlund!
„Rücksichtslos", manchmal alles vernichtend.

Aggression gepaart mit Angst – egal ob man an das kleine Wesen, den Virus denkt oder Antisemitismus, Rassismus überall in der Schul-welt, Angst vor weiterem Zustrom von Migranten und Spannungen mit selbigen schon vor Ort, wilde Ausschreitungen über das Land verteilt; alles hat enorm zugenommen und verunsichert immer mehr.

Auf unserem gesamten Schul-Planeten steigt das Aggressionspotenzial, überall wächst die Unzufriedenheit, Konflikte werden fast nur noch in kriegerischer Auseinandersetzung angegangen.

Durchsetzungsvermögen ohne die Fähigkeit zur Hingabe bringt anmaßende Dominanz hervor. Die Fähigkeit zur Hingabe verkommt ohne Durchsetzungsvermögen zu einer duckmäuserischen Haltung von Unterwerfung und Anpassung.

Gibt es Lösungen?

Wie kann also z. B. von einer höheren Warte aus gesehen ein Organismus Erde überleben, wenn alle Mitbewohner darauf ausgerichtet wären, sich eher zu bekämpfen um sich zu vernichten, als auf ein Miteinander ausgerichtet zu sein.

Dazu könnten wir gegenseitige Lebensräume akzeptieren und uns die Erde *respektvoll und achtsam* untertan machen, wie in dem 2000 Jahre alten Bestseller empfohlen.

Könnten nicht jedoch genau diese schwierigen Verhältnisse wie ein Spiegel uns etwas mitteilen, eine Botschaft sein, uns an etwas er-*innern*.

Haben die Covid-19 Viren vielleicht eine Botschaft vom Planeten?

Unsere *Resonanz* mit etwas aufzeigen, dass wir bisher abgelehnt, bekämpft, und verdrängt haben. Etwas, dass wir nun nicht mehr unter den Teppich kehren können. Wir stolpern ja schon über die Beulen! Denken Sie an den Hass heutzutage:

Hass erzeugt wieder Hass.

Die Aggression, die Wut, die Unzufriedenheit in uns, zeigt sich im *Spiegel des Außen.*

Denken sie wieder an den Pickel auf der Nase, hat es dabei Sinn am Spiegel zu retuschieren oder ihn gar zu zerstören?

Der Mensch jedoch als einziges Lebewesen in seiner Bewußtheit und mit Selbstverantwortung könnte damit anders umgehen.

So oder so, im Sinne der Polarität hat eine Medaille immer zwei Seiten.

Es besteht also auch die Möglichkeit, dass genau in dieser so schwierigen, fatalen Situation, wo vieles noch mehr zu eskalieren scheint, eine große Chance liegt.

Jeder vermeintliche Nachteil trägt in sich den Keim einer Chance, eines umso größeren Vorteils.

Vielleicht müssen wir dazu einfach mal zur Be-_sinn_-ung kommen.

Den Sinn, die Chance zur Entwicklung auch auf anderen Ebenen erkennen und angehen, eine Chance zur Veränderung.

Vielleicht muss es aber auch noch mehr eskalieren, damit uns dieses in der Gesamtheit der Mitschüler bewusst wird.

Weil wir einfach zu viel Widerstände gegen echte Veränderungen, zu viel Angst haben, Liebgewonnenes in unserer Schul-Welt zu verlieren.

Ist es dies alles jetzt so, weil wir leichtere Hinweise einfach vorher nicht beachtet haben?

Ja und vielleicht sollten wir Veränderungen nicht nur in dem Sinne angehen, dass wir schauen, ob für die uns nachfolgenden Generationen an Mitschülern noch ein Plätzchen auf dem Planeten Mars frei ist und das schon mal vorzubereiten. Wir bräuchten ja schließlich neuen Lebensraum, weil wir flott dabei sind, unseren ureigenen zu vernichten, zumindest stark unbewohnbar zu machen.

Schade, wie heißt es so schön:

„Warum in die Ferne schweifen, wenn das Gute liegt so nah"

Die Gesetze von Rhythmus oder Schwingung

Könnte es nicht sein, dass unsere Schul-Welt, dieser Schulungs-Planet dazu dienen soll, dass wir lernen dürfen, dass wahre Veränderung zunächst niemals im Außen, sondern nur in uns selber als Bewusstseinserweiterung stattfinden kann und dann erst dann weiterführend ist?

Die Veränderung, die wir in uns als Ur-Sache vornehmen, können wir dann im Außen als Wirkung, als Wirk-lichkeit wahrnehmen!

Nach dem *Schulprinzip des Rhythmus oder der Schwingung* ist aktiver Ausgleich bzw. Ausgewogenheit und Rücksicht vonnöten, wobei wir Rhythmen der Natur, also in der Tier-und Pflanzenwelt in den Jahreszeiten gut beobachten können.

Unser eigenes *Atmen, das Aus-und Einatmen in stetigem unendlichem Wechsel* während unseres Daseins spiegelt doch perfekt den ständigen *Rhythmus des Lebens* hier wieder.

Insofern finde ich in den Vedischen Schriften, den heiligen, religiösen Schriften des Hinduismus, das Konzept von Brahman und Atman, den Gedanken eines unendlichen, immer in Bewegung und Veränderung sich befindlichen „Seins" am überzeugendsten dargestellt.

Die Hindus glauben nämlich, dass die Welten für immer entstehen und vergehen, wobei jeder neue Schöpfungskreislauf ein Atemzug des Gottes Brahma ist. Wenn Brahma ausatmet, beginnt ein neuer Zyklus, wenn er einatmet, geht alles dorthin zurück, von wo es ausgegangen ist.

Es drückt sich im ständigen Kommen und Vergehen aus; das, was wir Tod nennen, ist niemals das Ende, sondern nur ein Abschnitt. Der Tod ist nur eine Pause, welche die Jahreszeiten unseres Lebens deutlich macht, nichts weiter. Wir können den Tod nicht verhindern und müssen es auch gar nicht versuchen.

Dann haben wir das „*Spiel des Lebens*", nennen wir es mal so, hier an der Schule nicht verstanden!

Worum könnte es da gehen?

Der Grundgedanke des *„Spiel des Lebens"* ist, sich optimal bewusstseinsmäßig weiter zu entwickeln, heißt es bei vielen spirituellen Meistern.

Bei diesem Spiel jedoch können wir nicht verlieren, weil wir es immer wieder spielen können, wenn wir wollen!

Wenn es in einem Spiel auch um die Regeln und Inhalt geht, stellen Sie sich mal Folgendes vor:

Wo Ihre persönlichen Gaben liegen, liegen auch Ihre Auf-gaben.

Die besten Schüler bekommen die schwierigsten Aufgaben!

Wir bekommen jedoch immer Aufgaben, die wir lösen können; es sagt aber niemand, dass es leicht wird, ok. Aber keiner aus der 2.Klasse bekommt Aufgaben von denen aus der 10. Klasse.

Die Hauptaufgabe die wir haben, ist für jeden sein eigenes Verhalten und seine bewusstseinsmäßige Entwicklung.

Die *Selbstverantwortung* immer im Blickfeld zu haben, wäre dabei die größte.

Chuck Spezzano, Doktor der Psychologie, der Begründer der Psychologie der Vision spricht davon:
die eigene Lebensaufgabe ist das, was man auf der Seelen- Ebene versprochen habe, in den Dienst der Gemeinschaft zu stellen.

Na gut, da sind dann die Mitschüler natürlich fein raus, die nicht an eine Seele glauben!

Eckhart Tolle

Eckhart Tolle ist ein großartiger, spiritueller Lehrer und Autor, der durch eine persönliche Sinn- und Lebenskrise auf einen für ihn außerordentlichen, befriedigenden und tief erfüllenden Weg geführt wurde.

Also wieder, die Krise durchaus einmal als Chance und nicht als Niederlage zu betrachten! Es war *Tolle´s* Durchbruch ins Leben!

Mit seinem neuen Weg konnte er durch sein Beispiel und sein So-Sein viele Mitschüler zu einer neuen, erweiterten Betrachtung unserer Schul-Welt bringen.

Überhaupt wäre es sinn-voller, es besser zu formulieren, dass man im „Leben", in der Schulzeit hier, keine Fehler machen kann, sondern nur Erfahrungen.

Hilft unserer *Selbst-liebe*, lässt einem jedoch die *Selbst-verantwortung*.

Interessant, was Eckhart Tolle unserem Thema zu sagen hat.

„Dein Körper ist nichts Festes, sondern Raum, er ist nicht etwa Deine physische Form, sondern das Leben, das die physische Form beseelt.

Er ist <u>Intelligenz</u>, die den Körper erschuf und ihn erhält; die gleichzeitig 100 verschiedene Funktionen von so außergewöhnlicher Komplexität lenkt, dass der menschliche Verstand nur ein Bruchteil davon begreifen kann.

<u>*Wenn Du Dir ihrer* (der Intelligenz*) bewusst wirst, wird sich in Wirklichkeit diese Intelligenz ihrer selbst bewusst!*</u>

<u>*Es ist das nicht fassbare Leben, das noch kein Wissenschaftler je hat finden können, weil das Bewusstsein das danach sucht, das Gesuchte selber ist!!!*</u>

Die Ganzheit des Lebens wird durch unser Denken fragmentiert; durch unser Beurteilen isolieren wir. Das Was ist, kann aber nicht anders sein. Was ist akzeptieren und so in die Ganzheit des Lebens einfügen. Bewusstheit und Ego schließen sich gegenseitig aus.

Das Ego ist ein gedanklich konstruiertes Selbstbild; man denkt, man sei sein Leben, das bin ich. (Meins).

Man denkt, man sei seine Geschichte aus vielen Hochs und manchmal noch mehr Tiefs.

Das Ego, das <u>ICH-Gebäude</u> lebt von Unerfülltheit; es braucht um sich am Leben zu erhalten, diese Unbefriedigtheit, sonst würde es zusammenbrechen!"

(„Der Sinn des Lebens", Innerer und äußerer Raum- Eckhart Tolle)

Das Ego ist einfach eine psychologische Struktur, die eine wichtige Rolle für die Art spielt, wie der Mensch mit der Welt umgeht. Aber es ist nicht das, was uns letztendlich ausmacht. Es entwickelt sich, während wir aufwachsen, durch Konditionierung zu einem mentalen Bild dessen, was wir zu sein glauben.

Indem wir das Geschwätz unseres Egos deaktivieren und unsere Achtsamkeit durch Meditation kultivieren, bekommen wir allmählich Zugang zu unserer wahren Existenz!

Wie Phönix aus der Asche konnte sich Tolle aus einer schwierigen Lebenssituation befreien.

Auch *J.W. von Goethe* hat Phönix, den Feuervogel als Thema gewählt, etwa in dem *Gedicht: „Selige Sehnsucht"*

Dort hat Goethe den Vogel zwar nicht explizit erwähnt, doch das Prinzip beschrieben:
„…und solang du dies nicht hast, dieses Stirb und Werde,
bist du nur ein trüber Gast auf der dunklen Erde."

Man denke nur an Schicksalsschläge, die durch schwere Krankheit oder eine andere plötzliche negativ erscheinende Lebensveränderung einen Menschen treffen können.

Die Verarbeitung von solchen Ereignissen kann man durchaus als „Lebens-schule" betrachten, wenn wir uns wieder „neu erfinden und neu entdecken",- wie man es umgangssprachlich sagt – kann diese

Sichtweise genau diesem „Stirb und werde!" entsprechen.

Eckhardt Tolle zeigt wie kein anderer, aber sicher nicht als einziger auf, dass „Leben" nur im <u>HIER und JETZT</u> existiert.

„ Zeit ist überhaupt nicht kostbar, denn sie ist eine Illusion. Was Dir so kostbar erscheint, ist nicht die Zeit, sondern der einzige Punkt, der außerhalb der Zeit liegt: das JETZT, das allerdings ist kostbar." „Je mehr du dich auf die Zeit konzentrierst, auf Vergangenheit und Zukunft, desto mehr verpasst du das JETZT, das Kostbarste was es gibt. Jeder der mit seinem Verstand identifiziert ist, statt mit seiner wahren Stärke, dem tief im Sein verankerten Selbst, wird die Angst als ständigen Begleiter haben".

Die Vergangenheit existiert nicht und nicht die Zukunft; wir können höchstens unsere alten Geschichten aus der einen nacherzählen und die Vorstellungen und Ideen, die wir von der anderen haben.

Wir können aber weder die *Vergangenheit* ins *Jetzt* holen, ebenso wenig die *Zukunft*!

Klar, dass unser Verstand, also vor allem unsere linke Gehirnhälfte bei diesen Gedanken und Überlegungen wahre Purzelbäume schlägt.

Auch hierzu gibt es ein paar interessante Sätze von Deepka Chopra, der uns vorhin schon mal begegnete:

Zeit ist bloß ein <u>Konzept</u> und nicht die Realität.

Im Vorwort des Bestsellers: „Eine kurze Geschichte der Zeit" von Stephen Hawking, macht Karl Seger die folgende Aussage:

„Stephen Hawking hat es sich zur Aufgabe gemacht, den Geist Gottes zu verstehen und ist zum Schluss gekommen, dass wir in einem Universum ohne Anfang, ohne Ende, ohne Zeitbegrenzung und ohne räumliche Begrenzung leben.

Wenn Sie versuchen, das zu begreifen, sich das vorzustellen, werden Sie merken, dass es unmöglich ist, weil man etwas, was nie begonnen hat, weder begreifen noch visualisieren kann. Nehmen wir einmal an, dass ein Anfang existiert, und sofort taucht die Frage auf, was denn vor dem Anfang war.

Wenn wir annehmen, dass es ein Ende gibt, müssen wir uns fragen, was denn nach dem Ende sein wird.

Wir können auch davon ausgehen, dass das Universum irgendwo aufhört, dann müssen wir uns sofort die Frage stellen, was nach dieser Grenze kommt. Quantenphysik ist nicht nur sonderbarer als wir denken, sie ist sonderbarer, als wir denken können!

Unsere linguistisch strukturierte, sogenannte rationale und logische Denkweise ist ein Denksystem, das auf der sensorischen Wahrnehmung des Universums beruht!

Und diese sensorische Wahrnehmung ist inkorrekt.

In den Klauen dieser Art von Rationalität gefangen zu sein, ist das schlimmste Schicksal, das einem menschlichen Wesen widerfahren kann.

Was Stephen Hawking beschreibt, ist die Natur des Seins. Sein kennt keinen zeitlichen Anfang und kein zeitliches Ende, es ist nirgendwo und überall.

Es drückt sich durch unseren Geist, unseren Körper und unsere Erfahrungen im Leben aus, aber man kann es mit den Sinnen nicht berühren. Man kann es jenseits der Gedanken erhaschen. Es gehört aber nicht zur Welt der Gedanken, sondern ist in der Lücke zwischen unseren Gedanken, der Stille zwischen unseren Gedanken."

„Die größte Offenbarung ist die Stille." meinte Lao-Tse

Franz Kafka ist berühmt für seine grotesken und absurden Erzählungen und Romane. Er war ja im Allgemeinen ein eher sehr deprimierender Schriftsteller, Kafkas Werk lässt sich keiner literarischen Epoche oder Strömung zuordnen; sein Stil gilt als einzigartig und man nennt ihn auch „kafkaesk", auf unergründliche Weise bedrohlich.

Aber einmal brachte er doch eine brillante Beschreibung des Weges zur „Erleuchtung" zu Papier:

„Es ist nicht notwendig, dass du aus dem Haus gehst.

Bleib bei deinem Tische und horche.

Horche nicht einmal, warte nur.

Warte nicht einmal.

Sei völlig still und allein.

Anbieten wird sich dir die Welt zur Entlarvung,

sie kann nicht anders,

verzückt wird sie sich vor dir winden."

Die Angst vor dem Tod

Kommen wir nochmal zu der kleinen „Lebensform" in uns, dem Virus, das uns jetzt noch mehr als in vergangenen Schuljahren zuvor, solche körperlichen Probleme und vor allem Angst macht.

Gut, wenn man gerademal nicht raus, also nach Außen gehen kann, dann könnt man ja mal nach *innen* gehen, oder? Sie denken daran:

„Wer über sich selbst hinausgehen will, muss in sich selbst hinabsteigen"

Überhaupt scheint uns die Angst, die wir in unserem Da-sein immer wieder spüren, um vieles stärker als die <u>Liebe</u>, von der wir noch so wenig wissen und dabei noch vieles falsch verstehen.

Die *Liebe,* die uns bei allem so sehr helfen kann.

Eins scheint mir sicher. Ohne die Liebe gäbe es uns nicht und wir wären nicht hier!

Dabei meine ich nicht mal die körperlich ausgedrückte Liebe unserer Mitschüler, genannt Eltern, die beide zusammen uns damit geholfen haben, eingeschult zu werden.

Zum Thema Angst gibt es ein interessantes Gedicht der etwas anderen Art. Es zählt wohl zu den bekanntesten Texten, wenn es darum geht, dass wir unsere eigene Größe anerkennen dürfen.

Der Text, der mit den Worten "Unsere tiefste Angst ..." beginnt, ist von *Marianne Williamson.*

Sehr oft wird er Nelson Mandela zugeschrieben, der ihn in seiner Antrittsrede als erster farbiger Präsident Südafrikas zitiert hat.

„Unsere tiefste Angst ist nicht, dass wir unzulänglich sind, unsere tiefste Angst ist, dass wir unermesslich machtvoll sind.

Es ist unser Licht, das wir fürchten, nicht unsere Dunkelheit. Wir fragen uns: „Wer bin ich eigentlich, dass ich leuchtend, hinreißend, begnadet und phantastisch sein darf?

"Wer bist du denn, es nicht zu sein? Du bist ein Kind Gottes. Wenn du dich klein machst, dient das der Welt nicht. Es hat nichts mit Erleuchtung zu tun, wenn du schrumpfst, damit andere um dich herum sich nicht verunsichert fühlen.

Wir wurden geboren, um die Herrlichkeit Gottes zu verwirklichen, die in uns ist. Sie ist nicht nur in einigen von uns: Sie ist in jedem Menschen.

Und wenn wir unser eigenes Licht erstrahlen lassen wollen, geben wir unbewusst anderen Menschen die Erlaubnis, dasselbe zu tun.

Wenn wir uns von unserer eigenen Angst befreit haben, wird unsere Gegenwart ohne unser Zutun andere befreien."

Warum hat nun die Medizin und alle die sich damit beschäftigen, damit ihr Brot verdienen und dahinter speziell die Pharmaindustrie so viel Macht?

Mehr Macht als jede andere Industrie? Was ist da wohl der Grund?

Weil sie unbewusst oder gezielt die ureigene, tief verwurzelte Angst des Menschen vor seinem eigenen Tod benutzt und damit möglicherweise missbraucht!

Ich möchte daran erinnern:

Nichts hypnotisiert den Menschen mehr, als die Angst vor seinem Tod!!!

Wenn ich diese Angst als Machtmittel gezielt und mit Raffinesse einsetze, kann ich im Grunde *Alles* erreichen! Wird diese Angst so gezielt eingesetzt? Ich möchte es nicht glauben.

Es ist die stärkste Angst, mit der sich Macht ausüben lässt, stärker als alle Angst z.B. vor den Folgen des Klimawandels, der Umweltvergiftung, eines Vermüllen unseres Planeten, einer möglichen Überbevölkerung und allen möglichen anderen angstbesetzten Themen, die uns und unsere Mitschüler hier in unserer Schul-welt betreffen.

Diese Angst ist so groß, weil wir eben um unser Ende, sorry, unseren Abschluss hier wissen!

Nur, warum macht uns dieser Abschluss denn solche Angst?

Weil die meisten glauben, es ist unser definitives Ende!!

Die Angst ist unbewusst, wir denken natürlich nicht immer dran, doch sie ist ständig in uns präsent, wie das berühmte Damoklesschwert, das wir über uns wähnen.

Die anderen Ängste sind verschiedene Wahl-Möglichkeiten, die irgendwann und irgendwo eintreten können -ja vielleicht auch sogar werden- nur sie tangieren uns nicht wirklich zumeist in unserer Mitte. Wir wurden nie dazu angeleitet und haben uns auch nie darüber ernsthaft Gedanken gemacht, was unser Abschluss, den wir Tod nennen, im Grunde ausmacht.

Was denn danach kommt, ja, falls es überhaupt der Fall ist, dass da noch etwas ist?

In den meisten Kulturen in unserer Schul-Welt verdrängen wir das Thema meist bis zum Schluss, obwohl mancherorts dazu eine viel offenere, positive Sichtweise existiert.

Wenn man einmal dabei war, wie ich es vor vielen Jahren in Nepal erleben durfte, wie z.b. in der Hauptstadt Kathmandu im Himalaya, eine „Trauerfeier" bei einer Feuerbestattung eines Verstorbenen am Fluss Bagmati neben dem Pashupatinath Tempel, was übersetzt „Herr des Lebens, des Lebendigen" heißt, abläuft, der bekommt von unseren Mitschülern dort eine ganz andere Sichtweise vorgelebt.

Es gibt dort kein Trauer-Schwarz, sondern viel Weiß, nur freundliche Farben und eine Stimmung, bei der nicht der eigene Verlust über den Weggang eines geliebten Menschen im Vordergrund steht, sondern die Freude und der angemessene Respekt für den, der den Abschluss hinter sich gebracht hat.

Interessant was der Gruß: „Namaste" bedeutet, mit dem man überall in Nepal begrüßt wird und den man gerne übernimmt:

„Das Göttliche in mir erkennt das Göttliche in Dir."

Die meisten von uns sind während unseres Schulaufenthaltes hier überwältigt und fasziniert vom Außen, von der sicher auch spektakulären Welt der Formen und haben Angst, sie zu verlieren.

Hat ein Mitschüler jedoch in seinem Dasein die spirituelle Überzeugung gewonnen, dass das wirkliche Leben ständig und ewig ist, in einem liebevollen, übergeordneten Rhythmus sich bewegt, und er ein ewig währender Teil davon mit seiner Energie ist, dann hat er diese Angst um ein gehöriges Maß minimiert!

Die belebende Energie, die im Grunde das Leben ausmachende *Formlose ESSENZ*, die sich in unserem Organismus- Körper eine gewisse Zeit ausdrückt und durch ihn wirkt, vergeht niemals!

Dieser ist nur ein Vehikel, welches diese *Formlose ESSENZ* eine Zeit lang aus bestimmten Zwecken oder besser gesagt, Aufgaben benutzen kann und darf.

Diese *ESSENZ* jedoch, die in diesem Körper tief und eben *formlos* versteckt ist, lässt sich eben nicht mit unseren bekannten fünf Sinnen als Messparameter erforschen!

Mit herkömmlichen, materialistischen Methoden unserer Wissenschaft ist sie natürlich nicht nachweisbar. Wie gesagt:

Nicht-Materielles lässt sich mit materiellen Untersuchungsmethoden nicht erklären!

Nochmal zur Erinnerung:

Unsere 5 Sinne sind rein auf diese materielle Ebene, die Welt der Formen „geeicht", dafür sind sie gedacht und hier haben sie auch ihren absoluten Sinn, damit wir uns genau auf dieser Ebene zurechtzufinden.

Aber eben auch genau nur auf dieser Ebene!

Haben Sie mal daran gedacht, dass auch das, was <u>Sie</u> im Grunde ausmacht, Teil diese *Formlosen Essenz* sein könnten?

Die Suche z.B. nach einem möglichen Schöpfer-Gott mit diesen Sinnen allein ist völlig sinnlos und zum Scheitern verurteilt. Wenn wir also immer nur diese einsetzen, können wir das Gesuchte nicht finden. Das heißt im Umkehrschluss nicht, dass dieser nicht existiert und daher kann man nichts ausschließen.

Auch wenn wir nur die linke Gehirnhälfte mit Vernunft und Ratio zu dieser Suche benutzen, werden wir garantiert scheitern!

<u>Alle Mikroskope und Messgeräte, mit denen wir zu den kleinsten Elementarteilchen vordringen wollen und alle Teleskope, die bis in den hintersten Weltraum schauen, überhaupt alle möglichen erdachten Messgeräte, die wir mit unseren üblichen Sinnen bedienen, müssen bei dieser Art Suche versagen!</u>

Der Tod, das Vergehen unseres Fahrzeuges, Vehikels, unseres materiellen, gewählten Körpers ist nicht das Ende dessen, was uns in unserer wahren *Formlosen Essenz* tatsächlich ausmacht.

Wie ich dazu komme? Einen Moment Geduld.

Wir, Sie, ich und alle anderen Mitschüler sind nicht unser Körper, wir benutzen ihn nur, sowie wir genauso wenig unsere Gedankenflut und schon gar nicht unser Ego sind!

Das Ego ist ein gedankliches Konstrukt aus mentalen und emotionalen Anteilen, das an seine Geschichte gebunden ist, an die es sich klammert.

Es gibt das *Immerwährende Leben;* hat daher ein Urknall, wie es unsere „Wissenschaft" bezeichnet, einen wirklichen Sinn, ab dessen Zeitpunkt *plötzlich* alles LEBEN das *erste* Mal *irgendwie und obendrein noch zufällig in all seinen Ausdrucksformen begann*?

Ist es nicht auch völlig unerheblich, es materiell, intellektuell nun genauestens rausfinden zu wollen, ob mit oder ohne Urknall und ob es überhaupt einen Knall gab.

Dafür sind wir ja nicht hierhergekommen, ja für was denn dann?

Das LEBEN oder welchen Begriff man auch nehmen will, Bewusstsein, Das Absolute, Die Immanente Realität, Brahman, Essenz oder Gott (letzterer wird leider als Begriff zu sehr missbraucht) gab es aus meiner Sicht schon immer.

Das *formlose LEBEN* fing an, sich in Materie auszudrücken und sich eine sichtbare Form zu verleihen, die sich immer weiterentwickelt und in verschiedensten Aspekten zeigt, wie im Gestein, in Fauna und Flora und in uns Menschen, als einzige, soweit wir es im Moment beurteilen können, mit dem *Sich–Selbst-Bewusstsein.*

Der Yogi

Kann man denn überhaupt zu der Überzeugung, ja dem Wissen kommen, dass unser Leben ewig ist?

Ja, bei einigen wenigen außergewöhnlichen Mitschülern, genannt Yogi, gerade bei denen in früheren Schuljahren im Asiatischen Raum, hat sich die Angst sogar nahezu aufgelöst, da sie _wissen,_ dass nur ihr materieller Körper vergeht.

So ein Mitschüler, z. B. ein Yogi, der die höchste Form des Yoga, das _Kriya-Yoga_ beherrscht und diese Meditations-Technik lebt, hat erkannt und weiß, dass der Mensch nicht allein sein Körper mit einer oft leidigen, nicht immer ermunternden und fröhlichen, eher oft traurigen Geschichte ist.

In der Philosophie der Hindus lautet die höchste Assoziation zum Begriff Yoga:

„Die Vereinigung der individuellen Seele mit dem Geist durch wissenschaftliche Meditationsmethoden.

Kriya -Yoga Ist eine Meditationstechnik, welche bereits seit Jahrtausenden existiert und in den heiligen vedischen Schriften als ausgesprochen effizienter Weg zur Selbstverwirklichung erwähnt wird. Sie stellt eine besondere Form des _Raja-Yoga_ dar. Diese geheime Technik war früher nur wenigen Auserwählten vorbehalten.

Von den Yogi, diesen Mitschülern gibt es doch einige.

Sie wissen, wie sich die gesamte Materie im Kosmos im Grunde nur ständig wandelt, aber nicht verloren gehen kann. Sie wissen, dass Ihre Einschulung und der Besuch hier in der Schul-Welt einem höheren Zweck dienen. Die Mitschüler, die in Indien in hinduistischer Lehre und Schulung groß wurden und dort zu Yogis heranreiften, finden mit dem Weg nach _Innen_ durch Meditation den Schlüssel im Zugang zu _Höherem Bewusstsein._

Diese Mitschüler können sich daran er-*inneren*, dass wir die wichtigsten Erkenntnisse über uns, unsere Schul-Welt und die Schöpfung nicht im Außen, sondern nur in unserem *Inneren* finden.

Eine nette Parabel zu diesem Thema:

„Das Märchen von der größten Kraft im Universum"

Ein altes Märchen erzählt von den Göttinnen, die zu entscheiden hatten, wo sie die größte Kraft des Universums verstecken sollen, damit der Mensch sie nicht finden könne, bevor er reif sei, sie verantwortungsbewusst zu gebrauchen.

„Eine Göttin schlug vor, sie auf der höchsten Spitze eines Berges zu verstecken, aber sie erkannten, dass die Menschen den höchsten Berg ersteigen und die größte Kraft des Universums finden, bevor sie dafür reif seien.

Eine andere Göttin sagte: „Lasst uns diese Kraft auf dem Grund des Meeres verstecken", aber wieder erkannten sie, dass die Menschen auch diese Region erforschen und die größte Kraft des Universums finden würden, bevor sie dafür reif seien.

Schließlich sagte die weiseste Göttin: „Ich weiß was zu tun ist. Lasst uns die größte Kraft des Universums in den Menschen selbst verstecken.
Sie werden niemals dort danach suchen, bevor sie reif genug sind, den Weg nach innen zu gehen".

Und so versteckten die Göttinnen die größte Kraft des Universums im Menschen selbst und dort ist sie noch immer und wartet darauf, dass sie entdeckt und weise in Besitz genommen wird.

Wenn Du bereit bist, ich meine, wenn Du wirklich bereit bist, dann kann das Abenteuer des eigentlichen Lebens beginnen.

Jetzt in diesem Augenblick!"

Aus einem der für mich unglaublichsten, wunderbarsten Bücher, die je geschrieben wurden, darf ich einige Zeilen vortragen, aus der:

Auto-Biografie eines Yogi von **Paramahansa Yogananda:**

(5. Januar 1893 in Gorakhpur, Bengalen; † 7. März 1952 in Los Angeles, USA) Er war ein indischer Yoga-Meister, Philosoph und Schriftsteller.

Durch den Yogi wurde der heute praktizierte *Kriya Yoga* auch im Westen einem breiten Publikum bekannt gemacht.

Das Buch wird vom Autor 1946 veröffentlicht und beschreibt neben seinem persönlichen Entwicklungsweg mit außergewöhnlichen Ereignisse und Erkenntnissen mit den heiligen indischen Meistern, wie das Kriya-Yoga im „Dunklen Zeitalter" für ein paar Jahrhunderte verloren gegangen war, jedoch in der Neuzeit vom Meister *Mahavatar Babaji*, einem der größten Avartars, wieder entdeckt wurde.

Dessen Schüler *Lahiri Mahasaya* (1828–1895) war der erste, der den Kriya Yoga in unserem Zeitalter in der Öffentlichkeit lehrte.

Später hat der *Mahavatar Babaji, Swami Sri Yukteswar Giri* (1855-1936) einen Jünger *Lahiri Mahasayas* gebeten, **Paramahansa Yogananda** zu schulen und in den Westen zu entsenden, damit er diese Technik der westlichen Welt offenbart.

Im Buch beschreibt der Rishi Sri Yukteswar, seinem Schüler *Yoganada* eine prägende Begegnung mit seinem Guru und *Yogi Lahiri Mahasaya*.

Ich überlasse es Ihnen, ob Sie es als Wunder bezeichnen oder doch eher noch als Fake abtun, weil das ja nun gar nicht in unser Weltbild passt. Das Buch ist voller derartiger Wunder, ich belasse es aber bei diesem einen, um ihre Glaubensstrukturen nicht zu sehr zu bemühen.

„Vor vielen Jahren hatte auch ich den Wunsch an Gewicht zuzunehmen", sagt mir der Meister kurz nachdem er mich geheilt hatte. Ich war zum ersten Mal nach längerer Krankheit aufgestanden um Lahiri Mahasaya in Benares zu besuchen.

„Meister, sagte ich, während meiner schweren Krankheit habe ich stark abgenommen."

„Ich sehe Yukteswar, dass du dich selbst krank gemacht hast und jetzt glaubst, dass du abgemagert seist"

Diese Antwort entsprach in keiner Weise in meinen Erwartungen. Mein Guru fügte jedoch ermutigend hinzu:

„Lass sehen, ich glaube bestimmt, dass es dir morgen besser geht."

Mein empfänglicher Geist fasste seine Worte als heimlichen Hinweis auf, dass er mich heilen wollte.

Als ich ihn am nächsten Morgen aufsuchte, rief ich ihm freudestrahlend zu: *„Gurudschi, heute geht es mir viel besser!"*

„Tatsächlich, heute hast du dich gestärkt."

„Nein Meister", wandte ich ein, *„Ihr seid es, der mir geholfen hat. Dies ist das erste Mal seit Wochen, dass ich etwas Kraft in mir fühle."*

„Allerdings du hast immerhin eine schwere Krankheit hinter dir und dein Körper ist noch nicht widerstandsfähig genug. Wer weiß wie es morgen sein wird?"

Bei dem bloßen Gedanken an einen möglichen Rückfall überfiel mich ein Schauder. Am nächsten Morgen konnte ich mich kaum zu Lahiri Mahasaya`s Haus hin schleppen.

„Meister heute geht es mir wieder sehr schlecht"

Der Guru blickte mich belustigt an: *„So du hast dich also wieder krank gemacht."*(....)

„Ihr habt euch die ganze Zeit lustig über mich gemacht. Ich weiß nicht, warum ihr meinen ehrlichen Worten keinen Glauben schenkt!"

„Es sind wirklich nur deine Gedanken, die dich abwechselnd krank und gesund gemacht haben", das sagte mein Guru, indem er mich liebevoll anblickte. *„Du siehst wie dein Gesundheitszustand sich genau nach deinen unterbewußten Erwartungen gerichtet hat.*

Gedanken sind Kräfte genau wie die Elektrizität oder die Schwerkraft. Der menschliche Geist ist ein Funke des allmächtigen Bewusstseins Gottes.

Ich wollte dir lediglich zeigen, dass alles woran dein machtvoller Geist fest glaubt, sofort eintritt."

Da ich wusste, dass Lahiri Mahasaya niemals leere Worte machte, fragte ich ihn ehrfürchtig:

„Meister wenn Ich glaube, dass ich jetzt gesund bin und mein früheres Gewicht wieder erlangt habe, wird es dann geschehen?"

„Es ist bereits geschehen" sagte mein Guru ernst, in dem er mich fest anblickte. Sofort fühlte ich nicht nur eine Zunahme an Kräften, sondern auch an Gewicht.

Er versank darauf in tiefes Schweigen. Ich kehrte darauf zu meiner Mutter zurück, bei der ich während meines Aufenthalts in Benares wohnte. Sie traute ihren Augen nicht, als sie mich sah:

„Was ist denn mit dir geschehen, mein Sohn, hast du die Wassersucht", rief sie aus. Denn mein Körper sah genau so voll und kräftig aus wie vor meiner Krankheit. Ich wog mich und stellte fest, dass ich an einem Tage 50 Pfund zugenommen hatte und dieses Gewicht habe ich seither beibehalten.

Meine Freunde und Bekannten, die mich vorher im abgemagerten Zustand gesehen hatten, waren vor Staunen fassungslos. Einige waren von diesem Wunder so beeindruckt, dass sie ein neues Leben begannen und Jünger von Lahiri Mahasaya wurden.

Mein in Gott erwachter Guru wusste, dass diese Welt nichts als ein manifestierter Traum des Schöpfers ist. Da er sich allezeit seiner Einheit mit dem göttlichen Träumer bewusst war, konnte er die Traumatome dieser Welt der Erscheinungen jederzeit materialisieren oder entmaterialisieren oder sie beliebig neu zusammensetzen.

„Das ganze Universum ist bestimmten Gesetzen unterworfen", sagte Sri Yukteswar abschließend. Die Kräfte, die das sichtbare von denen von der Wissenschaft erforschbare Universum regieren, werden Naturgesetze genannt. Doch es gibt feinere Gesetze, welche die verborgenen geistigen Bereiche und die inneren Räume des Bewusstseins regieren. Diese können von der Yoga Wissenschaft erforscht werden.

Nicht der Physiker, sondern der erleuchtete Meister kennt das wahre Wesen der Materie.

Aufgrund dieses Wissens konnte Christus das Ohr des Knechtes heilen, das einer seiner Jünger abgeschlagen hatte." (Lukas 22, 50-51)

Interessant oder? Denken wir an die oben erwähnten Worte von Jesus über den Glauben im 2000 Jahre alten Besteller.

Über Jesus persönlich fand ich einige Hinweise in einem anderen bemerkenswerten Schriftstück. In seinem weiteren Buch:

„Der Yoga Jesu" schreibt **Paramahansa Yogananda** u.a. über die „verlorenen Jahre" Jesu. Eine Zeit von Jesu zwischen dem 12. und 29. Lebensjahr und seinen Aktivitäten, über die man im Allgemeinen nicht viel weiß:

„In Indien gibt es eine tief verwurzelte Tradition, die von bedeutenden Metaphysikern als richtig anerkannt wird.

In alten Manuskripten finden sich glaubwürdige Erzählungen aus denen hervorgeht, dass die Weisen aus dem Osten, die den Weg zum Jesus in Bethlehem fanden, in Wirklichkeit große Weise aus Indien waren. Und nicht nur das diese indische Meister zu Jesus kamen, er erwiderte ihren Besuch.

Im neuen Testament senkt sich nach dem 12. Lebensjahr der Vorhang des Schweigens über das Leben Jesu, um sich hier erst 18 Jahre später wieder zu heben, als Jesus von Johannes getauft wird und damit zu predigen beginnt."
Uns wird nur mitgeteilt:

„Und Jesus nahm zu an Weisheit, Alter und Gnade bei Gott und den Menschen". (Lukas 2, 52)

Es ist schon höchst ungewöhnlich, dass die Zeitgenossen einer solch herausragenden Persönlichkeit von der Kindheit an bis zum 30. Lebensjahr nichts Nennenswertes über sie zu berichten wissen.

Es existieren jedoch erstaunliche Erzählungen, die allerdings nicht aus dem Herkunftsland Jesu stammen, sondern aus weiter östlich gelegenen Gebieten, wo er die meisten der unbekannten Jahre seines Lebens verbrachte. Dort liegen in einem tibetischen Kloster ungemein wertvolle Aufzeichnungen verborgen.

Sie berichten von einem heiligen Issa aus Israel, „in dem sich die Seele des Universums offenbarte" und der sich vom 14. bis zum 28. Lebensjahr in Indien und in Regionen des Himalaya aufhielt und dort unter heiligen Mönchen und Pandits(brahmanische Gelehrte) lebte, dann in sein Geburtsland zurückkehrte, dort seine Lehren verbreitete und grausam behandelt, verurteilt und hingerichtet wurde.(....)

Glücklicherweise wurde dieses alte Schriftgut von dem russischen Reisenden Nicolas Notovitch entdeckt und kopiert. (im Hemis Kloster in Tibet)

In seinem Manuskript heißt es:

„Issa entfernte sich heimlich aus dem Haus seines Vaters, er verließ Jerusalem, und reiste mit einer Gruppe von Kaufleuten nach dem Sindh (pakistanische Provinz), in der Absicht sich zu vervollkommnen durch die Erkenntnis von Gottes Wort und durch das Studium der Gebote der Großen Buddhas.

Notovitch veröffentlichte seine Notizen Im Jahre 1894 in eigener Regie unter dem Titel:

„The Unknown Life of Jesus Christ" (Das unbekannte Leben Jesu HK Verlag Wien 2006)

Das ließe einen in diesem Zusammenhang auch eine andere, neue Sichtweise über die Aussagen im 2000 Jahre alten Bestseller annehmen.

Außer den Aufzeichnungen in diesen alten Manuskripten wurde bis zum heutigen Tag kein anderer historischer Bericht über die unbekannten Jahre im Leben Jesu veröffentlicht.

Wiedergeburt

Wie schon erwähnt, gibt es einen *Paradigmenwechsel* in den Wissenschaften, die überlieferten Erkenntnisse werden also einem tiefgreifenden Wandel unterzogen und das betrifft nahezu jede Wissenschaft, nicht nur die akademischen.

Also angenommen, nur mal angenommen, wir würden gar nicht „sterben", es gäbe tatsächlich so etwas wie eine *Wiedergeburt*, auch *Reinkarnation* genannt und wir wüssten davon, das würde doch einiges in uns verändern.

Reinkarnation bedeutet, dass ein individuelles geistiges Wesen im Zug seiner Entwicklung mehrmals zu physischen Daseinsformen heruntersteigt, zwischen denen jeweils eine rein geistige Existenz liegt.

Das Schicksal (sanskrit: Karma) in späteren irdischen Inkarnationen wird dabei wesentlich mitbestimmt durch die Taten in früheren Erdenleben.

In den ältesten hinduistischen Schriften, den Veden, wird die Reinkarnation noch nicht thematisiert. Himmel und Hölle sind hier die dauerhaften Aufenthaltsorte nach dem Tod. Erst in den ab etwa 800 v. Chr. niedergeschriebenen Upanishaden wird die Lehre von Reinkarnation und Karma entwickelt, der Atma, genannt Seele, der unsterbliche Wesenskern des Menschen, unterworfen ist.

Nach anthroposophischer Auffassung von Rudolf Steiner ist es der unsterbliche individuelle Geist, das Ich des Menschen, das sich wiederverkörpert und, von Ausnahmefällen abgesehen, nicht die weitgehend vergängliche Seele, die sich nach dem Tod bis auf einen unvergänglichen Rest in der allgemeinen Astralwelt zerstreut und für die nächste irdische Inkarnation neu und mit anderen Eigenschaften wieder aufgebaut werden muss.

Die großen christlichen Kirchen und entsprechend auch die meisten Theologen lehnen die Vorstellung der Reinkarnation jetzt ab, auch wenn wohl zahlreiche Schriftsteller und Gelehrte darauf verweisen, dass erst am 5. Konzil von Konstantinopel 553 n.Chr. die Lehre der Präexistenz verdammt wurde.

In den 8 Konzilen, die es in Konstantinopel gab, wurden die Schriften des 2000 Jahre alten Bestsellers immer wieder umgestaltet.

Für die meisten Religionen ist es also nach unserem Abschluss hier in der Schul-welt vorbei. Egal, wie es sich nun auch verhält; es gibt neben vielen Vorfällen, von denen verschiedene Autoren zum Thema Reinkarnation berichten, eine ganz außergewöhnliche.

Einer der bedeutendsten und meistdiskutierten Reinkarnations-Fälle fand in den 1930er Jahren in Indien statt.

Es war die Geschichte des 9jährigen Mädchens *Shanti Devi*, welche über Indien hinaus bald die ganze Welt beschäftigte.

„Dieser Fall gilt bis heute als einer der beweisträchtigsten in der Geschichte der Reinkarnations-Forschung. Die Geschichte beginnt ein Jahr, 10 Monate und 7 Tage vor Shanti Devis Geburt.

Am 8. Januar 1902 wurde im Ort Mathura in Indien ein Mädchen namens Lugdi geboren. Im Alter von 10 Jahren wurde sie für eine Ehe mit einem Mann namens Kedarnath Chobey vorgesehen, einem Tuchhändler.

Kurz nach der Pubertät wurde sie von ihm schwanger, es kam zu Komplikationen. Das Kind wurde per Kaiserschnitt geholt, aber Lugdi starb an den Folgen der Geburt.

Am 11. Dezember 1926 wurde in der Nähe von Delhi ein Mädchen namens Shanti Devi geboren.

Shanti war ungewöhnlich ruhig. Sie war schon fast 4 Jahre alt, als sie zu sprechen anfing. Und das, was sie sprach, beunruhigte ihre Eltern. Einer ihrer ersten zusammenhängenden Sätze war:

„Du bist nicht meine Mutter!" Äußerungen dieser Art häuften sich.

Shanti sagte: „Dies ist nicht mein wirkliches Zuhause. Ich habe einen Ehemann und einen Sohn in Mathura. Ich muss zu ihnen zurückkehren." Die Eltern machten sich Sorgen um ihre Tochter, denn sie wussten keine Erklärung.

Die „Phantasien" des Mädchens nahmen weiter zu. Sie erzählte, welche Kleider sie früher als Erwachsene trug, welche Speisen sie zu sich nahm. Ihr Ehemann lebe in Mathura und hätte einen Tuch-Laden vor dem Dwarkadhish Tempel.

Sie erinnerte sich an immer mehr Dinge, z.B. an das Aussehen ihres Mannes. Dieser wäre blond, habe eine große Warze auf der linken Wange und trüge eine Lesebrille.

Zu diesem Zeitpunkt war Shanti sechs Jahre alt. Sie erzählte von ihrem eigenen Tod während der Geburt. Die Eltern zogen einen Arzt hinzu, dem Shanti alles ausführlich berichtete. Der Arzt war erstaunt, wie genau das Mädchen die chirurgischen Eingriffe schilderte.

Die Eltern glaubten, dass ihre Tochter psychisch krank sei und versuchten, ihre Phantasien zu unterdrücken. Eines Tages sprach Shanti mit einem entfernten Verwandten, einem Lehrer.

Unter der Bedingung, dass dieser sie zu „ihrem" Ehemann bringen würde, verriet Shanti seinen Namen: Er heiße Kedarnath Chobey! Der Lehrer konnte den Mann ausfindig machen und schrieb ihm einen Brief, indem er alle Details nannte, die Shanti vorgab zu wissen.

Nach sehr kurzer Zeit schrieb Kedarnath Chobey zurück.

Er bestätigte, dass seine Frau Lugdi hieß und gestorben war und dass auch andere Angaben im Wesentlichen richtig waren.

Es wurde ein Treffen arrangiert, und Kedarnath Chobey besuchte am 12. November 1935 mit seinem 10jährigen Sohn Navneet und seiner neuen Frau das Elternhaus von Shanti Devi.

Beim Anblick des Sohnes brach die 9jährige Shanti in Tränen aus, umarmte ihn heftig und schluchzte noch eine Stunde lang, was für ihre stille Art sehr ungewöhnlich war.

Sie erkannte auch ihren Mann und sagte dann zu ihrer Mutter: „Ich habe dir doch gesagt, dass er eine Warze auf der linken Wange hat." Abends fragte die Mutter, was für Essen sie zubereiten solle. Shanti schlug vor, gefüllte Kartoffel und Kürbis Paranthas-Curry zu machen, da ihr Mann dies gerne esse. Kedarnath war verblüfft, denn dies stimmte. Spät am Abend ging er mit Shanti allein in ein Zimmer und stellte ihr intime Fragen über das vergangene Leben, die Shanti alle beantworten konnte. Shanti wiederum fragte ihn, warum er noch mal geheiratet hatte, denn sie hatten vereinbart, dass er nicht wieder heiraten würde. Er war zu Tränen gerührt, denn er war nun sicher, dass es sich um seine ehemalige Frau handelte.

Der Fall wurde innerhalb kürzester Zeit in Indien und der ganzen Welt bekannt. Der berühmte Lehrer und Pazifist Mahatma Gandhi interessierte sich sehr für die Geschichte und initiierte ein Komitee zur Untersuchung des Falls.

Die 15 Mitglieder, bestehend aus Prominenten, Politikern, nationalen Führern und Journalisten, begleiteten Shanti Devi auf ihrem ersten Weg nach Mathura. Das erste aufsehenerregende Ereignis fand gleich nach der Begrüßung statt. Sie berührte die Füße eines älteren Mannes als Zeichen der Verehrung, dies geschah ganz spontan und natürlich. Obwohl sie den Mann nie vorher gesehen hatte, erkannte sie in ihm den älteren Bruder von Kedarnath Chobey, also ihren Schwager. Alle Anwesenden waren fassungslos.

Auf dem Weg zu ihrem ehemaligen Wohnhaus beschrieb sie die Veränderungen der Stadt seit ihrem Vorleben richtig. In dem Wohnhaus angekommen, konnte sie die Fragen der Kommission zu Details des Hauses beantworten, z.B. wo sich die einzelnen Zimmer befanden, oder der alte Brunnen, der mittlerweile unsichtbar unter einer Steinplatte verborgen war. Shanti konnte auch die Stelle wiederfinden, an der sie als Lugdi damals Geld versteckt hatte.

Die Mitglieder des Komitees waren sehr bewegt über die Emotionen, die Shanti den Verwandten ihres vorherigen Lebens entgegenbrachte. Besonders für ihre früheren Eltern hegte das Mädchen eine solche Zuneigung, dass es nur mit Mühe von ihnen getrennt werden konnte.

Shanti Devi starb 1987 im Alter von 61 Jahren. Bis heute haben hunderte Forscher ihre Geschichte überprüft.

Wenn es auch immer einige Kritiker gegeben hat, die Zweifel an diesem Fall äußerten, ist die überwiegende Mehrheit sich einig, dass es sich bei Shanti Devi tatsächlich um die Wiedergeburt der verstorbenen Lugdi handeln muss.

Auch wenn Jahre später noch immer Untersuchungen angestellt wurden, konnte bisher kein Schwindel aufgedeckt werden. Der Fall Shanti Devi gehört eindeutig zu der Geburtsstunde der modernen Reinkarnationsforschung.

Was jedoch fehlt und auch niemals gefunden werden kann, ist natürlich ein biologischer oder physikalischer Beweis dafür, dass es sich hierbei tatsächlich um eine Reinkarnation handelte."

Ist schon ein sehr beeindruckendes Beispiel auf diesem Sektor, natürlich ohne echte Beweiskraft, welches alle die jetzt entspannt durchatmen lässt, die schon Sorge hatten, ihr Weltbild würde zusammenbrechen.

„Wer überwindet, den will ich machen zum Pfeiler in den Tempel meines Gottes und er soll nicht mehr hinausgehen"

Diese Worte findet man allerdings passender Weise dazu im 2000 Jahre alten Bestseller in *Offenbarung 3/12*

Das könnte ja doch für eine mögliche Wiedergeburt sprechen, zumindest für die Wahlmöglichkeit.

In diesem Zusammenhang möchte ich nur kurz an die Geschichte des Dalai Lama erinnern, der Führer des tibetischen Buddhismus, der, so heißt es und sagt er selber, auch immer wieder geboren wird.
Der gegenwärtige 14. Dalai Lama ist der buddhistische Mönch Tenzin Gyatso. Na ja, seine mögliche Wiedergeburt lässt die fragende, interessierte Öffentlichkeit zumeist unkritisiert; man möchte es sich ja schließlich nicht mit einem liebevollen, respektablen und höchst achtenswerten Religionsoberhaupt verscherzen.

Über den Tod und das Leben danach

Mit unserem Abschluss, genannt Tod, hat sich wohl als einzige in dieser Intensität über viele Jahre die weltweit bekanntgewordene *Ärztin
Frau Elisabeth Kübler- Ross (1926 – 2004)* auseinander gesetzt.

Über 20 Jahre beschäftigte sie sich mit dem Tod, den Sterbenden, Trau-
erarbeit und Nahtoderfahrungen. Man könnte sie auch als Begründerin
der modernen Sterbeforschung titulieren. Von zahlreichen Universitä-
ten erhielt sie Ehrendoktortitel und Auszeichnungen.

Am Anfang wertete sie über viele Stunden, die sie am Bett von Sterbenden verbrachte, deren Verhaltensweisen auf und unterteilte sie in
fünf Phasen des Sterbens.

Dafür erhielt sie viel Anerkennung, als sie jedoch dann auch Vorträge
über außerkörperliche und jenseitige Erfahrungen der Patienten machte, erhielt sie plötzlich heftigste Gegenwehr. Man hielt sie dann gar für
ver-rückt.

Klar, schon richtig: sie war weg-, *aus der Norm -gerückt!*

Mit ihren Aussagen entsprach sie sicher dann nicht dem allgemeinen
Zeitgeist und konnte bis heute auch nur leider einen kleinen Kreis von
Mitschülern mit Ihren Ausführungen erreichen.

In ihrem Buch:

„Über den Tod und das Leben danach" äußert sie sich über diese Kritik:

*„ Meiner Meinung nach ist derjenige wissenschaftlich ehrenhaftig, der das
niederschreibt, was er herausgefunden hat, und außerdem darlegt, wie er zu
seiner Schlussfolgerung gelangt ist. Man müsste mir volles Misstrauen
schenken und mich geradezu der Prostitution zeien, wenn ich nur das veröf-
fentlichen würde, was der allgemeinen Meinung gefällt.*

*Ich denke nicht daran, Leute zu überzeugen oder gar zu bekehren. Meine Ar-
beit sehe ich hauptsächlich darin, dass Erforschte weiter zu geben. Jene die
dafür bereit sind, werden mir Glauben schenken und jene, die es nicht sind,*

werden mit den unglaublichsten Vernünfteleien und Besserwissereien argu-
mentieren wollen."

Sie machte Forschung mit Patienten, die schon einmal-unterschiedlich lange- tot waren und dann ins Leben zurückkehrten. Diese Ergebnisse wurden dann von anderen Wissenschaftlern mit Halluzinationen ab-getan, die durch Atemstillstand und Sauerstoffmangel entstünden.

Daraufhin arbeitete sie auch mit blinden Patienten mit Todeserfahrun-gen, um Kritik entkräften zu können. Diese hatten „gesehen", was in der „Auszeit" passierte, welche Menschen sich z.b. in der Umgebung befanden mit welcher Kleidung und anderen feineren Details.

Das ließe sich wohl schwer durch Halluzinationen erklären.

Der Sterbemoment mit ihren Patienten hinterließ bei ihr immer densel-ben Eindruck:

„…in einer sehr persönlichen, bedeutungsvollen Weise beeinflussten sie mein Leben und ich das ihre. Doch schon innerhalb von wenigen Minuten nach ihrem Tod waren meine Gefühle verflogen, so dass ich mich darüber verwun-derte und mich selbst fragte, ob mit mir etwas nicht stimme.

Wenn ich sie auf ihrem Sterbebett betrachtete, hatte ich das Gefühl, als ob jene jetzt wie bei Ankunft des Frühlings ihren Wintermantel abgelegt hatten, da sie ihn nicht mehr benötigten.

Ich hatte dann die unglaubliche Gewissheit, dass es sich bei diesem toten Kör-per nur um eine Hülle handelte und mein geliebter Patient sich nicht länger auf jenem Bett befand."

Ist es nicht Beweis, zumindest ein starkes Indiz dafür, dass *wir* nicht unser Körper sind, über den wir so viel wissen?

Hier ein paar aufschlussreiche Bemerkungen aus ihrem Buch, welches bereits 1984 erschien, in denen sie aus ihren Erfahrungen heraus ein Resümee über den Tod, aber damit vor allem auch über das Leben zieht.

„Täglich sterben Menschen auf der ganzen Welt und dennoch werden in unserer Gesellschaft, die es so weit gebracht hat, einen Menschen zum Mond zu bringen und ihn wieder gesund und sicher zurück zu holen, keinerlei Anstrengungen unternommen, um den Tod zu erforschen und damit zu einer sich auf dem neusten Stand befindlichen und alles umfassende Definition des menschlichen Todes zu gelangen.

Ist das nicht eigenartig?!

<u>*Doch meine eigentliche Aufgabe besteht darin – und dazu benötige ich ihre Mithilfe – den Menschen zu sagen, dass es keinen Tod gibt.*</u>

Es ist sehr wichtig dass die Menschheit dieses weiß, denn wir stehen am Beginn einer sehr schwierigen Zeit, nicht nur für Amerika sondern für den ganzen Planeten Erde.

Schuld daran ist unsere eigene Zerstörungssucht,

Schuld daran sind die Atomwaffen,

Schuld daran tragen unsere Habsucht und unser Materialismus,

Schuld daran ist unser Verhalten hinsichtlich der Umweltverschmutzung,

Schuld daran sind wir, weil wir so unendlich viele Gaben der Natur zerstört haben, und

Schuld tragen wir darin, dass wir jegliche echte Vergeistigung verloren haben.

Ich übertreibe ein bisschen, aber bestimmt nicht zu sehr.

<u>*Das einzige Mittel, das eine neue Veränderung für ein neues Zeitalter herbeizuführen vermag, besteht darin, dass die Erde zu beben beginnt, auf das wir aufgerüttelt werden.*</u>

Sie müssen das wissen, aber sie müssen keine Angst haben.

Nur wenn sie sich ganz und gar für Höheres öffnen und keinerlei Angst haben, werden ihnen höhere Einsichten und Offenbarungen mitgeteilt werden.

Sie brauchen sich deshalb nicht an einen Guru zu wenden, sie müssen nicht nach Indien reisen.

Sie benötigen noch nicht einmal einen Meditationskurs.

Sie müssen gar nichts anderes tun als zu lernen, in der Stille mit ihrem SELBST in Berührung zu kommen.

Und das kostet sie keinen einzigen Pfennig.

Nehmen sie Kontakt mit ihrem eigenen innewohnenden SELBST auf und lernen sie jegliche Angst abzulegen. Und eine Möglichkeit keine Angst mehr zu verspüren, besteht darin, zu wissen, dass es keinen Tod gibt und das alles, was uns in diesem Leben begegnet, einem positiven Zweck dient.

Im Moment des Todes werden wir alle die Trennung des wirklichen unsterblichen ICH von seinem zeitlichen Haus, nämlich dem physischen Körper, erleben.

Dieses unsterbliche SELBST wird auch Seele oder Entität genannt. (....)

Wir können dieses sich aus dem Erdenkörper befreiende SELBST mit dem aus seinem KOKON schlüpfenden SCHMETTERLING vergleichen.

Sobald wir unseren physischen Körper verlassen haben, werden wir uns inne, dass wir von keinerlei Panik Angst oder Sorge erfasst werden.

Der Tod ist nur ein Übergang in eine andere Form eines anderen Lebens auf einer anderen Frequenz."

Der Moment des Todes ist ein ganz einmaliges schönes befreiendes Erlebnis, das man ohne Angst und Nöte erlebt. Für sie bedeutet die Beschäftigung mit dem Tod nicht eine Flucht vor dem Leben, im Gegenteil, die Einbeziehung des Todes in seine Gedanken, lässt den Menschen bewusster und konzentrierter leben und bewahrt ihn davor, „nicht so viel Zeit für unwichtige Dinge" zu vergeuden.

„...Und Ich möchte ihnen auch sagen, wie auch sie davon überzeugt werden können, dass dieses Erdenleben, welches Sie in ihrem physischen Körper durchleben, nur eine sehr, sehr kurze Zeitspanne innerhalb Ihrer Gesamtexistenz beträgt. Ihr jetziges Leben jedoch ist innerhalb ihrer Gesamtexistenz von größter Bedeutung, denn sie sind hier aus einem bestimmten Grunde, der ganz und gar auf sie abgestimmt ist.

Der Zeitfaktor spielt dabei nur eine geringfügige Rolle, denn er basiert sowieso nur auf einem vom Menschen ersonnen Konzept.

Richtig Leben heißt im eigentlichen Sinne, <u>lieben lernen</u>.

Gott ist bedingungslose Liebe. Bei der Revision ihres Lebens werden sie nicht ihm die Schuld an ihrem Schicksal zu schieben, sondern sie erkennen, dass Sie ihr eigener schlimmster Feind waren, da sie sich jetzt vorwerfen müssen, so viele Gelegenheiten zum Wachsen ungenutzt gelassen zu haben. Jetzt wissen sie, dass damals, als Ihr Haus abbrannte oder als ihr Kind verstarb, Ihr Mann verletzt wurde oder Sie selbst einen Schlaganfall erlitten, dass es sich bei all Ihren Schicksalsschlägen um unzählige Möglichkeiten zum Wachsen handelte, zum Wachsen an Verständnis, zum Wachsen an die Liebe, zum Wachsen an allen Dingen, die wir noch zu lernen haben."

Wie formuliert sie es so einfach:

„<u>Sterben ist nur ein Umziehen in ein schöneres Haus.</u>"

Bitten wir doch um die Gelassenheit, mit der Sokrates den Schierlingsbecher leer trank, der ihm nach seinem Todesurteil gereicht wurde. Sokrates uneingeschränkte Nonchalance im Angesicht des Todes *entsprang dem Wissen darüber, was der Tod wirklich ist, nicht das Ende, sondern die Rückkehr zu unserem wahren Zuhause.*

Das klingt doch wunderbar, treffender kann man es nicht ausdrücken. Das macht doch Mut und kann die manchmal auftauchenden trübsinnigen Gedanken über das Thema vertreiben.

Leben wir jetzt möglicherweise in der Zeit, von der Frau Kübler-Ross spricht:

Die Zeit mit dem Beben der Erde, das uns aufrütteln könnte?

Ein sehr schönes, einfühlsames Buch, das unserem Abschluss viel von seiner Schrecklichkeit und Tragik nimmt.

Also ruhig mal einen anderen Standpunkt einnehmen, um eine ganz andere Sichtweise der Dinge zu bekommen. Das kann nicht schaden, wenn wir die Fragen betrachten, die vielleicht im Laufe meiner Ausführungen aufgetaucht sind. Gibt es dazu mögliche Antworten?

Am Anfang meinte ich:

Wer sind wir denn, die sich auf diese Form, diesen Körper, dieses „Vehikel" eingelassen haben, von dem die meisten Mitschüler denken, er wär unsere gesamte Identität.

- Wer sind wir?

- Wo kommen wir her?

- Wo waren wir vor unserer Einschulung?

- Wo gehen wir hin?

J. W. von Goethe meinte dazu:

„Der Mensch ist ein dunkles Wesen, er weiß nicht, woher er kommt, noch wohin er geht. Er weiß wenig von der Welt und am wenigsten von sich selber."

Wie kann es sein, dass es uns so wenig kümmert?!

Manche Wissenschaftler glauben schon mit dem „Gottesteilchen", dem Higgs-Boson Elementarteilchen eine Weltformel entdeckt zu haben. Eine Theorie, mit der alles erklärt werden kann. Seltsam, eine Theorie, die keine Antwort auf die obigen Fragen sucht, die uns hier immer wieder beschäftigen.

Das soll eine Lösung sein?

Wofür überhaupt das ganze Lernen in dieser Schul-Welt?

„Was wir lernen können, ist nur ein Prozess des Sicherinnerns" meinte Platon dazu.

Frau Kübler-Ross ist sich sicher, dass alles, was uns in diesem Leben begegnet, einem positiven Zweck dient.

Ihr könnte man glauben, sie war eine lange Zeit in ihrem Leben dicht dran an diesem Übergang, an unserem „Abschluss". Gibt es nach unserem „Abschluss" möglicherweise, humorvoll formuliert, so etwas wie eine *„Kontrollprüfung"*, die uns dazu dient, selber festzustellen, ob es ausreicht, was wir in dieser „Schul-Zeit" hier gelernt haben, oder ob wir besser nochmal erscheinen sollten, um Lernlücken aufzufüllen?

Unser Lernen ist also uns von Nutzen!

Waren eventuell manche, die bei Ihren Lehrstunden hier in der Schul-Welt gleich auf Anhieb schon Erstaunliches leisten, wie z.B. Clemens Kuby mit seiner eigenen geistigen Selbstheilung, eventuell schon mal in dieser Schul-Welt oder sogar öfter?

Oder die Yogis, die Avatare, die heiligen indischen Meister, die mit Leichtigkeit mit diesen scheinbar so festen Atomen dieser Welt ein *Spiel des Lebens* entfesseln, das uns zum Staunen bringt und wir kaum glauben können.

Vielleicht stimmt das ja doch mit der Wiedergeburt?

Es sieht doch eher so aus, als sei unser „Abschluss" nicht das Ende, sondern der Übergang zum Beginn von einem neuen Abenteuer hier.

Wäre es dann nicht tatsächlich besser, wir wüssten von einem erneuten Erscheinen hier gar nicht? Könnten wir denn sonst überhaupt mit der gleichen Neugierde, Unbekümmertheit, Achtsamkeit und vor allem Unvoreingenommenheit hier wieder weiteren Aufgaben gerecht werden, wenn uns alles bekannt wäre?
Ja und das nicht nur von einem, sondern mehrmaligen
Da-bzw. *Hier-Seins.*

Ich möchte das nachdenklich machende Thema gerne auch etwas humorvoll untermalen. Sie kennen den netten Text aus einem bekannten Lied:

„…Stimmt es, dass es sein muss, ist für heute wirklich Schluss?

Heute ist nicht alle Tage; ich komm` wieder kein Frage!"

Na gut, das werden wir dann ja sehen.

Apropos *Wieder-geburt*:

Auch wenn man sich in der westlichen Astrologie nicht ganz einig ist, wann es genau der Fall ist; das Wassermannzeitalter ist nicht aufzuhalten. Das steht für einen starken Wandlungsprozess ähnlich einer Geburt. Da gibt es auch *Geburts*wehen, in die wir möglicherweise gerade hineinkommen. Die können sehr heftig sein, gerade, wenn man sich dagegen sträubt. Aber eine Geburt ist nun mal nicht aufzuhalten!

Auch wenn es keine genaue Antwort gibt, ergeben sich in der Wassermannzeitalter Bedeutung signifikante Hinweise auf die Existenz der neuen Ära:

- Wahrnehmung der Welt und des Kosmos werden sich deutlich wandeln
- Das Prinzip Hoffnung wird ersetzt werden durch das Prinzip Verantwortung
- Dauerkonflikte zum Überwinden alter Machtstrukturen
- Weltbürgertum durch erdumspannende Vernetzung
- Nonkonformismus, Freiheit des Einzelnen
- Streben nach spiritueller Bewusstheit
- Hoher Druck durch Beschleunigung der individuellen Entwicklung
- Veränderungen im elektromagnetischen Erdfeld

Überall sind die Wassermannzeitalter Veränderungen wahrnehmbar. Gesellschaften, Wirtschaftssysteme und Regierungen wandeln sich. Die globale Erwärmung gilt als eine der größten Herausforderungen des neuen Zeitalters.

In neuerer Zeit hat ein aufsehenerregendes Buch für Schlagzeilen, aber auch für Verwirrung bei dieser Thematik gesorgt.

„Blick in die Ewigkeit" vom renommierten Neurochirurgen Dr. Eben Alexander.

Er ist ein bekannter amerikanischer Gehirnchirurg, der 2008 eine außergewöhnliche Nahtoderfahrung machen durfte.

Durch seine berufliche Tätigkeit sind ihm die Zusammenhänge, auf welche Weise unser Gehirn arbeitet und welche Teile für welche Funktionen entscheidend sind, natürlich völlig klar. Bis zu dieser für ihn einschneidenden Erfahrung, sah er sich selber als einen unbedingter Vertreter der materialistischen Wissenschaft, als Skeptiker und als klaren Rationalisten.

Am 10. November 2008 kollabiert er und fällt in ein tiefes Koma, sein gesamter Neocortex, ein wichtiger Teil der Großhirnrinde, funktioniert nicht mehr.

Die Diagnose der Ärzte ist erstaunlich: eine bakterielle E.coli Meningitis. Gewöhnlich rufen Viren Hirnhautentzündungen hervor.

Dass Bakterien sie verursachen, ist nicht nur selten, sondern für den Betroffenen auch viel gefährlicher.

„Wird die Krankheit nicht behandelt, verläuft sie tödlich. Selbst mit geeigneten Antibiotika liegt die Mortalitätsrate zwischen 40 und 80 Prozent, schreibt Scott Wade, ein Spezialist für Infektionskrankheiten und behandelnder Arzt von Dr. Eben Alexander.

Die Bakterien, die eine Hirnhautentzündung verursachen, greifen zunächst die äußere Oberfläche des Gehirns an und zerstören sehr effizient solche Strukturen, die laut Alexander für den „menschlichen Teil unseres Gehirns" zuständig sind – den Neocortex.

Die tieferen Gehirnstrukturen, die überlebenswichtig sind, bleiben zunächst intakt. Erst ganz zum Schluss schalten die Bakterien sie aus." Sein Zustand ist ernst. „Trotz einer sofortigen, aggressiven Antibiotika-Behandlung seiner E.-coli-Meningitis und kontinuierlicher Pflege auf der Intensivstation lag er sechs Tage im Koma, und die Hoffnung auf eine schnelle Genesung schwand", schreibt Scott Wade. *Mit einer Wahrscheinlichkeit von über 97 Prozent sollte der Familienvater sterben.*

Wenn er es schaffte, dann als Pflegefall!
Doch Eben Alexander überlebt ohne bleibende Hirnschäden – ein medizinisches Mysterium, sagt der Arzt.
Aber das eigentliche Wunder habe er in der Zeit erlebt, in der er fast tot war, erzählt der Amerikaner.

In seinem Buch berichtet er von seiner Nahtoderfahrung.
Er sei in eine Welt eingetaucht, die ihm erschreckend real vorgekommen sei.
„Sie schienen viel realer als alles zu sein, was ich je erlebt habe." Eine Welt aus reinem, hellem, weiß-goldenem Licht, die die „eigenartigste, schönste Welt" war, die er je gesehen hatte.

Diese „Reise" bringt ihm Erkenntnisse, die sein Leben und auch seine Anschauung vom Leben nach diesem Koma radikal ändert.

Die Erfahrungen, die er schildert, führen aber auch in der allgemeinen Öffentlichkeit und speziell im Kreise seiner Kollegenschaft zu großer Verwirrung, da sie das bisherige Weltbild, das die materialistische, wissenschaftliche Betrachtungsweise, was die Beziehung von Gehirn und Bewusstsein ausmacht, komplett auf den Kopf stellt.
Mit seinem Buch wirbelt er sehr viel Staub auf und gefährdet durchaus seine Karriere in der akademische Neurochirurgie. Es gibt Kollegen von ihm, die an Dr. Alexanders Aussagen natürlich zweifeln.
Denn Fakt ist: Er ist nicht gestorben, sondern konnte am Ende doch wieder ins Leben zurückgeholt werden. Sie meinen, er hätte einen Traum oder Halluzination gehabt.

„ Ich sah mich den vorhersehbaren Angriffen aus der Wissenschaftsgemeinde ausgesetzt, die meine Erfahrung als offensichtliche Konfabulation (Füllen von Gedächtnislücken durch frei erfundene Begebenheiten*) werteten.*
Sie waren der Meinung, es gebe keinen Beweis dafür, dass mein Gehirn

*wirklich so stark geschädigt war, dass es keine Halluzinationen mehr hatte
hervorbringen können.*

*Diejenigen, die sich am häufigsten in der Presse äußerten, waren sich dieser
medizinischen Details entweder nicht bewusst oder sie übergingen den verhee-
renden Befund einfach, der den meisten Ärzten sofort klar war. (....)*

*Die Mehrzahl der Kritiker ignorierte die Fakten meiner Erfahrung einfach
oder erfand unbegründete Behauptungen, um mich persönlich zu diskrediti-
ren.*

*Ich hatte auch frustrierende Auseinandersetzungen mit Wikipedia über die
Darstellung einzelner Details meiner Geschichte und ihrer Folgen. Wikipedia
behauptet zwar, eine objektive Informationsquelle zu sein, aber die Redakteure
sind sichtlich voreingenommen gegenüber Beiträgen, die Vertrauen in die
Realität spiritueller Erfahrung zum Ausdruck bringen und kürzen oder strei-
chen sie oft. Mittlerweile haben Zyniker, die solche Erlebnisse angreifen,
offenbar freie Hand, die Seite zu bearbeiten, was Wikipedia zu einer Quelle
von Fehlinformationen über bestimmte Themen macht."*

Sie wissen ja, was Max Planck meinte, wie lange es braucht, bis eine
neue Lehrmeinung angenommen wird...

Ich möchte Ihnen einige Erkenntnisse von Dr. Alexander weitergeben,
die durchaus das untermauern, was ich Ihnen in den vorhergehenden
Ausführungen andeutete, nämlich, dass die Welt nicht so ist, wie wir
im Allgemeinen noch annehmen.

*„ Der neurologischen Lehre zufolge hätte ich wegen der schweren Schädigung
meines Gehirns durch die massive bakterielle Meningoenzephalitis <u>nichts
mehr wahrnehmen dürfen- gar nichts!!</u> Der Neocortex- die Gehirnregion, von
der die moderne Neurowissenschaft sagt, dass sie zumindest teilweise aktiv
sein muss, damit wir etwas bewusst wahrnehmen können, war nicht mehr in
der Lage, irgendetwas hervorzubringen oder zu verarbeiten, das auch nur
annähernd an das heranreicht, was ich erlebt habe.*

*Doch während mein Gehirn von der Infektion befallen und angeschwollen
war, begab ich mich auf eine fantastische Odyssee."*

Seine reale, ganz entscheidende Erfahrung, die er im Koma hat, macht ihm bewusst, dass sein Bewusst-sein offenbar nicht von einem intakten Gehirn abhängig ist!!!

Denn während sein Neocortex von Bakterien zersetzt wird, erweitert sich seine bewusste Wahrnehmung und gelangt auf Ebenen, die er mit seinem normalen Wachbewusstsein nie erreicht hat. Die allgemeine wissenschaftliche Lehrmeinung vertritt die Ansicht, dass das *„Bewusst-sein ein unwichtiges, verwirrendes Epiphänomen der Funktionsweise des Gehirnes sei."*

Bewusst-sein ist also ein Produkt des Gehirns, wird vom Gehirn vermittelt, heißt es in der materialistischen Wissenschaft!

„Und trotz der gigantischen Fortschritte, die wir in den letzten Jahrzehnten hinsichtlich unseres Verständnisses von der Funktionsweise des physischen Gehirns gemacht haben, hat sich die Überzeugung „Gehirn erzeugt Geist" innerhalb der materialistischen Denkweise noch nicht vom Fleck gerührt. Kein Neurowissenschaftler auf der ganzen Welt kann auch nur im Ansatz einen Mechanismus erklären, mit dem das physische Gehirn Bewusstsein hervorbringt.

Die Neurowissenschaft hat noch keine bestimmte Stelle im Gehirn identifiziert, wo bewusste Wahrnehmung letztlich stattfindet. Die meisten Beweise deuten darauf hin, dass es nirgendwo im Gehirn ein Bewusstseinszentrum gibt."

Dazu passt, was der amerikanische Physiker und Autor Nick Herbert sagt:

„Das größte Geheimnis der Wissenschaft ist das Wesen des Bewusstseins. Es ist nicht etwa so, dass wir schlechte oder unzureichende Theorien über das menschliche Bewusstsein hätten. Wir haben einfach überhaupt keine. Fast alles, was wir über Bewusstsein wissen ist, das das eher etwas mit dem Kopf zu tun hat, als mit dem Fuß."

Das ist zwar auch nur eine Aussage, zeigt jedoch auf, auf wie unsicheren, tönernen Füssen die fundamentalen Grundsätze der Neurowissenschaft stehen.

Bei seinen weiteren Nachforschungen stellt Dr. Alexander fest, wie viele Wissenschaftler und Ärzte auf der Welt es gibt, die bereits erkannt haben, dass der vorherrschende wissenschaftliche Materialismus hoffnungslos verloren ist, wenn es um irgendein Verständnis von Bewusstsein geht.

„Wir wissen bis hinein in die molekularer Ebene viel über die Mechanik des Gehirns, aber wenn es um das Bewusstsein geht, sind wir ratlos. Wie kann die Materie des Gehirns Bewusstsein entstehen lassen? In welcher Beziehung steht sie zum inneren Beobachter der allem beiwohnt, was wir leben, woran wir uns erinnern.

Manche Wissenschaftler haben beschlossen, das Problem zu umgehen, indem sie erklären, dass Bewusstsein überhaupt nicht existiert oder behaupten, eines Tages werden wir schon herausfinden, wie genau es aus der physischen Materie entsteht."

Na, das klingt aber auch nicht gerade vertrauenerweckend und eines Wissenschaftlers nicht würdig.

Was meinte Max Planck schon früher dazu:

„Ich betrachte Bewusstsein als grundlegend. Ich betrachte <u>Materie als Derivat des Bewusstseins</u>. Wir können nicht hinter das Bewusstsein gelangen. Alles, worüber wir reden, alles was wir als existierend betrachten, setzt Bewusstsein voraus."

Ich möchte Ihnen gar nichts über seine Erfahrungen im Einzelnen erzählen, die Dr. Alexander in den Tagen im Koma hat -die können Sie bei Interesse in seiner Literatur nachlesen- sondern mehr von seinen Schlussfolgerungen, die Erkenntnisse, die sein Weltbild von unserer Schul-Welt <u>radikal</u> veränderten.

„Wir sind Teil eines großen Abenteuers, dieses Abenteuer ist die fortwährende Entwicklungsgeschichte eines allumfassenden Bewusstseins.
Der eigentliche Sinn und Zweck unserer Existenz ist das fortschreitende Wachstum des Bewusstseins, jeder von uns spielt eine entscheidende Rolle in diesem Prozess mit. Wir kehren in mehreren Lebenszyklen und großen Zeitab-

ständen immer wieder hierher zurück, um uns an diesem gemeinsamen Unternehmen zu beteiligen.

1. Nahtoderlebnisse und verwandte Beweise legen nahe, dass unser Bewusstsein nicht mit dem Tod endet und unsere Seelen wahrscheinlich ewig sind. Beweise, dass das Gehirn nicht Produzent des Bewusstseins ist, können beobachtete Phänomene sein.

2. Geistige Klarheit kurz vor dem Tod; ältere Demenzpatienten erleben trotz ihres stark geschädigten Gehirns überraschende Episoden starker Reflektion und Kommunikation mit ihren Mitmenschen.

3. Erworbenes Savant-Syndrom, bei dem eine Hirnschädigung durch Schlaganfall oder Kopfverletzung gewisse übermenschlich geistige Fähigkeiten ans Licht bringt, etwa die Fähigkeit die Zahl Pi bis auf tausende Stellen im Kopf zu berechnen."

„Der berühmte kanadische Epilepsie-Spezialist Dr. Wilder Penfield, einer der prominentesten Neurochirurgen des 20. Jahrhunderts, fasste in seinem Buch: „Mystery of the mind" zusammen, dass das Bewusstsein (einschließlich des freien Willens) nicht vom Gehirn hervorgebracht wird.

Wie auch andere moderne Wissenschaftler geht er von der Vorstellung aus, dass das Gehirn einer Art Reduzierventil oder eine Art Filter ist, um das uranfängliche Bewusstsein auf ein Rinnsal zu reduzieren auf unser sehr begrenztes Gewahrsein des scheinbaren „Hier und Jetzt".

Er kam im Laufe der Jahre zu der Überzeugung, dass z.B. Erinnerungen nicht in einem lokalisierbaren Hirnareal gespeichert sind. Das deckt sich mit dem, was auch andere Neurochirurgen rausgefunden haben.

Die herkömmliche Neurowissenschaft vertritt die Auffassung, dass Erinnerungen weit gestreut im Neocortex gespeichert sind. Die Erfahrung aber von verschiedensten Neurochirurgen, die bei zahllos erkrankten Patienten im Verlauf der unterschiedlichen Operationen aus jedem Gehirnlappen große Teile des Neocortex entfernt haben, ohne dass bei den Patienten ein umfassender Gedächtnisverlust zu beobachten gewesen wäre, straft die Ansicht von der generellen kortikalen Speicherung bestimmter Erinnerungen Lügen.

Dr. Alexander sagt weiter:

„Viele nehmen an, dass ich für meine wundersame Heilung ewig dankbar bin, aber in Wahrheit bin ich dankbar für die Lehren und das Verständnis, die ich aus dieser schrecklichen und herausforderten Erfahrung gezogen habe. Die Woche im Koma ist ein großes Geschenk.

Vor dem Koma dachte ich, wir seien voneinander abgetrennte Wesen, die jeder für sich lediglich von der Geburt bis zum Tod existieren.

Ich verstehe jetzt, dass jeder von uns ein immerwährendes, spirituelles Wesen ist, das zeitweise in einen physischen Körper inkarniert.

Wir alle sind durch ein riesiges Netz eines sich immer stärker entfaltenden Bewusstseins miteinander verbunden.

Das ist eine radikale Veränderung meiner Sichtweise. Wenn du den Tod nicht fürchtest, ändert sich deine Perspektive.

Der Tod ist ein natürlicher Übergang, in vielerlei Hinsicht ähnelt er der Geburt. Er bedeutet nicht das Ende des Bewusstseins, ist vielmehr die Befreiung des Bewusstseins aus dem Gefängnis unseres Gehirns. Unser Bewusstsein erhebt uns über die bloße physische Materie."

Seine Aussagen sind auch ein klares Votum dafür, dass wir unser rein materialistisches Weltbild, das wir immer noch von unserer Schul-Welt haben, einmal mehr hinterfragen könnten und den Mut haben, gegen den Widerstand Andersdenkender und des Mainstream, einen neuen Standpunkt einzunehmen. Wenn man denn möchte.

Dabei muss man ganz bei sich bleiben und darf sich auf seinem Erkenntnisweg nicht vom Außen beeindrucken und ablenken lassen.

Die Lösung in Delphi

In der Antike suchen bei so manchen Fragen und Problemen, die es zu lösen gilt, Staatsleute und auch betuchte Privatleute den heiligen Ort von Delphi in Griechenland auf.

Ein Ort voller Kraft und Magie in beeindruckender landschaftlicher Schönheit am Parnass Gebirge gelegen. An diesem alten Sagen-Ort verschmelzen zwei Welten miteinander. In herrlicher Lage am Hang liegt die antike Stätte mit dem großartigen Apollon-Tempel.

Apollon ist in der Mythologie der Gott des Lichtes, der Heilung, der Weissagung und der Künste. Ein Hauch von Mystik liegt in der Luft, ein Sein neben dem Sein, das einen ergreift mit dem leisen Gefühl von damals und heute.

So bin ich jedes Mal begeistert, wenn ich diesen Platz erleben kann. Delphi gilt eine ganze Zeit lang als Mittelpunkt, als Omphalos, als Nabel der damaligen, antiken Welt.

Eine Kopie aus Stein steht noch heute am Originalschauplatz.

Es gibt nicht nur Wettkämpfe dort, sondern Hilfe für den Ratsuchenden vom berühmten Orakel, der Pythia, der weissagenden Hohepriesterin im Tempel des Gottes Apollon.

Davon zeugen heute noch die Schatzhäuser auf dem Gelände, in denen die wertvollen Gaben aufgehoben wurden, die man als Dank für die Prophezeiungen und Aussagen der Pythia erhält. Die Priesterin vermittelt die Weissagungen, offensichtlich in ekstatischer Trance, vielleicht unter Zusatz psychoaktiver Substanzen. Oder sorgen etwa (Ethylen haltige) Gase, die laut antiken Berichterstattern von einem abgrundtiefen Erdspalt aufgestiegen seien, für ihre Rauschzustände? Denn Delphi liegt genau über kreuzenden, geologischen Verwerfungen, die möglicherweise für Dämpfe verantwortlich sein konnten.

Die Pythia ist die Hohepriesterin, die die Mächtigen, im Tempel auf einem Dreifuss sitzend, von den Dämpfen berauscht, mit zweideutigen Orakeln zu politischen Entscheidungen verwirrt.

Sie gibt in Trance manchmal durchaus missverständliche Weissagungen. Sie schickt z.B. Krösus, den König der Lyder, ins Verderben, als sie ihm zum geplanten Feldzug gegen die Perser sagt:

"Wenn Du den Fluss Alys [den Grenzfluss] überschreitest, wirst Du ein gro-
ßes Königreich zerstören."

Krösus nimmt sein Heer, überschreitet den Fluss, greift an und zerstört
mit der Niederlage sein eigenes Königreich.

Der Kult ist seit ca. 400 n.Chr. schon lange Geschichte, leider sitzt heutzutage keine Pythia mehr auf ihrem Hocker in den Resten der Tempel-
anlage, um uns die Fragen dieser Welt zu beantworten.

Als Besucher schlendert man versonnen die heilige Straße an den
Schatzhäusern vorbei, bis man vor den Säulen des Tempels steht.

Es ist jedoch nicht nur die Faszination der Landschaft und die Reste
des Apollon Tempels, die einen hier bezaubern. Es ist auch das Wissen
darum, dass der Überlieferung zufolge hier drei der bedeutendsten
Aussprüche der Antike als Inschriften den Eingang des Heiligtums
zierten.

Sie stammen von den *„Sieben Weisen"*, ranghohe und geachtete Philosophen der griechischen Antike.

Sie verewigten sich im Vorhof des Apollon-Tempels von Delphi durch Inschriften kurzer Lebensregeln und Maximen oder wurden dort verewigt.

Diese Schrifttafeln waren spätestens ab Mitte des 5. Jahrhunderts v.Chr. an den Säulen der Vorhalle des Apollon Tempel in Delphi angebracht.

Die Existenz dieser Inschriften ist nicht durch archäologische Funde, sondern aus schriftlichen Überlieferungen bekannt. So lässt z.B. Platon (428-347 v. Chr.) den griechischen Philosophen Sokrates über die Bedeutung dieser Inschriften referieren.

Plutarch (um 45-125 n. Chr.), ein gelehrter griechischer Schriftsteller, neuplatonischer Philosoph und einige Jahre selbst Priester am Apollon-Tempel zu Delphi, wusste mehr darüber. Es ist historisch nicht genau belegt, wem der „Weisen" die Sprüche zuzuordnen sind.

Zum einen gilt als Verfasser:

Chilon von Sparta (620-525 v. Chr.) ein Politiker und Verfassungsreformer aus Sparta.

Einige Historiker nennen auch

Solon von Athen (640-560v.Chr.) außergewöhnlicher Staatsmann und Lyriker und

Thales von Milet (624-544 v.Chr.) Naturphilosoph und Astronom.

Wirklich schade, dass wir heute nicht wenigsten halb so viele in den Reihen unserer Mitschüler haben, die uns so gescheit mit Rat und Tat bei dieser Thematik zur Seite stehen.
Die, die wir haben, dürften jedoch ruhig lauter sprechen.

Die Deutung diese Sprüche fiel von der Antike bis heute durchaus sehr unterschiedlich aus.

GNOTHI SEAUTON

I.   „ERKENNE DICH SELBST"

Am Anfang vor allem eine Mahnung an den Menschen, nicht in Selbstüberhebung zu verfallen.

Die Aufforderung deutet die eigentliche Absicht an, die Auflösung individueller Probleme und Fragestellungen durch die Auseinandersetzung mit der eigenen inneren Persönlichkeit anzugehen. Die Erkenntnis seines Innenlebens, eine Innenschau dient seinen Problemlösungen mit der äußeren Welt.

„Erkenne dich selbst", als die Aufforderung an den Menschen, sich nicht in Worten und bloßen Äußerlichkeiten zu verlieren, sondern die eigene Grundhaltung, die seine Lebensführung, -das heißt, sein Tun und Lassen,- im Innersten bestimmt, sorgfältig in den Blick zu nehmen.

MEDEN AGAN

II. „NICHTS IM ÜBERMASS"

Das rechte Maß ist einer der Grundsätze antiken griechischen Denkens und mahnt zur Bescheidenheit im eigenen Tun auf allen Ebenen.

Mehr von dieser Einstellung könnte heute auch nicht schaden.

EI

III. „DU BIST"

Weit weniger bekannt ist, dass nach einer Überlieferung Charmides sowie, etwa 500 Jahre später, auch Plutarchs, zu diesen beiden Weisheiten noch eine dritte gehört. „Du bist" (eî)

Einer »Weihegabe« ähnlich und »im Rang eines Heiligtums« hing das: *E* deutlich sichtbar an der Frontfassade und stand im Ruf »eigentümlicher und außerordentlicher Kraft«. Durch ihre Bedeutung kann sie legitim als „dritte Apollonische Weisheit" gelten.

Diese wichtigen Sprüche erinnern in ihrer Maxime an die *Verantwortung* des menschlichen Individuums, die es sich selbst und Allem gegenüber hat.

Wir, die wir uns als einzige unseres Da-Seins selber bewusst sind.

Unter Bewusstsein verstehe ich ein Sich-Selbst-Bewusstsein, das Wissen, dass man in diesem Moment existiert und ein menschliches Wesen ist, das im Hier und Jetzt lebt- als der beobachtende Teil des Bewusstseins."

Es ist unsere *größte Aufgabe* als Mitschüler, als Mensch uns selbst, unser „Selbst" zu erkennen; das, was uns *tatsächlich* ausmacht!

In vielen Schriften, die heute bekannt sind, heißt es: „*Mensch, erkenne dich selbst.*"

In den Upanishaden, den alten hinduistischen Schriften heißt es: *„Erkenne dich selbst."*

Auch im 2000 Jahre alten Bestseller sagt Jesus das Gleiche.

Sie sagen nicht: „Erkenne andere."

Das alte Paradigma sagt:

„Ich bin ein Mensch, der eine spirituelle Erfahrung macht."

Das neue Paradigma sagt:

„Ich bin ein spirituelles Wesen, das eine menschliche Erfahrung macht."

Dieser Ausspruch kommt ursprünglich von dem Jesuiten und Philosophen Teilhard de Chardin (1881-1955), der es so formulierte:

„Wir sind keine menschlichen Wesen mit einer spirituellen, sondern spirituelle Wesen mit einer menschlichen Erfahrung."

Er ist so etwas wie der Visionär eines neuen Bewusstseins, auf das sich die Menschheit in ihrer Evolution zubewegt. Er wurde wegen seiner Thesen aus der Kirche verbannt. Das wundert doch nicht.

Ich erwähnte bereits, wir sind nicht nur unser „Vehikel", und nicht unser Verstand.

Sind wir nicht etwas ganz anderes als der physische Körper, die Lebensenergien und die Sinnesorgane, die alle den äußeren Menschen ausmachen?

Wer sind wir denn, wenn wir nicht unser Ego sind?

Wer sind wir denn, die sich auf diesen Schul-Weg, eingelassen haben, erst dieses tolle „Haus" beziehen können und nun in ein noch „Schöneres" umziehen dürfen?

Sich selbst zu *erkennen,* bedeutet nicht, den Körper, den wir haben, zu kennen. Wir mögen noch so viel über unser physisches Selbst wissen, aber das bedeutet noch lange nicht, dass wir *uns selbst erkennen.*

Die Antworten liegen in uns allen, dazu müssen wir uns noch viel tiefer in unser eigenes *Bewusst-sein* begeben.

Nur das nachzulesen und anzuhören, was andere zu den Themen zu sagen haben und deren Glaubenssätze womöglich zu übernehmen, reicht nicht.

Das gleiche gilt natürlich auch für das, was Sie in meinen Ausführungen lesen.

Es ist besser aus erster Hand zu lernen und persönliche Erfahrungen zu machen und damit das innere Wissen zu verbessern.

„ Man kann einen Menschen nichts lehren, man kann ihm nur helfen, es in sich selbst zu entdecken."

Galileo Galilei (1564-1642)

Wie wir sehen, sind manche wissenschaftliche und religiöse Dogmen nicht immer korrekt und so gilt es Vertrauen in *eigene innere Führungsqualitäten* zu entwickeln, anstatt nur den „sogenannten" Experten blind zu vertrauen.

Dies Vertrauen auf das Innere Selbst kann gefördert werden, Meditierende und Mystiker demonstrieren es seit langer Zeit.

Die Zeit wird kommen, wo wir den physischen Körper ablegen. Der Körper bleibt leblos zurück und wird begraben, und dann...?

Was bin ich? Wer ist es, der den Körper verlässt?

Wer ist es, der in ihm am Wirken ist?

Wie sagte Plutarch schon vor langer Zeit?

„Jene, die in die Geheimnisse des Jenseits eingeweiht sind, machen die gleichen Erfahrungen, wie sie die Seele beim Verlassen des Körpers erfährt."

Wir haben eher zu viel an den Körper, sein Wohlergehen und seine Beziehungen gedacht, sind aber nie nach innen gegangen, um den inneren Menschen, das *innere Selbst* zu sehen, zu sehen, wer wir sind und was wir sind. Obwohl wir immer wieder in alten Schriften drauf hingewiesen und es uns empfohlen wurde, es selber zu probieren. Der menschliche Körper macht den *Menschen nicht* aus.

Zu Zeiten des berühmten Naturwissenschaftlers   Isaak Newtons schrieb hier im Westen der englische Dichter Alexander Pope (1688 bis 1744):

„So erkenne denn dich selber und wähne nicht, Gott zu ergründen; das wahre Studium des Menschen ist der Mensch."

Für gewöhnlich besteht die Erforschung des Menschen darin, sich den Kopf mit gewissen Kenntnissen vollzustopfen.

Ist alles übrige nicht blanke Unwissenheit und Aberglaube, solange man den Menschen nicht kennt?

Je mehr man die Schriften rein äußerlich studiert, desto mehr stellt man fest, dass alles nichts als eine Ansammlung von Gedanken und Begriffen ist, die andere zum Ausdruck gebracht haben.

Können wir das, was uns ausmacht, daraus ablesen und erkennen?

Wir können es nur erfahren und nicht erdenken. Sie können es nur für sich anerkennen, glauben oder ablehnen.

Jene, die es wissen und das Mysterium des Lebens ergründet haben, haben eine wunderbare Leistung vollbracht.

„Das Innere ist deine wahre Natur"

Al-Gazali, islamischer Mystiker des 11. Jahrhunderts.

Woher kamen all die spirituellen Schriften?

Aus dem Innern, aus dem Inneren des Menschen.

Woher kamen all die Erfindungen der Menschheit?

Aus dem Innern des Menschen, nicht von außerhalb.

Haben wir uns jemals *praktisch* analysiert, indem wir uns im Geist über den Körper erhoben, über das Körperbewusstsein aufstiegen? Oder haben wir uns durch das nach *Innen* gehen, *„in uns selbst Hinabsteigen"* erfahren?

Wer hat sich je über das Körperbewusstsein erhoben und so eine eigene, unmittelbare Erfahrung von seinem inneren Selbst gehabt?

Sie werden sehr wenige Menschen finden, die dies wirklich erreicht haben. Ich habe von einigen Yogis berichtet, denen das gelungen ist.

„Diese Meister haben in ihrem Innern das Licht Gottes gesehen. Die als spirituelle Schüler nach dem lebten, was sie sagten, machten während ihres eigenen Lebens genau die gleiche Erfahrung, wenn auch auf verschiedenen Stufen. Wenn du dieses Licht geschaut hast, wird sich dein ganzes Leben ändern. Du kannst es aber erst wahrnehmen, wenn du dich im Geist über das Körperbewusstsein erhebst. Es ist eine Sache der Praxis", sagen die Meister.

In ihren Schriften erzählen die eingeweihten Yogis von diesem für alle machbaren Weg, der natürlich einer praktischen Einweisung und Anleitung bedarf und Disziplin und Übung erfordert.

Ist es uns das nicht wert, glauben wir nicht wirklich daran oder warum wollen wir es nicht auch erfahren?

„Diese befreiende Erfahrung vom Selbst und vom Überselbst oder Gott können wir nur erlangen, wenn wir uns wirklich im Geist über die Welt von Körper und Sinnen in die spirituellen Regionen erhoben haben, wenn wir „von Neuem geboren" wurden, wie Jesus sagt:

„Es sei denn, dass jemand von neuem geboren werde, so kann er das Reich Gottes nicht sehen." (Joh. 3, 5)

„Diese Wortwahl Jesu zeigt, dass er mit der im Osten verbreiteten spirituellen Lehre der Wiedergeburt vertraut war. Eine Bedeutung dieses Lehrsatzes ist, dass die Seele wiederholt in verschiedenen Körpern geboren werden muss, bis die Erkenntnis ihrer ursprünglichen Vollkommenheit wieder in ihr erwacht.

Worin liegt sodann die größte Wahrheit?

Im Erkennen deines Selbst; darin, zu wissen, wer du bist und was du bist.

Sich seiner Selbst bewusst werden, um sich in seiner tatsächlichen Größe und dem All-Eins-Sein zu erfahren. Selbsterkenntnis geht der Gotterkenntnis voraus.

Wer sich selbst erkennt, wird auch Gott erkennen, denn es ist allein die unbegrenzte Seele, die Ihn erkennen kann, <u>nicht</u> der begrenzte Verstand.

Mit „das Selbst erkennen" ist gemeint, das innere Selbst zu erkennen, das geistige Selbst, das spirituelle Wesen, das den Körper beim Tod verlässt".

Sant Kirpal Singh *(1894–1974) spiritueller Meister und Präsident der „Weltgemeinschaft der Religionen"*

Was sagte Carl Gustav Jung, der nach Sigmund Freud und Alfred Adler als dritter Pionier der Tiefenpsychologie gilt und Begründer der „Analytischen Psychologie" ist, als er gegen Ende seines Lebens gefragt wurde, ob er an Gott glaube:

„Ich glaube nicht, dass es Gott gibt, ich weiß es."

Gut, man muss ja nicht immer alles glauben, was andere sagen.
Sie können es ja selber herausfinden, wenn Sie wollen.

Man kann Gott und die Schöpfung jedoch nicht mit dem *begrenzten Verstand* erfassen, also lassen wir es auch einfach mal gut sein, es immer wieder *damit* zu versuchen.

„In dem Maße, wie Du zu verstehen beginnst, dass Du selbst Schöpfer Deines Lebens bist, öffnest Du Dich einer kosmischen Betrachtungsweise."

So sehe ich es denn auch als unsere vorrangige Aufgabe
und Verpflichtung an, in unserer *Schul-Welt*, die ich als
Seelen-Schule bezeichnen möchte, auf allen möglichen Ebenen
unserem *MENSCH-gewordenen-SEIN* gerecht zu werden,
in *liebevoller, achtungsvoller und gegenseitig respektvoller*

SELBSTVERANTWORTUNG

Die Hermetischen Gesetze

Die Hermetischen Gesetze, die ich in meinen Ausführungen zu der Schulordnung immer wieder anspreche, sind Naturgesetze des Lebens, der Existenz, so wie physikalische Naturgesetze die physische Materie beschreiben, beschreiben die *Hermetischen Gesetze* quasi die, des nicht physischen Bewusstseins.

Eine Essenz aus ägyptischen und griechischen Philosophien und Weltanschauungen.

Die sieben kosmischen Prinzipien enthalten in sich tiefe Weisheiten und gehen auf *Hermes Trismegistos* zurück.

Hermes Trismegistos, der diese Verschmelzung verkörpert, soll einer der größten Eingeweihten aller Zeiten gewesen sein und seine Weisheitslehren haben alle großen Weltreligionen maßgeblich beeinflusst. Er soll in frühesten Zeiten im alten Ägypten gelebt haben. Sein Wirken wird auf die Zeiten von Moses geschätzt und seine Lehren sollen auf Smaragdtafeln festgehalten worden sein.

Physikalische Gesetze können durch Technik überwunden werden, die kosmischen Gesetze, die des nicht physischen Bewusstseins, so kann man es sehen, gelten für jeden uneingeschränkt, ob man jetzt Kenntnis von ihnen hat oder nicht.

Im Grunde bestehen sie aus einem Prinzip, einer Ordnung, die sich in allen möglichen Abläufen darstellt und regelt.

Ein Bild von *Hermes Trismegistus* im Fußbodenmosaik im Dom von Siena

Die sieben Kosmischen Gesetze nach *Hermes Trismegistos* in der Übersicht:

1. Das Prinzip des Geistes

Alles ist Geist, Geist herrscht über Materie, Gedanken schaffen Realität

2. Das Prinzip von Ursache und Wirkung

Jeder Wirkung geht eine Ursache voraus, es gibt keinen Zufall und kein Glück

3. Das Prinzip der Analogie oder Entsprechung

Makrokosmus-Mikrokosmus, wie oben so unten, das Außen ist dein Spiegel

4. Das Prinzip der Resonanz oder Anziehung

Gleiches zieht Gleiches an, wofür wir uns öffnen, Kraft geben, nimmt Raum in uns ein

5. Das Prinzip von Harmonie und Ausgleich

Harmonie im Geben und Nehmen, das Leben unterstützt das, was Leben fördert

6. Das Prinzip von Rhythmus oder Schwingung

Alles fließt, ist ständig in Bewegung, hinein und wieder hinaus

7. Das Prinzip der Polarität und der Geschlechtlichkeit

Alles hat zwei Pole, jede Medaille hat zwei Seiten, Gegensätze sind identisch, urteile und werte nicht

Literatur

Die Bibel, der 2000 Jahre alte Bestseller Übersetzung

Dr. Martin Luther, Bibelanstalt Halle 1913

Internetlexikon: www.wikipedia.de

Yogananda Paramahansa: Autobiographie eines Yogi, Otto Wilhelm Barth Verlag 1974

Yogananda Paramahansa: Der Yoga Jesu, Self-Realization Fellowship Verlag 2009

Yukteswar Swami Sri: Die Heilige Wissenschaft, Self-Realization Fellowship Verlag 1993

Tolle Eckhart: Jetzt, J. Kamphausen Verlag 2013

Tolle Eckhart: Der Sinn des Lebens, You Tube

Kuby Clemens: Unterwegs in die nächste Dimension, Kösel Verlag 2003

Sprenger Reinhard K.. Die Entscheidung liegt bei Dir, Campus Verlag 1997

Kübler-Ross Elisabeth: Über den Tod und das Leben danach, Silberschnur Verlag 1990

Braden Gregg: Der Jesaja Effekt, Koha Verlag 2000

Egli Rene: Das Lola Prinzip, Editions Dòlt 1994

Dr.med. Alexander Eben: Vermessung der Ewigkeit, Heyne Verlag 2017

Dr.med. Alexander Eben: Tore ins unendliche Bewusstsein, Ansata Verlag 2018

Widmer Samuel: Ins Herz der Dinge, Nachtschatten Verlag 1989

Chopra Deepak: Quantenbewusstsein Vortrag 2009

Dethlefsen Thorwald/ Dahlke Rüdiger: Krankheit als Weg, Bertelsmann Verlag 1983

Dahlke Rüdiger: Krankheit als Symbol, Bertelsmann Verlag 1996

Mölling Karin: *Supermacht des Lebens – Reise in die erstaunliche Welt der Viren.* Beck Verlag, München 2014

Tepperwein Kurt: Die Botschaft deines Körpers, Weltbild Verlag 2003

Drossinakis Christos: Die Grundlagen des Geistheilens, Edition Winterwork 2012

von Buengner Peter: Physik und Traumzeit, Eigenverlag Altkirchen 1997

Aleksey Sokolov: Das Geheimnis kosmischer Gesetze, A&A Verlag Neumarkt 2013

Michael von Dexheim: Symbiose der Macht EMT Verlag 2013

Institut Steib: Soul Leadership Zeitgeist 2019

Zeitfracht Medien GmbH
Ferdinand-Jühlke-Straße 7
99095 Erfurt, Deutschland
produktsicherheit@kolibri360.de